国家出版基金项目
NATIONAL PUBLICATION FOUNDATION

"十三五"国家重点图书出版规划项目
建设现代化经济体系丛书

创新发展理念与创新型国家建设

CHUANGXIN FAZHAN LINIAN YU
CHUANGXINXING GUOJIA JIANSHE

黄群慧 贺俊 杨超◎著

SPM
南方出版传媒
广东经济出版社
·广州·

图书在版编目（CIP）数据

创新发展理念与创新型国家建设／黄群慧，贺俊，杨超著.
—广州：广东经济出版社，2020.3
（建设现代化经济体系丛书）
ISBN 978-7-5454-6735-2

Ⅰ.①创… Ⅱ.①黄… ②贺… ③杨… Ⅲ.①国家创新系统—建设—研究—中国 Ⅳ.①F204②G322.0

中国版本图书馆CIP数据核字（2019）第123497号

责任编辑：蒋先润
责任技编：陆俊帆

创新发展理念与创新型国家建设
CHUANGXIN FAZHAN LINIAN YU CHUANGXINXING GUOJIA JIANSHE

出版人	李　鹏
出　版 发　行	广东经济出版社（广州市环市东路水荫路11号11~12楼）
经　销	全国新华书店
印　刷	广东海洋印刷有限公司 （佛山市南海区里水镇和桂工业园A区和安南路1号F栋1~2楼）
开　本	787毫米×1092毫米　1/16
印　张	16.5　2插页
字　数	241千字
版　次	2020年3月第1版
印　次	2020年3月第1次
书　号	ISBN 978-7-5454-6735-2
定　价	48.00元

图书营销中心地址：广州市环市东路水荫路11号11楼
电话：（020）87393830　邮政编码：510075
如发现印装质量问题，影响阅读，请与本社联系
广东经济出版社常年法律顾问：胡志海律师

建设现代化经济体系丛书

编委会

总　序

呈现在读者面前的，是一套以“建设现代化经济体系”为主题的学术丛书。

从党的十九大根据我国社会主要矛盾以及经济发展阶段发生的重大变化作出建设现代化经济体系的战略部署，到党的十九届四中全会从制度建设意义上赋予建设现代化经济体系推动经济高质量发展的制度保障新内涵，在中国，围绕建设现代化经济体系的理论和实践探索一直在持续。

建设现代化经济体系不仅是跨越转变发展方式、优化经济结构、转换增长动力等关口的迫切要求，而且是关乎我国发展的战略目标。作为推动经济高质量发展的制度保障，建设现代化经济体系不仅是推动经济高质量发展的基础性和支撑性要素，而且在其制度体系中居于“四梁八柱”地位。

现代化经济体系，是由社会经济活动各个环节、各个层面、各个领域的相互关系和内在联系构成的一个有机整体。这一体系所覆盖的内容相当广泛，既包括创新引领、协同发展的产业体系，也包括统一开放、竞争有序的市场体系；既包括体现效率、促进公平的收入分配体系，也包括彰显优势、协调联动的城乡区域发展体系；既包括资源节约、环境友好的绿色发展体系，也包括多元平衡、安全高效的全面开放体系；等等。因而，围绕现代化经济体系的建设，是一项复杂的系统工程，牵涉领域广，影响范围大，亟须站在历史新的更高起点上，对建设现代化经济体系所涉及的一系列重大理论和实践问题展开深入而系统的研究。以此为基础，为建设现代化经济体系提供学理支撑和方法论支持。此乃本套丛书的立意与宗旨。

本套学术丛书的编辑出版设想，可追溯至2017年末。当时党的十九大闭幕不久，广东经济出版社的领导和几位编辑就专程赴京，邀请张卓元教授和高培勇教授担任主编，并安排《经济研究》编辑部具体负责，计划组织、编辑一套建设现代化经济体系丛书。认识到建设现代化经济体系的极端重要性，主编和编辑部随即组织研究了编辑出版方案。初步确定本套丛书由七本构成，包括一本总论和六本分论（根据党的十九大报告第五部分《贯彻新发展理念，建设现代化经济体系》的六个小标题而定），并请对这一问题有深厚研究基础的专家执笔撰写。

2018年2月4日，丛书编辑委员会在北京举行了论证会议。出席会议的委员共有8人，分别是（按姓氏汉语拼音排序）：迟福林、高培勇、郝寿义、黄群慧、王一鸣、袁富华、张晓山、张卓元。会议由张卓元教授和高培勇教授主持，就如下一些重要问题达成了高度共识：

第一，关于丛书的意义与定位。委员们高度认可丛书的编辑出版工作，认为这是一项直面新时代中国重大经济问题的出版工程，对于推动经济高质量发展具有重大理论和实践意义。

第二，关于丛书的主要内容。委员们认可丛书的内容体系。除总论之外，其余六本的内容方向分别为：深化供给侧结构性改革、加快建设创新型国家、实施乡村振兴战略、实施区域协调发展战略、加快完善社会主义市场经济体制、推动形成全面开放新格局。

第三，关于丛书的特色。委员们认为，要厘清理论依据、理论体系，同时，要处理好丛书各分册选题所代表的各相关领域之间以及各相关领域同现代化经济体系之间的逻辑关系。既注重用理论解释现实，又力求对实践经验作出理论概括。

第四，关于丛书的主编和作者。本套丛书由张卓元和高培勇主编，各分册的书名和作者分别为：

《建设现代化经济体系论纲》，王一鸣。

《深化供给侧结构性改革》，张平、袁富华。

《创新发展理念与创新型国家建设》，黄群慧、贺俊、杨超。

《乡村振兴战略》，张晓山。

《区域协调发展战略》，郝寿义、倪鹏飞。

《加快完善社会主义市场经济体制》，高培勇、常欣、杨新铭。

《推动形成全面开放新格局》，迟福林、张飞、郭达。

第五，关于丛书的文风。委员们主张，丛书应具有较强的理论性、学术性和可读性，坚持文笔流畅、深入浅出、朴实无华、简洁生动。

理论来源于实践，理论又具有前瞻性。现在看来，当初编辑出版建设现代化经济体系丛书，确是一件颇具眼光的事情。

广东经济出版社的领导和编辑，《经济研究》编辑部的张永山、王红梅等同志为本套丛书做了大量组稿、审稿、校对、联络等出版工作，在此一并致谢！

时光荏苒。从2018年2月算起，这套丛书的组织编写已历时两年，这套丛书凝聚了各位作者和编者的汗水与心血。我们自知，正如中国史诗般改革与发展的伟大进程一样，经济理论也处于深刻的演进变革之中。由于建设现代化经济体系刚刚起步，积累的经验尚不丰富，加上写作时间仓促，水平所限，书中不足之处和错误在所难免，敬请广大读者批评指正！

建设现代化经济体系丛书编辑委员会

2020年2月

目录

第一章

总论

党的十九大报告指出，发展是解决我国一切问题的基础和关键，发展必须是科学发展，必须坚定不移贯彻创新、协调、绿色、开放、共享的发展理念。创新发展理念居新发展理念的首位，创新是引领发展的第一动力。以创新发展理念为指导，党的十九大报告提出要加快建设创新型国家，建设现代化经济体系。

一、创新是引领发展的第一动力

（一）创新与发展的理论基础

尽管在创新主体、创新机制等问题上马克思主义经典理论和西方主流经济学存在分歧，但无论是马克思主义经典理论还是西方主流经济学，都将创新置于经济增长和发展的核心位置。通过对资本主义经济长期发展趋势的分析，马克思认为技术创新对资本主义经济增长具有重要的促进作用，其作用主要可以从两个方面进行分析。第一方面，马克思认为，技术作为一种渗透性的生产要素，能“把巨大的自然力和自然科学并入生产过程”（马克思，恩格斯，1972），使生产过程科学化，进而对提高生产力、推动经济发展具有巨大的促进作用。这首先表现在，技术进步通过提高劳动者的能力来促进生产力的发展，更为重要的是，技术创新通过改进劳动资料特别是生产工具来促进生产力的发展。马克思认为生产工具是生产力发展的重要标志，各种经济时代的区分，不在于生产什么，而在于怎样生产，用什么劳动资料生产。技术进步对劳动资料的影响，是通过“物化”“渗透”的途径创造出效率更高的生产工具、工艺和方法来实现的，因而劳动资料最能体现技术在生产中的应用程度。因此，“劳动生产力是随着科学和技术的不断进步而不断发展的”（马克思，恩格斯，1972）。近代以来的历史表明，每一次技术上的重大飞跃和突破，都带来了劳动资料的变革，从而促进了生产力的大幅提升和经济飞速发展。第二方面，技术创新对经济增长的促进作用表现在技术创新有利于资本积累。这主要是因为技术创新为生产更多的剩余价值提供了手段，提高了剩余价值率，进而促进了资本积累。技术创新提高剩余价值率的途径包括：技术进步将更多的廉价劳动力带到了资本主义生产过程之中；技术进步促进了换班制度的实行，使资本占有劳动的时间延长；技术进步通过延长工人的有效劳动时间而产出了更多的剩余价值；技术进步通过提高分工协作的效率使必要劳动时间得到节约，从而相对地延长了剩余劳动时间，进而使生产的剩余价值量有所增加；技术进步通过提高劳动生产力使商品便宜，并通过降低商品价值而降低劳动力的价值，从而使剩余价值相对增加。

马克思与恩格斯认为，创新不仅对经济增长具有促进作用，创新还是推动社会发展的重要力量。马克思总是把技术创新看成是推动社会发展的有力杠杆，看成是最高意义上的革命力量。如马克思曾明确指出：“蒸汽、电力和自动纺机甚至是比巴尔贝斯、拉斯拜尔和布朗基诸位公民更危险万分的革命家。”[①]技术创新在推动社会发展中的巨大作用，不仅表现在对没落社会制度的摧毁上，而且也表现在对上升的社会制度的引领和推进作用上。但马克思也认为，技术进步推动社会发展的作用是一个历史范畴。在人类社会发展的不同时期，技术进步推动社会发展的作用是不一样的，因为技术成果只有运用到生产中，转化为现实的生产力才会对社会发展产生相应的推动作用，才能成为推动社会发展的强大动力。总体而言，随着技术水平的提高和技术在生产中的大规模应用，技术进步在推动人类社会发展中的作用越来越大。技术的发展和运用不是完全自主的，既要受到技术进步主体价值观念的制约，又要受到其他社会因素的制约。

在当代西方经济学中，关于技术创新与经济增长和经济发展的关系一直是一个重要的主题。在熊彼特的《经济发展理论》中，他把“创新”和因“创新”而使经济过程发生的变化，以及经济体系对“创新”的反映称之为经济发展。因此，熊彼特最早将“创新”与“发展”直接对应。熊彼特还以重大的创新为标志，根据创新浪潮的起伏，把资本主义的经济发展分为三个阶段：1787—1842年是产业革命发生和发展时期，1842—1897年为蒸汽和钢铁时代，1898年以后为电气、化学和汽车工业时代。从创新与经济增长关系看，经济增长理论对技术创新问题的探讨大致经历了外生增长理论（又称新古典增长理论）和内生增长理论（又称新增长理论）两个阶段。发端于20世纪50年代的新古典增长理论和兴起于20世纪80年代

① 马克思，恩格斯.马克思恩格斯全集（第12卷）[M].北京:人民出版社，1962.

的新增长理论都强调技术进步对经济增长的重要作用。二者的区别在于，新古典增长理论将技术进步视为外生冲击，而新增长理论则将技术进步视为由制度和政策等影响的内生过程。以Solow为代表的新古典增长经济学家认为，在均衡状态下，技术进步能够带来经济中人均产出、人均资本、总产出的共同上升，从而实现经济增长。但是在没有外力推动时，经济体系无法实现持续的增长。只有当存在外生的技术进步或外生的人口增长时，经济才能实现持续增长。因此，新古典增长理论给政府和产业政策在推动技术创新和经济增长方面留下的空间非常有限。不同于新古典增长理论，新增长理论将技术进步视为一个内生的过程。新增长理论并没有形成像新古典增长理论那样标准的基本模型，而是基于技术进步内生原则，从不同的视角对经济增长机制进行解释。例如，Arrow主要从“干中学”效应对技术进步促进内生增长的机制做了探索性的研究（Arrow，1971）；Romer对于创新的经济增长机制的解释是，知识具有溢出效应，厂商对技术的投资能够提高全社会的生产率，因而政府应当向生产知识的企业提供补贴（Romer，1986）；Lucas则认为，导致经济增长的外部性主要体现为人力资本的溢出效应，因此经济持续增长的源泉是人力资本积累，教育等人力资本投资和人才引进对于经济增长是重要的（Lucas，1988）；哈佛大学的Hausmann和麻省理工学院的Hidalgo则从产业的知识复杂性或所体现的能力角度来分析不同产业创新对经济发展的相对重要性（Hausmann，Hidalgo，2014）。

（二）创新引领发展的中国实践

创新发展理念是新时期党和国家提出的五大发展理念的首要理念。一个国家的社会经济发展可以理解为这个国家社会经济发展达到众望所归的理想状态的过程，涉及经济增长、社会变革、历史更替、科技进步、文化演进等各个方面。单就经济领域而言，一般发展经济学认为经济发展可以是伴随着经济活动的质和量的提升，整个国家社会福利不断增加的过程（秋山裕，2014）。国家的社会经济发展问题是人类社会面临的最为复杂的问题，这个问题的复杂性不仅表现在该问题涉及社会经济的各个方面，更重要的是对于什么才是众望所归的发展的理想状态，人们并不是都能够达成统一认识，往往受到社会价值观的影响。而社会价值观还会因空间和时间的差异而变化，也就是说不同地区的人价值观会不同，而同一个人其价值观也会随时间变化发生变化。因此，社会经济发展首先要解决的是发展的理念问题，也就是有关社会经济发展的目的、动力、指导原则等有关发展的重大问题的基本认识和价值标准，在发展理念确定后才会进而以这些理念为指导确定国家的发展战略或者发展规划，进一步具体的发展政策则是落实这些战略或者规划的手段或者措施，从发展的指导理念到发展的战略及规划，进而到促进发展的具体政策，构成了一个国家促进发展的整体治理逻辑。以习近平同志为核心的党中央提出的创新、协调、绿色、开放、共享的五大发展理念回答了中国发展的动力、方法论原则及关于发展的一些重大问题。而创新发展理念作为五大发展理念的第一理念，充分体现了新时期党和国家以创新驱动发展的战略抱负和决心。

通过技术创新推进一国的经济增长和社会发展，这并不是一个全新的发展理念，这甚至可以认为是发展经济学乃至整个当代西方经济学的核心主题之一。但是，对于处于当前发展阶段以及国内国际环境下的社会主义中国而言，“创新发展”理念不仅是一个开拓发展新境界的发展理念，更重要的是这个理念是中国特色社会主义政治经济学的重要内容，远比西方经济学关于通过技术进步促进经济增长的理论具有更广和更深刻的内涵。从“创新发展”提出的理论源泉上看，一方面它是以马克思主义政治经济学为指导，吸收了当代西方经济学以及对科学技术发展规律的理论认识，更重要的是，它是基于中国共产党治国理政的实践经验的总结概括。中华人民共和国成立以来的各个时期的经济发展实践表明，科技进步和科技创新工作的发展与中国的经济增长和健康发展紧密相关。中华人民共和国成立之初，科技水平总体上落后西方发达国家近百年，经济更是“一穷二白”，我党开始号召国外留学科学家回国并培育自己的知识分子和工业化人才，1956年党中央又向全党全国发出“向科学进军”的号召，到1966年，中国工业化奠定了初步基础；1966—1976年的“文革”期间，由于“四人帮”的疯狂破坏，我国的科技水平与世界先进水平的差距不断拉大，中国国民经济一度濒于崩溃；1978年3月18日，党中央召开全国科学大会，邓小平同志提出四个现代化关键是科学技术的现代化、科学技术是第一生产力、科学技术工作者是劳动者等重要论断，“科学技术是第一生产力”成为指导中国科技创新和经济发展的核心理念；1995年5月6日，中共中央、国务院作出《关于加速科学技术进步的决定》，提出科教兴国战略；进入21世纪，党中央又创造性地提出建设创新型国家的重大决策，而与这一系列重视科技创新的指导思想相伴随的是改革开放几十年的经济高速增长。以习近平同志为核心的党中央提出的创新发展理念是在上述中国发展经验的基础上，立足于中国经济和社会发展的新条件、新问题和新实践，进一步丰富和完善使其更具有全面性、科学性、人民性和战略性的创新发展观（黄群慧，李晓华，2016）。

改革开放以来中国经济高速增长的过程也是由创新所驱动的全要素生产率不断增长的过程。黄群慧、黄阳华、贺俊等（2017）利用KLEMS数据库计算了中国制造业的累积TFP指数①，计算结果显示，过去30多年里，中国制造业效率提升较为明显。1981—2010年，电子及通信设备、电气制造、化学品及化学制品、机械设备等技术密集型行业的累积TFP指数持续增长，带动了中国制造业累积TFP指数总体保持快速上升的趋势，从1981年的71.0左右增长至2010年的110.0左右。

---

① KLEMS项目由各区域项目构成，日本和韩国同属于亚洲项目，而中国是一个单独的项目，所以在细分的行业口径上会有细微的差异。由于数据的可得性，中国制造业行业的TFP指数采用随机前沿分析（SFA）计算。全部制造业的TFP以各行业的增加值份额为权重加权计算而得。

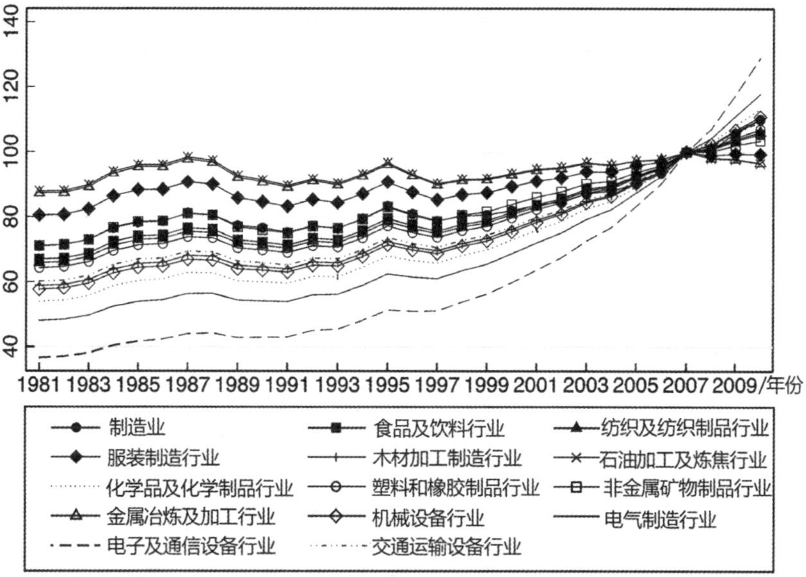

图1-1　中国制造业累积TFP指数

数据来源：根据KLEMS数据库计算。

然而，需要注意的是，以往中国的技术创新主要是相对于自身传统技术进步的模仿式创新。而随着中国经济增长进入中等收入阶段，随着中国技术水平逐渐接近全球技术前沿，模仿式创新的难度越来越大，传统的发展模式遇到瓶颈，基于自主创新的效率提升的重要性和紧迫性日益凸显。计算2004—2007年和2008—2010年制造业TFP的平均变化发现，进入中等收入阶段后，中国制造业累积TFP指数平均增速有所下降，从2004—2007年的3.23%下降为2008—2010年的2.96%，下降了0.27%。值得注意的是，18个主要制造业行业的TFP增速也出现了不同程度的下滑。江飞涛、武鹏、李晓萍（2014）的研究结果也表明，2004—2013年期间，中国TFP年均增长率为-0.80%；2004—2008年期间，TFP年均增长率为0.58%；2009—2013年期间，TFP增长率平均值为-2.17%。[①]制造业全要素生产率下降的

① 江飞涛、武鹏、李晓萍. 中国工业经济增长动力机制转换［J］. 中国工业经济，2014（5）.

趋势表明，制约中国创新驱动发展的深层次体制因素的负面影响在不断强化，必须通过新一轮的改革开放，进一步释放制造业创新驱动发展的潜力和活力。

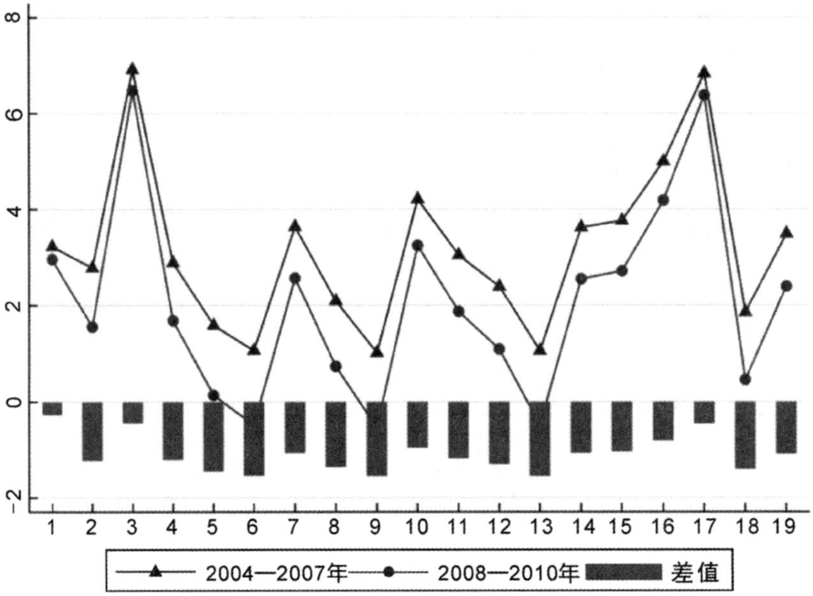

图1-2　中国进入中等收入阶段TFP增长率前后对比（%）

数据来源：根据KLEMS计算。注：限于篇幅，横轴的行业用数字代表，其中“1”表示制造业，“2”～“19”表示18个主要制造业行业。

制造业生产效率增速下降的趋势，不仅会对制造业的长期增长造成不利影响，而且也会影响中国经济增长的长期动力。今后如何改善中国制造生产效率存在两个政策思路。第一，计算结果显示，中国制造业行业间生产效率存在较大差异，表明行业之间的配置效率存在较大的优化空间。因此，中国亟须深化产业管制体制和要素市场的改革，拆除部分行业仍然存在的制度性进入壁垒，建立公平竞争的市场环境，加速生产要素跨行业流动，提高制造业的整体配置效率。第二，借鉴日韩跨越中等收入陷阱的成功经验，进入中等收入阶段后要更为重视科技创新在提升制造业生产效率中的基础性作用。其中，日本技术密集型产业生产效率快速提升和韩国高中低技术产业全面升级的经验都具有可取之处。对中国这样一个工业体系完备的世界工业大国而言，我们既要大力培育和发展新兴产业，更要看到传统产业的改造升级仍有广阔的效率提升空间，以提升中国经济增长的效率和质量。

二、创新发展与建设现代化经济体系

（一）创新发展与现代化经济体系的理论基础

现代化经济体系并不是一个被严格定义的学术概念，而是一个实践问题导向的政策概念。因此，现代化经济体系按照政策文本的表述实际上包含了产业结构、区域结构、制度结构、城乡关系、对外开放等多方面的内容。由于不同的问题分属于不同的经济学领域和分支，因此，很难为现代化经济体系梳理出独立的理论基础。但如果从创新发展的角度出发观察现代化经济体系的建设问题，则常常能够提出不同于传统理论命题的假说。本章以现代化经济体系中最核心的问题——“产业结构问题”为例，探讨创新发展对于产业结构理论的挑战和拓展。传统的产业结构理论都假设存在产业结构演进的一般规律，并认为后发国家的产业结构会按照所谓“标准模式”进行演进。这类研究常常将中国的产业结构特征（如国民经济中的三次产业比重、工业经济中的重化工业比重等数据）与经典的产业结构研究的主要结论进行跨时期的比较，将中国当期的产业结构与所谓可比时期（通常按照可比的人均GDP水平确定）的一般模式的差距视为中国的产业结构“偏差”，并将经典研究所揭示的产业结构变动特征视为将来中国产业结构调整的方向。普遍模式观点在国内学术界的一个表现，是将经典研究的主要结论作为中国产业结构问题分析的基本假设。例如，干春晖在研究产业结构对中国经济增长和波动的影响时就直接采用第三产业产值与第二产业产值之比作为产业结构高级化的度量。这类研究严重忽视了影响一国产业结构因素的多样性和复杂性，其基本的假设是，影响产业结构变动的因素是相对稳定的，各国的产业结构变动模式是唯一的，经济发展过程中产业结构特征的变动是线性的。

在过去40多年的改革发展过程中，这样的产业结构理论几乎成为中国产业政策的主导力量。然而，随着产业发展内外部环境的深刻变化，该理论的有效性大打折扣。当前，中国制造业转型升级必须充分考虑和面对三个基本事实或条件：一是伴随着中国经济的服务化趋势，制造业的增速由高速向中高速转变，制造业相对比重呈下降趋势；二是中国的技术水平越来越接近全球技术前沿；三是中国的工业结构已经高度完备。制造业相对比重下降和技术水平接近前沿意味着，中国制造业在国民经济中的功能和作用正在发生深刻的转变。自2013年第三产业增加值比重超过第二产业以后，制造业对中国国民经济的主要意义正逐渐由国民经济“增长”的主要动力向国民经济“发展”的核心动力转变。相对于第三产业，制造业的独特性和重要性主要体现在其相对于第一产业和第三产业的活动和产品的复杂性方面。最新的研究表明，是制造业的复杂性，而不是制造业的规模决定了一国的长期经济增长。因此，对于中国制造业和三次产业结构变动的理解，应当超越长期的第二产业、第三产业孰重孰轻之争，以推进制造业创新发展为根本目标，切实通过提升创新能力来加快中国由制造大国向制造强国的转变，产业政策的基本取向应当适时从过去以促进制造业做大规模转向切实提升制造业的创新能力，特别是原始创新能力方面来。产业政策资源配置的指向由特定的产业转向技术创新，将财政补贴、税收优惠等货币性的政策资源导向通用技术和共性技术，引导市场向创新性而不是生产性领域投资，是提高中国产业政策精准度的关键。

中国的工业结构已经高度完备意味着，传统的旨在选择和扶持新兴产业的发展思路的有效性将大打折扣。目前中国的产业政策的基本指向仍然是特定的产业或领域，如《中国制造2025》提出了十大重点产业领域。而反观美、日、德等国家的产业政策，其税收、财政等结构性措施，都是指向这些产业或领域的特定的技术研发环节。产业政策与产业挂钩还是与这些产业的特定技术挂钩，会产生完全不同的效果。如果是与产业挂钩，就会诱导企业扩大生产性的投资，而这也正是近年来中国光伏甚至工业机器人等新兴产业产能过剩的重要原因。代表全球技术前沿的新经济的产业形态具有高度的不确定性，产业专家、技术专家和政府官员都不能事先准确判断新兴技术的发展方向。然而，虽然具体领域的新兴技术是不确定的，但通用技术是相对清晰的。正因此，美国的产业政策不是人为选择所谓的新兴产业，而是大力发展以信息网络、新材料和生物医药为代表的通用技术。其政策思路是，不管新兴产业如何发展和演进，其技术的源头都在通用技术。同样，德国和日本的产业政策资源也大量导向通用技术和共性技术研发。理论分析和实践经验都告诉我们，只有将结构性产业政策及其引导的政策资源转向通用技术和共性技术，才能使中国产业发展走出“重复引进和产能过剩”的怪圈。应当弱化政府“选择”具体产业的倾向，加强政府引导和加速通用技术创新和应用，以让新兴产业形成内生的长效机制。

因此，随着中国产业结构的完备，传统的从产业间比例关系来理解产业结构变动、指导产业政策的理论的有效性在下降，政府已经很难根据发达国家产业结构演进的一般规律来选择新的主导产业。而从创新发展的角度看，随着中国产业结构日益完备且技术水平接近前沿，应当将政策资源逐步导向通用技术的创新，即通过鼓励通用技术的创新和应用扩散，促进通用技术与各领域应用技术的融合发展，从而不断催生出新的产品和产业。可见，创新发展的思路可以使我们从全新的角度来理解新时期产业结构的演化以及产业政策的作用，为我们从新的角度认识和理解现代化经济体系问题打开了新的理论大门。

（二）创新发展与现代化经济体系的政策逻辑

党的十九大报告指出：“中国经济已由高速增长阶段转向高质量发展阶段，正处在转变发展方式、优化经济结构、转换增长动力的攻关期，建设现代化经济体系是跨越关口的迫切要求和中国发展的战略目标。”建设高质量发展阶段的现代化经济体系，按照党的十九大报告要求，其具体战略举措包括深化供给侧结构性改革、加快建设创新型国家、实施乡村振兴战略、实施区域协调发展战略、加快完善社会主义市场经济体制、推动形成全面开放新格局六个方面。如果我们把现代化经济体系划分为产业体系、区域体系和动力体系，实际上这六大战略举措可以针对性归类为：深化供给侧结构性改革和加快建设创新型国家是针对建设现代化产业体系的具体战略举措，主要针对性解决产业发展不平衡不充分、实体经济发展不平衡不充分以及绿色经济发展不充分的问题；实施乡村振兴战略和实施区域协调发展战略是针对建设现代化区域体系的战略举措，主要针对性解决区域发展不平衡不充分、城乡发展不平衡不充分的问题；而要推进这两大现代化体系建设，其根本动力在于深化改革开放，也就是完善社会主义市场经济体制和推动形成全面开放新格局两大战略，而这两大战略也是中国改革开放40多年经验在高质量发展阶段的深化。这六大战略相互协同会促进企业、产业和区域三个层面的高质量发展，最终推进中国经济的高质量发展。

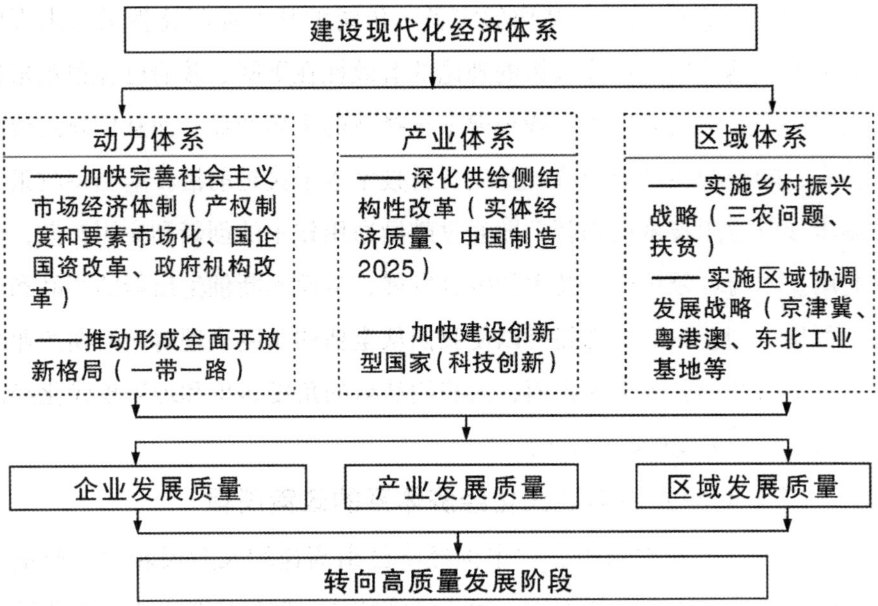

图1-3　适应高质量发展、建设现代化经济体系的重大战略举措

改革开放以来，中国经济发展取得了巨大的成就，保持了40多年经济高速增长，经济总量、人均国民收入得到了巨大的提高，到2016年，中

国经济总量已经达到11.2万亿美元，居世界第二位，按不变价计算，2010年人均国民收入达到6895美元，中国步入中上等收入国家行列。一个具有十几亿人口的大国，短短的40多年，快速地从工业化初期步入到工业化后期，这是人类工业化史的奇迹。但是，在看到中国经济高速增长的同时，也必须认识到中国经济发展存在的不平衡不充分的突出问题：一是区域经济增长不平衡，一些区域发展不充分。由于经济梯度发展战略，以及各个区域资源禀赋、发展基础差异等原因，中国经济在不同地区发展极不平衡，总体上呈现出东部、中部和西部逐步降低的梯度差距。到2015年，上海、北京、天津已经步入后工业化阶段，其他大部分东部省份处于工业化后期，而大部分中西部省份基本还处于工业化中期。二是产业发展的结构不平衡，创新能力和高端产业发展不充分。由于长期的低成本出口导向经济发展战略主导，中国自主创新能力还有待提升，这造成中国产业结构还处于较低端的水平。一方面，钢铁、石化、建材等行业的低水平产能过剩问题突出并长期存在，存在大量的“僵尸企业”；另一方面，高端产业发展不够和产业价值链高端环节占有不足，关键装备、核心零部件和基础软件等严重依赖进口和外资企业，例如，2015年中国芯片进口额高达2307亿美元，是原油进口额的1.7倍。三是实体经济与虚拟经济发展不平衡，高质量实体经济供给不充分。这主要体现在近年来经济出现“脱实向虚”趋势，制造业总体处于全球价值链的中低端，产品档次偏低，标准水平和可靠性不高，高品质、个性化、高复杂性、高附加值的产品的供给不足，缺乏世界知名品牌。四是经济增长速度与资源环境承载力不平衡，绿色经济发展不充分。中国经济快速增长客观上给资源环境造成了巨大的压力，环境污染问题比较突出，资源约束日趋紧张。虽然中国一直倡导实施环境友好型的新型工业化道路，但客观上资源环境还是难以承受如此快速的大国经济快速增长，环境污染问题比较突出，资源约束日趋紧张。为了解决工业化带来的环境资源问题，大力发展绿色经济是必然的选择。绿色经济的本质是生态环境与经济发展相协调的可持续发展经济，强调从社会及其生态条件出发，将环保技术、清洁生产工艺等众多有益于环境的技术转化为生产力，是一种环境可承受的经济发展模式。中国在绿色经济发展方面，无论是技术水平还是产业规模，都是还有很大的发展空间。五是城乡发展不平衡，社会民生领域发展不充分。这表现在城乡收入分配差距依然较大，脱贫攻坚任务艰巨，民生领域还有不少短板，群众在就业、教育、医疗、居住、养老等方面面临不少难题。巨大的经济总量与经济发展不平衡不充分的国情，表明中国经济社会主要问题已经从落后的社会生产力转为发展的不平衡不充分。如果说，依靠投资驱动的扩大外延经济增长方式、追求经济高速增长是化解人民日益增长的物质文化需要与落后社会生产之间矛盾的需要，那么，随着社会主要矛盾转变为人民日益增长的美好生活需要与不平衡不充分的发展之间的矛盾，我们步入中国特色社会主义建设新时代，与新时代相适应的则是创新驱动的集约式经济发展方式和高质量经济发展。推进经济发展的高质量、解决发展不平衡不充分问题就成为中国经济建设的主要任务，中国经济需要从高速增长阶段转向高质量发展阶段。

新的经济发展阶段需要新的经济体系支撑。经济从高速增长阶段向高质量发展阶段转换，需要改造现有的经济体系，以新发展理念指导建设现代化经济体系。所谓“现代化经济体系”是具有现代性的经济系统，当今时代对现代性的要求要与现代化进程中高质量发展阶段相适应，从系统论视角，这种适应性具体可体现在经济体系的增长动力、要素结构、运行机制、系统环境、发展目标五个方面。从经济的增长动力看，现代化经济体系是以创新作为经济增长的驱动力，经济增长的源泉是依靠创新带来的全要素生产率的提升；从经济体系要素结构看，现代化经济体系具有高端要素集聚和现代产业主导的特征，而且其劳动力、资本和技术等各个生产要素以及各个产业、区域、城乡子系统呈现结构协调性；从体系的运行机制看，现代化经济体系具有高效配置资源的成熟的市场化体制机制，体系内各类市场主体具有活力、公平竞争，政府宏观调控政策科学有度；从系统环境看，现代化经济体系面临的是全方位开放的、高度不确定性的国际化环境，这要求经济系统也必须具有动态开放特征，从而对环境具有很好的适应性；从发展目标看，现代化经济体系追求实现高质量经济发展目标，保证国家经济具有竞争力和可持续性、包容性的发展。

建立与高质量发展阶段相适应的现代化经济体系，党的十九大报告提出深化供给侧结构性改革、加快建设创新型国家、实施乡村振兴战略、实施区域协调发展战略、加快完善社会主义市场经济体制、推动形成全面开放新格局六大战略任务。其中，深化供给侧结构性改革是建设现代化经济体系的主线，供给侧结构性改革对于经济体系的创新动力培育提升、经济结构优化升级、体制机制完善进而促进高质量经济发展都具有重要意义。一方面，供给侧结构性改革主攻方向是提高供给体系质量和效率，尤其是实体经济供给体系质量，这意味着深化供给侧结构性改革可以提高经济体系中生产要素和产业结构的高端化和现代化水平，促进区域和城乡结构的协调平衡，形成实体经济、科技创新、现代金融、人力资源协同发展的产业体系。另一方面，供给侧结构性改革的核心是创新能力和全要素生产率的提升，这要求加快建设创新型国家，而创新动力培育提升又对完善社会主义市场经济体制和对外开放提出了更高要求。一个市场机制有效、微观主体有活力、宏观调控有度的经济体制，以及全面开放的新格局对于创新能力和竞争力提升至关重要。因此，供给侧结构性改革贯穿了整个建设现代化经济体系六大战略任务，是从动力、机制、目标、要素、结构、环境全方位改造现有经济体系、建设现代化经济体系的核心战略举措。如果说中国经济现在处于从高速增长向高质量发展转换的“攻关期”，那么，深化供给侧结构性改革就是最主要、最关键的“攻关利器”，只有深化供给侧结构性改革，才能促进中国经济从高速增长阶段向高质量发展阶段转换。

创新是建设现代化经济体系的战略支撑。现代化经济体系，一定是一个具有创新力的体系，通过创新适应科技发展趋势，促进现代化产业体系发展，确保现代产业在经济体系中占据主导地位。党的十九大报告强调加快建设创新型国家，努力建设科技强国、质量强国、航天强国、网络强国、交通强国、数字中国、智慧社会，这无疑是和现代化经济体系建设是相一致的。在现代化经济体系建设中，创新引领发展的第一动力，是建设现代化经济体系的战略支撑。

创新发展和建设现代化经济体系是和谐统一的。首先，实现创新驱动发展和建设现代化经济体系都要以提高实体经济供给质量为着力点。以制造业为核心的实体经济是创新的土壤。党的十九大报告指出，建设现代化经济体系，必须把发展经济的着力点放在实体经济上，把提高供给体系质量作为主攻方向，显著增强中国经济质量优势，这意味着我们要把提高实体经济供给质量作为加快建设现代化经济体系的着力点。实体经济是中国经济体系的主体，习近平总书记曾指出："不论经济发展到什么时候，实体经济都是中国经济发展、我们在国际经济竞争中赢得主动的根基。中国经济是靠实体经济起家的，也要靠实体经济走向未来。"中国已经成为一个世界性实体经济大国，但是，中国实体经济发展的"大而不强"问题突出，虽然具有庞大的实体经济供给数量，但供给质量不高，无法满足消费结构的转型升级的需要，存在实体经济结构不平衡问题。这包括作为实体经济核心的制造业的供需结构失衡，作为实体经济主体的工业与服务业之间结构失衡，以及整体实体经济发展与金融房地产业发展的结构失衡。实体经济存在的这些供给质量不高、结构不平衡问题已经成为中国经济体系的重大问题，是制约中国经济体系现代化水平的提高、经济实现从高速增长向高质量发展的阶段转换的关键问题。因此，建设现代化经济体系的当务之急是通过供给侧结构性改革提高实体经济供给质量，形成实体经济与科技创新、现代金融、人力资源协同发展的产业体系。在"虚实分离"的常态中坚持"实体经济决定论"，从体制机制上化解"虚实结构失衡"，加快建设实体经济与现代金融协同发展的产业体系。从体制机制上进行深化改革，彻底打破实体经济与虚拟经济巨大收益反差的"脱实向虚"的自增强机制，破除金融业高收益对实体经济高端要素的“虹吸效应”与房地产价格泡沫对实体经济创新的“破坏效应”，迅速着手建立实体经济和虚拟经济健康协调发展的体制机制。

其次，实现创新驱动和建设现代化经济体系都要以完善社会主义市场经济体制为前提。现代化与市场化是紧密相关的。一个现代化的经济体系是以完善的市场经济体制为基础的。对于一个国家而言，没有高度的市场化水平和成熟的市场经济体制，也就没有真正意义的经济现代化。党的十九大报告指出，为了加快完善社会主义市场经济体制，经济体制改革必须以完善产权制度和要素市场化配置为重点，实现产权有效激励、要素自由流动、价格反应灵活、竞争公平有序、企业优胜劣汰。完善的现代产权制度和有效的生产要素市场配置机制是一个成熟的市场经济体制的基本条件和必然要求。改革开放以来，中国一直努力建设社会主义市场经济体制，已经取得了巨大的进展，初步建成了社会主义市场经济体制，但是中国的社会主义市场经济体制还存在不完善、不成熟的地方。因此，进一步完善我国市场经济体制，是我国建设现代化经济体系的必然要求。

中国市场经济体制不完善主要体现在两个方面：一方面表现在产权制度还有待进一步完善，另一方面表现在有效的要素市场化配置机制还没有形成。因此，完善市场经济体制的重点是完善产权制度和完善要素市场化配置机制。一是完善产权制度。公有制为主体、多种所有制经济共同发展是中国特色社会主义初级阶段的基本经济制度，在此制度基础上，完善产权制度就是要形成各种所有制经济公平参与市场竞争，其产权同等受到法律保护并接受监督管理的基本产权管理格局。也就是说，要想市场经济条件下的基本产权制度更加完善，就要保护社会组织、公民的合法财产不受侵害，保证各类性质的不同产权在市场交易中的平等权利。这要求市场经济条件下的产权契约关系和信用关系更加完善，确保社会正常的信用秩序。具体而言，在国有经济内部，拥有开放的产权结构，国有资本有进有退、合理流动，非国有资本能够参与国有资本置换。个体私营经济转型升级、提高素质，国有资本和各类非国有资本相互渗透和融合，形成以股份制为主要形式的混合产权的经济格局。规范的产权市场是实现企业存量资产流动的必要条件。它对淘汰落后企业和产业，及实现产业结构和企业组织结构的调整有决定性的作用。因此，必须有一套完整的企业兼并、破产的制度，包括资产的清算与评估、资产的转让、人员的安排等。只有这样，才能推进国有企业混合所有制改革，才能使社会主义市场经济体制走向成熟和完善，从而实现毫不动摇地巩固和发展公有制经济，毫不动摇地鼓励、支持、引导非公有制经济发展。二是完善要素市场化配置机制。在现代市场体系形成过程中，市场在资源配置中的决定性作用充分发挥，不仅需要拥有发达的商品市场，还需要完善的生产要素市场，形成市场化的要素价格形成机制。拥有完善的市场准入和退出机制，打破行业垄断和地区封锁，实现商品和各种要素在全国范围的自由流动和充分竞争。经过多年的改革，中国商品市场已逐步完善，相对于一般商品市场，中国要素市场改革还比较滞后，甚至有人认为是严重滞后。事实上，中国目前在经济社会发展中的诸多不平衡不充分的问题均是要素市场化滞后的外在表现，如收入差距过大、城乡差距大、中小企业融资难、教育资源不平衡、农地补偿存在纠纷、科技成果转化不够等现象。目前中国要素市场化改革滞后，不仅是外在的市场交易形式的壁垒，还是市场主体的权属的二元结构。这种二元结构不仅表现在城乡二元要素结构上，还表现在不同所有制企业之间存在的二元要素结构上。

三、创新发展理念指导下的创新型国家建设

（一）创新型国家的理论基础

同现代化经济体系概念一样，创新型国家并不是一个被明确定义的学术概念。从习近平总书记和李克强总理有关创新型国家的有关论述以及有关创新型国家建设的相关规划文本看，与创新型国家最直接相关的概念是

国家创新体系概念。

总体上看，国家创新体系的理论包括三个方面，即国家层面的创新主体、制度和创新主体的行为（包括创新主体之间的互动）。从这三个层面看，创新型国家可以简单地理解为具有创新性的主体（企业、大学、科研机构和个人）、有利于创新的制度以及有效的创新战略和活动。但是另一方面，由于国家创新体系是一个“框架性”的概念，因此不同的学者对于国家创新体系的理论内涵的概括，甚至观点又不尽相同。按照研究视角的不同，国家创新体系理论可以分为宏观研究和微观研究两类。

其中，国家创新体系理论的宏观学派以弗里曼和纳尔逊等人为代表，侧重于从国家宏观制度来比较各国在创新系统中的差别，并通过这种差别来分析不同国家的创新特点。如弗里曼在研究日本第二次世界大战后经济奇迹这一现象时，发现日本在处于技术相对落后的情况下，通过采用大规模引进以美国为主的先进技术，并加以应用性改造，同时通过自身的组织创新，赢得了在创新上的比较优势，从而在国际市场竞争中击败拥有基础科研优势的美国，造就了“日本奇迹”。弗里曼的研究充分说明后发国家可以通过在创新政策上的调整以及组织和制度上的创新来弥补在技术创新上的不足，从而在短时间内取得经济上的高速增长（韩振海，李国平，2004）。作为国家创新体系理论的重要提出者之一，弗里曼教授的国家创新体系理论侧重于分析技术创新与国家经济发展绩效之间的关系，特别强调一国特定的因素对于一国经济发展绩效的影响。他认为，现代国家的创新体系既包括各种制度因素以及技术行为因素，也包括致力于公共技术知识的大学，以及政府的基金和规划之类的机构。其中，以营利为目的的私人厂商是所有这些创新体系的核心，他们相互竞争也彼此合作。概括起来说，弗里曼国家创新体系理论的核心思想是：“不论技术如何好，也不论企业家如何具有进取心，如果没有必要的基础设施和网络以支持其创新活动并促进新技术扩散的话，这种技术动力在经济中就不可能变为现实。”这样一种制度框架包括从政治性和制度性国家机器到作为市场所提供新产品或服务的最终消费者的特定个人。弗里曼的研究特别强调创新体系能够将资源配置到创新与新活动的投资上（王春法，2003）。纳尔逊教授在演化经济学的背景下对弗里曼教授的国家创新体系理论进行了重要的拓展。纳尔逊进一步将国家创新体系定义为决定一国企业创新绩效的一整套制度。他的研究将技术变革的存在及其演进特点当作研究的起点，将重点放在知识的生产和创新对于国家创新体系的影响上。他的贡献主要在于将企业、大学与国家技术政策之间的相互作用置于国家创新体系分析的核心地位。在他看来，每个国家都有其独特的国家创新体系结构。与此相适应，国家创新体系中不同主体所发挥的作用、所要解决的问题、政府对企业的支持等都各不相同。

国家创新体系理论的微观学派以伦德瓦尔等人为代表，他们从系统的组成要素层面来探讨企业、大学及科研机构等创新主体之间的相互关系。伦德瓦尔认为，国家创新体系包含的要素，从狭义上讲应该包括大学、研究开发部门等与研究、发展密切相关的机构设置和制度安排；从广义上讲则包括所有影响学习、研究、创新的经济结构和经济制度。伦德瓦尔对国家创新体系组成要素的划分方法基本上成为后续研究的主要分析框架（韩振海，李国平，2004）。伦德瓦尔教授有关国家创新体系的研究受到法国结构主义学派有关国家生产体系分析的影响，认为国家创新体系是植根于其生产体系之中的，他的国家创新体系理论研究重点是国家创新体系的微观基础，即国家制度是如何对生产者和消费者之间的相互作用产生影响以及这种相互作用是如何影响一国的经济发展绩效的。在他看来，创新过程中用户和生产者的分离这一现象具有重要的经济理论内涵，用户和生产者之间的相互作用是技术创新过程中的核心内容（王春法，2003）。

中国学者对国家创新体系（National Innovation System，简称NIS）的研究起步稍晚，1995年，齐建国在《技术创新——国家系统的改革与重组》研究报告中首次运用NIS理论分析了中国宏观经济体制问题。1997年，吴贵生和谢伟在第二届中韩产业技术政策研讨会上发表了题为“国家创新系统的要素、作用与影响”的论文。1998年，柳卸林完成了题为“中国国家创新系统的现状、问题与发展趋势”的研究报告。但总体上看，由于缺乏基于大样本的或多案例的实证研究，国内的国家创新体系研究整体上处于概念描述阶段。

（二）建设创新型国家的中国政策与实践

“创新型国家”这一概念是中国在2006年1月9日的科学技术创新大会上提出的。《国家中长期科学和技术发展规划纲要（2006—2020年）》首次在政策层面明确提出了创新型国家的概念，“面对国际新形势，我们必须增强责任感和紧迫感，更加自觉、更加坚定地把科技进步作为经济社会发展的首要推动力量，把提高自主创新能力作为调整经济结构、转变增长方式、提高国家竞争力的中心环节，把建设创新型国家作为面向未来的重大战略选择”。并在发展目标中提出：“到2020年，我国科学技术发展的总体目标是：自主创新能力显著增强，科技促进经济社会发展和保障国家安全的能力显著增强，为全面建设小康社会提供强有力的支撑；基础科学和前沿技术研究综合实力显著增强，取得一批在世界具有重大影响的科学技术成果，进入创新型国家行列，为在21世纪中叶成为世界科技强国奠定基础。”到2020年建设创新型国家的四个具体指标包括：全社会研究开发投入占国内生产总值的比重提高到2.5%以上，力争科技进步贡献率达到60%以上，对外技术依存度降低到30%以下，本国人发明专利年度授权量和国际科学论文被引用数均进入世界前5位。可见，从国际的标准和中国自己提出的目标看来，建设创新型国家都是一项十分艰巨的任务。然而用欧洲创新记分牌等方法对国家创新能力的评价结果均已表明，中国离创新型国家还有相当大的差距。正如欧洲创新记分牌（EIS）所指出：“无论是阿根廷和巴西，还是印度和中国，无论在绝对指标还是相对指标上，都难以与任何一个创新较好的欧盟国家相比。看来这些国家的创新体系需要有实质性的改善，才能赶上创新绩效好的国家（成思危，2010）。”在《国家中长期科学和技术发展规划纲要（2006—2020年）》中提出到2020年我国进入创新型国家行列的基础上，党的十九大报告进一步提出，到2035年进入创新型国家前列的战略目标，即“从2020年到2035年，在全面建成小康社会的基础上，再奋斗15年，基本实现社会主义现代化。到那时，我国经济实力、科技实力将大幅跃升，跻身创新型国家前列”。

在党的十九大报告中，习近平总书记对“创新型国家”的政策内涵进行了全面的解读。他提出要加快建设创新型国家，具体包括三个层面的内容，即：①要瞄准世界科技前沿，强化基础研究，实现前瞻性基础研究、引领性原创成果重大突破。加强应用基础研究，拓展实施国家重大科技项目，突出关键共性技术、前沿引领技术、现代工程技术、颠覆性技术的创新，为建设科技强国、质量强国、航天强国、网络强国、交通强国、数字中国、智慧社会提供有力支撑。②加强国家创新体系建设，强化战略科技力量。深化科技体制改革，建立以企业为主体、市场为导向、产学研深度融合的技术创新体系，加强对中小企业创新的支持，促进科技成果转化。③倡导创新文化，强化知识产权创造、保护、运用。培养造就一大批具有国际水平的战略科技人才、科技领军人才、青年科技人才和高水平创新团队。可以看出，习近平总书记有关创新型国家建设的论述实际上是有关创新型国家的战略部署，与国家创新体系理论不谋而合。其中，国家创新体系建设主要回答了创新的主体和结构问题，文化和体制问题主要回答了国家创新体系的制度问题，而加强基础科学和前沿技术突破则主要回答了国家创新体系中的活动和行为问题。三个层面相辅相成，共同构成了创新型国家建设的完整体系。

在2018年的全国两会政府工作报告中，李克强总理第一次明确提出了创新型国家建设的三个方面。即：①加强国家创新体系建设。强化基础研究、应用基础研究和原始创新，启动一批科技创新重大项目，高标准建设国家实验室。鼓励企业牵头实施重大科技项目，支持科研院所、高校与企业融通创新，加快创新成果转化应用。国家科技投入要向民生领域倾斜，加强雾霾治理研究，推进癌症等重大疾病防治攻关，使科技更好造福人民。②落实和完善创新激励政策。改革科技管理制度，科研项目绩效评价要加快从重过程向重结果转变。赋予创新团队和领军人才更大的人、物、财支配权和技术路线决策权。对承担重大科技攻关任务的科研人员，采取灵活的薪酬制度和奖励措施。探索赋予科研人员科技成果所有权或长期使用权。有悖于激励创新的陈规旧章，要抓紧修改废止；有碍于释放创新活力的繁文缛节，要下决心砍掉。③促进“大众创业、万众创新”上水平。中国拥有世界上规模最大的人力人才资源，这是创新发展的最大“富矿”。要提供全方位创新创业服务，推进“双创”示范基地建设，鼓励大企业、高校和科研院所等开放创新资源，发展平台经济、共享经济，形成线上线下结合、产学研用协同、大中小企业融合的创新创业格局，打造“双创”升级版。设立国家融资担保基金，支持优质创新型企业上市融资，将创业投资、天使投资税收优惠政策试点范围扩大到全国。深化人才发展体制改革，推动人力资源自由有序流动，支持企业提高技术工人待遇，加大高技能人才激励，鼓励海外留学人员回国创新创业，拓宽外国人才来华绿色通道。集众智汇众力，一定能跑出中国创新“加速度”。

可以看出，李克强总理有关创新型国家建设的总体构想也与创新型国家体系理论框架高度一致。在李克强总理有关创新型国家的论述中，国家创新体系主要回答了创新型国家建设的主体和结构问题，其中重点是国家公共科技设施的布局和结构方面；创新激励政策主要回答了国家创新体系理论中的制度问题，即通过构建科学合理的激励政策来强化创新主体的创新强度；“大众创业、万众创新”则主要回答了国家创新体系理论中的行为问题，即通过活跃的创业和创新最终实现创新型国家建设。

第二章
创新发展的理论基础

马克思主义经典理论和西方主流经济学分别从各自的理论假设和概念出发对创新的目的、意义、主体、指导思想和方法论原则等有关创新的基本问题进行了论述，中国特色社会主义创新发展理论在继承马克思主义经典理论的基础上，从中国的实践出发，批判性地吸收了西方经济学有关创新的合理成分，形成了发展的、完善的理论体系，并用来指导中国的创新发展战略和政策。

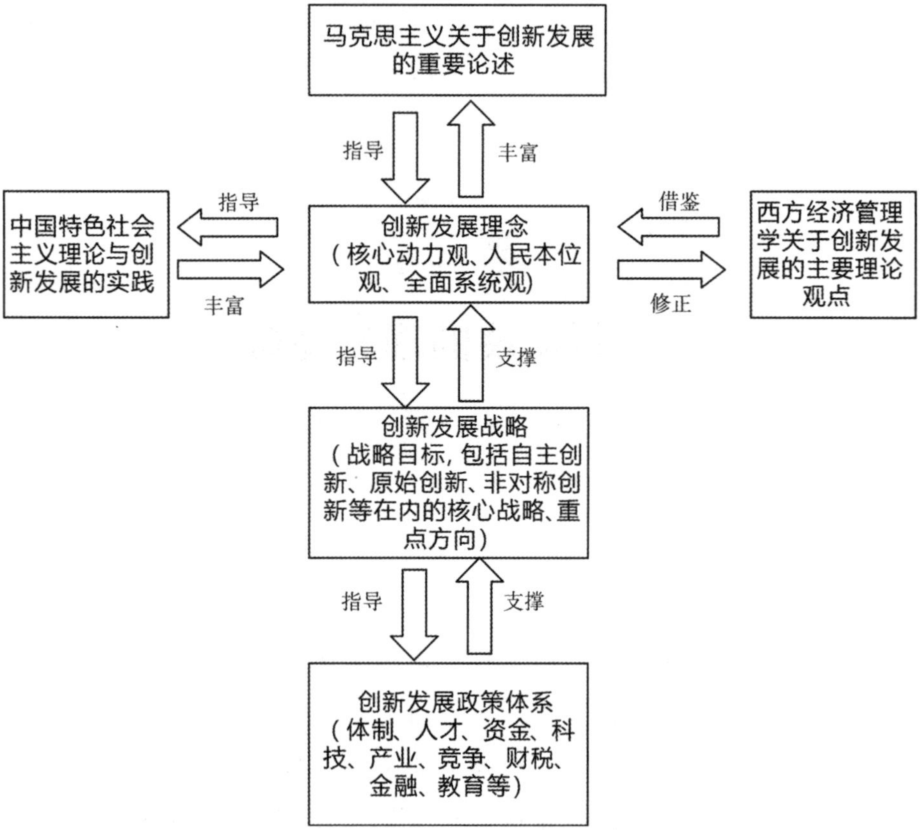

图2-1　中国特色社会主义创新发展理论基础框架

一、马克思主义经典理论关于创新的论述

（一）马克思主义经典理论对创新基本概念的界定

对于创新的概念，马克思并没有直接下过精确的定义，在马克思的诸多论著中，曾使用过“创造”“创立”“发明”“革命”等与创新含义接近的概念。通过创造性实践活动，发现客观事物的新属性、新联系、新规律，进而运用这些发现生产出新的物质产品、精神产品以及新的社会关系产品（如政策、法律、制度等），从而证明自己是有意识的存在物（庞元正，2006）。已有研究将马克思创新理论中创新的定义概括为现实的人针对新的现实情况，有目的地从事的一种前人未曾从事过的创造性实践活动

（刘红玉，2011）。创新作为一种高级的劳动形式，既属于人类一般劳动的范畴，又具有自身特殊的特征。一是创新的主体是现实的人，只有人才是世界上唯一能够从事自主的、独立的、全面的创造性活动的存在物，只有人的活动才称得上真正的创造（舒远招，1998）；二是创新是有目的、有计划的、能动的实践活动；三是创新是一种创造性的、复杂的高级实践活动，是人的自觉能动性的重要体现，是人的生命表现和本质特性（刘红玉，2011）。对应物质生产实践、社会关系实践与科学实验是人类实践活动的三种基本形式，创新主要有技术创新、制度创新、科学创新三种基本形式，它们相互融合、相互促进。一方面，科学创新为技术创新奠定理论基础，每一项科学发现都成为新的发明或生产技术进行新改进的基础。另一方面，技术创新与制度创新之间相互制约、相互促进，技术创新属于生产力的范畴，它与制度创新的关系可以从生产力与生产关系的矛盾运动中来把握。具体而言，这三者关系是，科学创新推动制度创新，制度创新反作用于科学创新。马克思认为通过科学创新可以将科学知识转化为生产力，引发生产工具变革，从而推动生产关系的变革。

（二）马克思主义经典理论有关创新发展的核心观点

马克思通过对技术进步史的考察，认为技术的发展在不同社会形态中具有不同的内容、方式和范围，相应地，不同时代技术创新的主体及其在技术创新活动过程中所处的地位也不尽相同。马克思比较强调工人在推动技术创新中的作用，但同时，马克思重视职业创新者及职业创新机构在技术创新中的作用，还前瞻性地指出了资本主义企业中推动技术创新的主体由资本家向职业经理人转化的趋势，并对国家作为技术进步推动者的主体地位进行了阐述。马克思所认为的技术进步主体包括资本家、工人、职业创新者以及国家等。马克思曾指出：“在工具的分化中，工场手工业的局部工人自己起了巨大的作用；在机器的发明中，起作用的不是工场手工业工人，而是学者、手工业者甚至农民（如布林德利）等。”不同的创新主体，其创新的动力不同，资本家作为技术创新主体之一的动机来源于市场竞争的压力、对剩余价值特别是对超额剩余价值的追求。资本家致力于推动技术创新、通过应用新技术获得免费生产力，从而提高剩余价值。工人作为推动技术创新的主体之一，其动机主要来源于改善其自身境况，以更少的付出取得更多更好的劳动成果这样一种直接需求。第一次产业革命的开端，珍妮纺纱机的发明者哈格里夫斯是英国的纺织工人，作为第一次产业革命标志的蒸汽机发明者纽科门则是苏格兰的一名铁匠，而这些发明都对人类社会的发展具有重大的意义。随着技术创新的日益专业化，当代工人推动技术进步的结果主要表现为“干中学”“用中学”的“次级创新”或增量的技术进步（武文风，2013）。而科研机构和科研人员在推动社会技术进步过程中发挥着越来越大的作用。马克思认为，职业创新者作为推动技术进步的主体之一，其动机部分源于对经济利益的追求，部分源于兴趣，其结果主要表现为新技术的诞生。另外，马克思认识到国家在推动技术创新中的作用，他认为随着技术活动的扩展，出现了世界市场，从而使国家作为技术进步主体的特征凸显出来。在马克思看来，“产业创新”是一个国家生存和发展的基础。

马克思从资本主义内在动力、外部压力与社会条件等多个方面对创新的动力进行了论述，归结起来，马克思认为资本家对超额剩余价值的追求、资本主义市场竞争需要、社会上出现的经济需求以及资本家与工人之间的阶级斗争等四个方面推动了技术创新的产生和发展。同时，马克思还通过分析新机器的使用，阐述了创新的演化过程。马克思认为，创新是有利于整个资本主义生产的，但这是一个极为复杂的社会过程。新的机器使用使最先采用机器的工厂中的必要劳动时间相对地缩短了，而使暂时还受旧生产方式支配的工人的必要劳动时间（相对）延长了，使用新机器的资本家才能比其他资本家占有更多的剩余劳动，从而获得更多的利润（马克思，1987）。随着创新的扩散和持续，市场竞争变得更加激烈。那些较晚采用机器的资本家，绝不会仅仅满足于采用那些别人淘汰的机器。他们也将竞相放弃旧的生产方式而采用新的生产方式，这种率先创新者独占超额利润的情况也就消失了（马克思，1987）。同时，创新也就完成了它的扩散过程。也正因为对利润、剩余劳动的追求和贪欲是推动整个资本主义生产的动机，所以，创新绝不会到此而终结。恰恰相反，一次创新的扩散，一种机器被普遍采用，又将“刺激资本家采用日益翻新的更新的机器”，创新必将持续进行下去。这样，马克思早在熊彼特之前，实际上就已揭示了由创新而导致的创新浪潮，使创新扩散，再刺激新的创新不断出现的创新持续过程，也阐明了资本主义条件下使创新持续不断的作用机制。

二、西方经济学的创新理论

（一）西方经济学对创新基本概念的界定

在当代西方经济学家中，“创新”一词最早是由美国经济学家熊彼特于1912年出版的《经济发展理论》一书中提出。熊彼特的创新理论所提到的创新是“建立一种新的生产函数”或者是“生产要素的新的组合”，具体表现形式包括开发新产品、使用新的生产方法或者工艺、发现新的市场、发现新的原料或半成品、创建新的组织管理方式等。他明确指出创新与发明的区别：“创新”不等于技术发明，只有当技术发明被应用到经济活动中才成为“创新”。熊彼特所论及的创新，其最终检验标准只有一个，那就是随之为市场接受而带来具有独占或优先获取权的超额利润。现在一般经济学家大多接受熊彼特对创新的界定。20世纪80年代，演化经济学者对“创新”内涵有新的认识，提出生物进化与技术变迁之间具有类似性，技术创新是一个系统演化过程，可以以产品类比生物有机体，产品的生产要素不是资本、劳动和土地，而是物质、能量、空间、时间和知识。其中，作为生产要素的知识是具有创造性和灵活性的要素，在生产过程中起关键作用。演化经济学从新视角对“创新”内涵进行分析，直接的政策含义就是技术创新的政策也必须与自然环境、政策体制、文化传统等外部环境和技术本身的内部环境协调一致（Boulding，1981；Sidney，1982）。

（二）西方经济学有关创新发展的核心观点

与马克思广泛的技术创新主体不同，熊彼特则专门强调创新者是专指那些首先把发明引入经济活动并对社会经济活动发生影响的人，这些创新的倡导者和实行者就是企业家，企业家既不同于发明家，也不同于一般的企业经营管理者，是富有冒险精神的创新者。近些年西方经济学逐渐把创新主体范围扩大，创新主体也多样化了，认为创新不仅仅是企业家、研发人员等少数社会精英开展的经济活动，而是一个社会各个成员广泛参与的社会性学习过程。处于不同社会网络中的人的知识的交换和传播是促进创新的重要机制。此外，在演化经济学看来，创新与其他经济活动的本质区别在于，创新具有高度的不确定性，社会性的学习活动不仅可以通过个体间的知识交流创造新的知识，从而直接推动技术创新，而且可以通过各类创新主体的多样化的探索降低创新的风险，大大提高创新成功的概率。现代西方经济学越来越认识到技术创新是一项十分复杂的活动，随着经济学家对创新活动复杂性认识的深入，创新生态系统理论逐渐兴起，越来越多的学者们试图用“创新生态系统”概念描述创新活动，认为“创新生态系统”是一个各个创新要素共生共荣、吐故纳新、协同演化、动态开放的具有生命力的自然系统，具有复杂性、动态性、系统性、协同性、开放性等特征。

基于创新生态系统理论，一个国家技术创新能力的提升，不仅需要研发资金和人才投入等要素数量的增加，更重要的是创新要素之间、创新要素与系统和环境之间动态关系优化，即整个创新生态系统的改善。也就是说，创新能力提升是创新生态系统各个要素协同共生演化的结果，需要企业、社会、政府、大学、科研机构、中介组织、社区组织等各类主体基于创新导向规则和文化进行开放的、充分的、持续的互动。基于这种广泛的多样化的创新主体，弗里曼首先提出了国家创新系统概念（弗里曼，1987），仑德瓦尔认为国家创新系统主要包括企业的内部组织、产业系统、公共部门、金融部门及其他部门、研究开发部门五个子系统（仑德瓦尔，1992）；经济合作与发展组织（OECD）在1996 年发表的《国家创新系统》报告中指出“创新是不同主体和机构间复杂的相互作用的结果”（经济合作与发展组织，1996），国家创新系统需要结合部门创新系统和区域创新系统进行分析。

从亚当·斯密的“绝对优势说”到李嘉图的“比较优势”理论，是古典到新古典贸易理论的发展，但都是服务于先发国家。而发展经济学强调从落后国家的视角展开，主要包括两大主题的内容：一是落后国家的特殊性，体现在后发优势上；二是落后如何转变为优势，即如何实现后发优势。后发优势的概念始于第二次世界大战后发展经济学的研究与探索之中。第二次世界大战后初期，一批从主流经济学中分离出来的西方学者，强调在经济分析中关注发展中国家社会经济结构中不同于发达国家的特征，反对沿用以发达国家社会经济结构为分析背景的新古典主义经济学理论传统，主张创立一种新的理论架构，这就是发展经济学的结构主义思路。结构主义的经济运行机制理论、中心外围理论等经济理论中隐含着后发优势思想。“后发优势”的正式创立者是亚历山大·格申克龙（Alexander Gerschenkron），他的后发优势理论包含以下四个层次的含义：第一，后发国家必须根据自己的实际，选择有别于先发国家的不同发展道路和发展模式；第二，后发国家应引进先发国家的技术、设备和资金；第三，后发国家应学习和借鉴先发国家的成功经验，吸取其失败的教训；第四，相对落后会造成社会的紧张状态，激起国民要求工业化的强烈愿望。

关于后发国家赶超路径问题，杨小凯认为后发国家相比先发国家所存在的差距不仅表现在技术层面，也可能存在于制度层面，后发优势的实行应要先完成较难的制度模仿，然后再进行较易技术模仿，如果逆其道而行，只会强化制度模仿的惰性，给长期经济增长留下许多隐患。杨小凯、张永生强调制度创新重要性的思想是重要的，但其将制度创新和技术创新的时序独立起来的观点却是有误导性的（杨小凯，张永生，2001）。关于实证中是否存在后发优势及后发优势如何实现，目前还没有一个定论。一个最新的研究成果是D. Acemoglu（德隆·阿西莫格鲁）和J. Robinson（詹姆斯·罗宾逊）在2015年5月出版的《国家为什么会失败》，认为地理、文化、掌权者的知识水平等都不足以作为国家成功或失败的深层原因，制度才是决定性因素。他们将制度分为包容性制度和攫取性制度两种，包容性制度的要点是保护产权，创造公平的竞争环境，鼓励对知识和技术的投资；而攫取性制度的特点是把多数人的资源集中到少数人手中，少数人掌握不受约束的权力，他们利用权力来谋取某个社会团体的利益，而不惜损害大众的利益。通过对这两类制度的划分，D. Acemoglu和J. Robinson指出通常只有在强势政府的作用下攫取性制度才能带来高速的增长，但仍不可持续，而包容性制度更利于经济的持续增长。

管理学理论体系下有关后发赶超的研究更加关注后发国家（或企业）技术赶超的路径和策略。在研究日本对美国技术赶超的背景下，Henderson和Clark将技术分为架构创新（architectual innovation）和部件创新（component innovation）两种类型，并通过翔实的案例研究指出，先发国家虽然在核心零部件领域占有优势，但后发国家和企业可以通过架构创新实现对先行者的赶超（Henderson，Clark，1990）。这意味着，不同国家在技术创新方面要培育自己的核心能力，关注自己赶超路径的独特性；Fine等人率先在企业层次提出了“设备依赖（dependency for devices）”和“知识依赖（dependency for knowledge）”的概念，后发国家集成企业可以对组件供应商形成设备依赖，但不应对供应商形成知识依赖，这意味着出于降低成本或提高效率的考虑，可以将生产活动外包，但需具备自主生产所需知识（Fine，Whitney，1996；Fine，1998）。因此，后发国家对知识的学习和自主掌握不仅是设备生产的自主化，还是后发国家技术赶超的要点。有关对韩国的研究表明，后发国家对先发国家的技术赶超路径遵循逆S曲线的特征，即后发国家首先基于比较优势通过工艺学习掌握最初的制造能力，然后通过工艺创新形成竞争优势，最后通过产品创新实现技术赶超。后发赶超情景下的技术创新研究特别强调后发国家技术赶超路径的独特性。

新古典经济学将创新激励问题置于创新研究的核心，因此有大量的有关促进创新的政策研究。具体而言，经济学中存在大量围绕包括补贴、公共基金、奖金、政府采购和专利等能够提高技术创新者可收益性的公共制度安排的研究，这些公共制度安排又可以划分事前支付的政策性收益机制、事后支付的非专利政策性收益机制和专利（既非事前也非事后）。①事前支付的政策性收益机制主要指补贴和资助制度。其中，补贴制度的经济学合理性在于技术溢出创新者为竞争对手创造了正外部性。理论上，最优补贴额应该根据创新的私人收益和社会收益之差来确定。但是，由于创新收益难以测度，现实中补贴往往以税收优惠的形式出现。与补贴主要依据——研发成本确定补偿金规模的做法不同，从理论上讲，政府通过公共基金或资助机制来确定资助规模的依据，既可以是技术项目可能发生的成本，也可以是技术项目可能产生的社会价值。相对于专利而言，公共基金的一个好处是不会抑制技术扩散（Dowrick，1995），这决定了这种收益机制更多地适用于科研机构的基础研究。②事后支付的非专利政策性收益机制主要有奖金制度和政府采购制度。奖金制度可以有效地避免专利造成的福利净损失问题。为了提高奖金制度的有效性，政府必须通过制度性安排来保证奖金支付的可信性。与奖金制度类似的一种政策性收益机制是政府采购。采购制度既可以把补偿支付给最先实现创新的企业，也可以赋予以最低成本实现创新的企业。政府采购的供应商如果是前者，那么政府采购与奖金制度就没有本质的区别；如果是以最低成本实现达到事先设定的技术标准的创新企业，那么创新收益由最低成本投资者获得。③专利的本质是能够界定创新者对创新知识的私人产权（Kitch E，1998），这种私人产权的外延包括自由交易权和排他性使用权（Boldrin，Levine，2008）。专利制度下，创新成本由技术购买者和采用该技术开发的产品的消费者承担，创新收益对企业的创新投入和创新效率的激励作用更强。但是，专利只能保护可解码的技术知识，专利给予发明人知识产权是以他们披露技术知识为条件的。而且，专利赋予创新者排他性知识产权，这意味着创新者有可能通过知识产权获得市场垄断势力，专利还可能导致“浪费性模仿”（wasteful imitation），甚至企业采取策略性行为所造成的福利损失可能大大抵销专利的创新激励作用。从本质上讲，上述各种政策性收益机制是政府与创新者（或潜在创新者）之间签订的不同形式的契约，每种契约都各有利弊，具体选择的时候需要关注三个标准：一是“决策标准”，即技术创新的社会价值是否高于创新成本；二是“授权标准”，即选择最有效率的主体从事创新；三是“基金标准”，即是否存在由私人垄断定价导致的福利净损失。

扎根于演化经济学的创新体系理论认为，创新政策的依据不仅限于新古典经济学强调的市场失败，还源于系统失败，因此需要从系统层面推进创新。该领域的学者分别结合国家、产业部门或者区域，提出了国家创新体系、部门创新体系和区域创新体系的概念。国家创新体系理论从演化经济学的视角出发，凸显了学习和创新的战略作用以及生产结构、技术和制度的共同变迁，然而，国家创新体系理论的缺陷在于它仅仅强调了创新的体系性，但并没有分析创新在各构成要素之间是如何分布的。部门创新体系理论是强调创新体系的特点在不同部门之间存在的差异性，部门创新体系可以被定义为开发、制造产业产品和产生、利用产业技术的公司活动的体系集合，部门创新体系框架有助于识别“体系失灵”和确定政策的目标指向，同时强调供给、需求和用户在创新过程中共同推动创新的动态变化过程。区域创新体系理论认为区域创新体系是由地理上相互分工与关联的企业、高等教育机构和研究机构等构成的区域性组织体系，由两类主要行动者及其相互作用而组成，第一类行动者是区域内主要产业集群及其支持产业的公司；第二类行动者是制度基础结构，包括科研机构、高等院校、中介机构、职业培训组织、产业协会、金融机构等，它们具有支持区域创新的重要能力。区域创新体系理论突出了区域创新体系的地域性、网络性、主体多元性的特征（陈广胜，许小忠，徐燕椿，2006），认为区域创新体系是产生有效的国家创新体系的途径，区域创新体系应该在中央政府的积极支持、创新主体之间互动学习的政策激励以及中央和地方政府的密切合作的基础上改进和发展。

三、中国特色的社会主义创新发展理念

党的十八大以来，以习近平同志为核心的党中央提出了创新发展、协调发展、绿色发展、开放发展、共享发展的新发展理念体系，这为我们党治国理政打开了一个新的境界。其中，创新是引领发展的第一动力，创新发展理念是首位的发展理念，在整个发展理念体系中居核心地位。创新发展理念的提出既有我国多年的发展实践的经验基础，也是以马克思主义为指导博采中外关于国家经济发展理论精华的结果。我国的创新发展理念和在创新发展理念指导下的创新发展战略、创新发展政策系统构成了中国特色社会主义政治经济学的重要篇章。

（一）创新发展理念提出的理论与实践基础

习近平总书记在党的十八届五中全会提出了创新发展、协调发展、绿色发展、开放发展和共享发展五大发展理念，将创新发展摆在了发展理念的第一位。习近平总书记指出，创新是引领发展的第一动力，坚持创新发展，必须把创新摆在国家发展全局的核心位置，不断推进理论创新、制度创新、科技创新、文化创新等各方面创新，让创新贯穿党和国家一切工作，让创新在全社会蔚然成风；坚持创新发展须把发展基点放在创新上，形成促进创新的体制架构，塑造更多依靠创新驱动、更多发挥先发优势的引领型发展。这意味着创新成为我国未来发展的基点、核心和第一动力，我国的发展将在创新驱动下更多地向引领型发展转变。通过技术创新促进技术进步，进而推进一国的经济增长和社会发展，这并不是一个全新的发展理念，这甚至可以认为是发展经济学乃至整个当代西方经济学的核心主题之一。但是，对于处于当前发展阶段以及国内国际环境下的社会主义中

国而言，“创新发展”的提出是一个开拓发展新境界的全新发展理念。从理论层面看，创新发展理念是中国特色社会主义政治经济学的重要内容，是以马克思主义政治经济学为指导，吸收当代西方经济学有关技术进步促进经济增长、科学技术发展规律等方面理论认识综合创新的结果，继承和发展了马克思主义政治经济学；从实践层面看，创新发展理念是中国共产党治国理政的实践经验的总结概括，是基于对中国发展阶段以及当今世情、国情的科学把握，也是基于对世界经济社会和科技发展趋势以及我国发展面临的新机遇、新挑战、新问题的深刻认识，而提出的科学的发展理念。

中国特色社会主义创新发展理念，其根本的理论基础来自马克思主义政治经济学关于解放和发展社会生产力的基本原则。对应物质生产实践、社会关系实践与科学实验等人类实践活动的三种基本形式，创新主要有技术创新、制度创新、科学创新三种基本形式。通过科学创新可以将科学知识转化为生产力、引发生产工具变革从而推动生产关系的变革。马克思认为，技术作为一种渗透性的生产要素，通过提高劳动者的能力、促进资本积累以及改进劳动资料特别是生产工具，把巨大的自然力和自然科学并入生产过程，使生产过程科学化，进而对提高生产力、促进经济发展具有巨大的促进作用。创新不仅仅对经济增长具有促进作用，创新还是推动社会发展的重要力量。马克思总是把技术创新看成是推动社会发展的有力杠杆，看成是最高意义上的革命力量，认为技术创新在推动社会发展中的巨大作用，不仅表现在对没落社会制度的摧毁上，而且也表现在对上升的社会制度的引领和推进作用上。但马克思也认为，技术进步推动社会发展的作用是一个历史范畴。在人类社会发展的不同时期，技术进步推动社会发展的作用是不一样的，因为技术成果只有运用到生产中，转化为现实的生产力才会对社会发展产生相应的推动作用，才能成为推动社会发展的强大动力。

在当代西方经济学中，“创新”一词最早是由美国经济学家熊彼特于

1912年出版的《经济发展理论》一书中提出。熊彼特的创新理论所提到的创新是“建立一种新的生产函数”或者是“生产要素的新的组合”，具体表现形式包括开发新产品、使用新的生产方法或者工艺、发现新的市场、发现新的原料或半成品、创建新的组织管理方式等，把“创新”和因“创新”而使经济过程发生的变化，以及经济体系对“创新”的反映称之为经济发展。西方经济学关于创新问题的理论学派林立，新古典增长理论（外生增长理论）、新增长理论（内生增长理论）、演化经济理论等从不同视角论述技术进步对经济增长的意义以及内在机理，构成了庞杂的理论体系。这些理论的意义更多地体现在具体的创新政策的制订和实施指导上，但在指导创新政策时，面对庞杂的知识体系，则需要再根据国情和时机进行权衡选择。中国特色社会主义创新发展的理念，就是考虑这些理论对创新政策制定的具体价值，以马克思主义为指导结合我国国情而提出的发展观。

中国特色社会主义的创新发展理念，不仅来自上述理论的思考，也是我国经济发展实践经验的总结和国情变化的战略应对。中华人民共和国成立以来的各个时期的经济发展实践表明，科技进步和技术创新工作的发展与我国的经济增长和健康发展紧密相关。中华人民共和国成立之初，我国科技水平总体上落后西方发达国家近百年，经济更是“一穷二白”，我党开始号召国外留学科学家回国并培育自己的知识分子和工业化人才，1956年党中央又向全党全国发出“向科学进军”的号召，到1966年，我国工业化奠定了初步基础；1966—1976年的“文革”期间，由于“四人帮”的疯狂破坏，我国的科技水平与世界先进水平的差距不断拉大，我国国民经济一度濒于崩溃；1978年3月18日，党中央召开全国科学大会，邓小平同志提出四个现代化关键是科学技术的现代化、科学技术是第一生产力、科学技术工作者是劳动者等重要论断，“科学技术是第一生产力”成为指导我国科技创新和经济发展的核心理念；1995年5月6日，中共中央、国务院作出《关于加速科学技术进步的决定》，提出科教兴国战略；进入21世纪，党中央又创造性地提出建设创新型国家的重大决策，而与这一系列重视科技创新的指导思想相伴随的是改革开放40多年的经济高速增长。改革开放以来，我国快速地从工业化初期走到了工业化后期阶段。从发展动力角度区分，我国已走过了以生产要素驱动为主的发展阶段和以高储蓄率的投资驱动为主的发展阶段。在科技水平、经济基础、综合国力大幅度提升的同时，原先大量投入资源和消耗环境的经济发展方式已难以为继，无论是从现实的可能性还是从理论上的必要性来看，我国都应该转向以创新驱动为主的新发展阶段。

总之，中国特色社会主义的创新发展理念，是以习近平同志为核心的党中央以马克思主义为指导，在我国发展经验的基础上，立足于我国经济社会发展的阶段变化和出现的新条件、新问题和新实践，顺应当前世界技术、经济发展形势的新要求，博采西方经济学各学派有关创新的各种观点，继承和丰富马克思主义创新思想，提出的更具有全面性、科学性、人民性的创新发展观。具体而言，中国特色社会主义创新发展理念不同于以往的发展观，具有如下所述的核心动力观、人民本位观和全面系统观三方面内涵，是对发展观的重大突破。

1. 核心动力观：创新是引领发展的第一动力

无论是理论层面还是实践层面，创新对经济社会发展的重要意义已毋庸置疑，世界各国也纷纷出台政策积极推进创新。但是，将创新的意义提高到“创新是引领发展的第一动力”这样的高度，则是独树一帜的。习近平总书记曾指出：“把创新摆在第一位，是因为创新是引领发展的第一动力。发展的动力决定发展速度、效能、可持续性。对我国这么大体量的经济体来讲，如果动力问题解决不好，要实现经济持续健康发展和两个‘翻番’是难以做到的。当然协调发展、绿色发展、开放发展、共享发展都有利于增强发展的动力，但核心在于创新。抓住了创新，就抓住了牵动经济社会发展全局的‘牛鼻子’”。

把创新作为引领发展的第一动力的核心动力观，是马克思主义政治经济学关于解放和发展社会生产力的思想在中国现有的历史条件和国情下的具体应用和发展。生产力理论是马克思主义理论体系的基石，也是马克思主义政治经济学中最基本的范畴。社会主义的根本任务是解放和发展生产力，目前我国仍处于并将长期处于社会主义初级阶段，解放和发展生产力仍是建设中国特色社会主义的第一要务。那么在新的历史条件下，解放和发展生产力的关键在哪里呢？习近平总书记指出：“虽然我国经济总量跃居世界第二，但大而不强、臃肿、虚胖、体弱问题相当突出，主要体现在创新能力不强，这是我国经济大块头的‘阿喀琉斯之踵’。通过创新引领和驱动发展已经成为我国发展的迫切要求。我反复强调，抓创新就是抓发展，谋创新就是谋未来。”之所以说通过创新引领和驱动发展已经成为我国发展的迫切要求，具体而言，至少有以下两方面的原因：

一方面，从国内看，突破经济发展瓶颈、解决深层次矛盾和问题要依靠创新。改革开放以来，我国经济的持续高速增长主要得益于抓住全球产业转移的趋势，充分发挥了我国劳动力资源丰富的比较优势。但是近年来随着人口红利消退、工资水平上涨，我国基于低成本形成的国际竞争力被削弱。建立在初级生产要素基础上的旧动能渐趋耗尽，依靠劳动力、资源、土地投入的传统发展方式已难以为继。要化解经济发展中的瓶颈和深层次矛盾，实现经济增长方式的转型和经济社会持续健康发展，根本出路在于不断推进科技创新，不断解放和发展社会生产力，不断提高劳动生产率。另一方面，从国际上看，抓住新工业革命带来的赶超机遇需要依靠创新。当前，以大数据、云计算、物联网、机器人、人工智能、虚拟现实、新材料、生物科技等为代表的新技术蓄势待发，重大颠覆性技术不断涌现，将对传统产业的产品、商业模式和业态产生深刻的影响，并催生出许多新的产业领域。世界主要发达国家纷纷出台新的创新战略和政策，加强对人才、专利、标准等战略性资源的争夺，抓紧布局新兴技术、培育新兴产业。新的科技革命和产业变革给后发国家提供了“弯道超车”的机会。对于我国来说，科技和经济实力有了大幅度提升，已经具备抓住新一轮工业革命和产业变革机遇的条件，面对经济发展水平、技术和产业条件与新工业革命机遇的结合，我国比历史上任何时期都更接近实现“两个一百年”和中华民族伟大复兴的目标。因此，我国必须通过创新驱动抓住这个千载难逢的历史机遇。

总之，在分析国际科技进步和经济发展趋势的基础上，立足中国特色社会主义建设的伟大实践，以马克思主义生产理论为指导，习近平总书记提出“创新是引领发展的第一动力”的创新发展的核心动力观，体现了我们党在新的历史条件下对中国特色社会主义发展规律的新认识，是中国特色社会主义政治经济学的新成果，进一步丰富和发展了马克思主义政治经济学。

2. 人民本位观：创新发展要以人民为中心

为什么人的问题是哲学社会科学研究的根本性、原则性问题？习近平总书记指出：“要坚持以人民为中心的发展思想，这是马克思主义政治经济学的根本立场。”这一重要论述揭示了马克思主义政治经济学的本质，为坚持和发展中国特色社会主义政治经济学指明了方向。以习近平同志为核心的党中央确立的新发展理念，坚持马克思主义政治经济学的根本立场，旗帜鲜明地提出发展以人民为中心，坚持发展为了人民、发展依靠人民、发展成果由人民共享，既把增进人民福祉，实现好、维护好、发展好最广大人民根本利益作为发展的出发点和落脚点，又把调动人民的积极性、主动性、创造性作为发展的根本动力。党的十八届五中全会首次提出来的着力践行以人民为中心的发展思想，体现了我们党全心全意为人民服务的根本宗旨，体现了人民是推动发展的根本力量的唯物史观。

创新发展作为新发展理念体系之首，突出体现了以人民为中心的发展思想，强调创新发展的主体是人民，体现出人民本位论的核心理念。一方面实施创新的主体是人民，也就是创新依靠人民；另一方面强调创新发展的目的是增加人民福祉，也就是创新为了人民。这构成了中国特色社会主义的创新发展理念的人民本位观内涵。从创新发展的主体看，以习近平同志为核心的党中央一再强调，要激发创新创业活力，推动大众创业、万众创新，释放新需求，创造新供给，推动新技术、新产业、新业态蓬勃发展，加快实现发展动力转换；要充分尊重群众的首创精神，着眼于解放和发展生产力，放手支持群众大胆实践、大胆探索、大胆创新，及时发现、总结和推广群众创造的成功经验，把群众的积极性和创业精神引导好、保护好，充分发挥了人民群众在改革开放和现代化建设中的主体作用，为改革发展创造了一个宽松的环境。2016年1月，习近平总书记在省部级主要领导干部学习贯彻党的十八届五中全会精神专题研讨班上的讲话指出："要全面调动人的积极性、主动性和创造性，为各行业各方面的劳动者、企业家、创新人才、各级干部创造发挥作用的舞台和环境。"从创新发展的目的看，创新发展的目标是实现全面小康，这是人民的全面小康。全面小康的成果，理应由人民共享。创新发展与共享发展密不可分，共享发展要求发展为了人民、发展成果由人民共享，使全体人民在发展中有更多获得感，发展成果普惠人民群众。创新发展搞得成功不成功，最终的判断标准是人民是不是享受到了创新发展的成果。

中国特色社会主义创新发展理念的人民本位观内涵，是从本质上区别于西方经济学创新理论的重要方面。虽然西方经济学的某些学派的观点中，也能够引申出一些关于强调创新发展依靠大众的思想，如创新生态系统理论强调创新主体的相互联系，新增长理论强调人力资本外溢，社会学习互动是经济增长的重要源泉等，以及强调经济增长的包容性等。但是，最有影响的熊彼特的创新理论更多强调企业家是创新的主体，甚至将企业家精神等同于创新精神和冒险精神。而马克思主义政治经济学早就指出，虽然资本家为追求超额剩余价值不断努力创新，但工人在技术创新过程中发挥了重要的作用，工人为了改善自身状况，在"干中学"，从而不断实现技术进步。第一次工业革命的开端，珍妮纺纱机的发明者哈格里夫斯就是英国的纺织工人，而蒸汽机的发明者纽科门则是苏格兰的一名铁匠，这些发明对工业发展和人类进步的意义重大。不仅如此，马克思还指出了职业创新者的存在和对于创新的意义："发明成为一种特殊的职业。因此，随着资本主义生产的扩展，科学因素第一次被有意识地广泛地加以发展和应用，并体现在生活中，其规模是以往时代根本想象不到的。"所以，马克思认为的创新主体更具有广泛性，包括工人、资本家和职业创新者等。以习近平同志为核心的党中央坚持创新发展"本位"是广大人民群众的发展观，继承了马克思主义政治经济学的基本原理，同时结合了我国的国情，从根本上区别于西方经济学的创新发展理论，实现了发展观的新突破。

3. 全面系统观：以科技创新为核心全面系统创新发展

以习近平同志为核心的党中央提出的创新发展理念，是一种具有全面性、系统性的创新发展观。所谓"全面性"，是指以科技创新为核心的包括社会、经济、文化、生态、教育、政治等各个领域在内的全面创新发展，也包括理论创新、技术创新、制度创新、管理创新等各个要素的创新，这意味着创新发展需要国家的全面创新体系支撑，其中科技创新又是整个国家全面创新体系的核心；所谓"系统性"，是指创新发展理念不是一种孤立的发展理念，而是十八届五中全会提出的创新、协调、绿色、开放和共享"五位一体"的新发展理念体系中的首位和核心发展理念，同时以习近平同志为核心的党中央提出的创新发展理念与我党历代领导集体提出的创新思想是一脉相承的，具有系统继承性。这种创新发展的全面系统观是中国特色社会主义的创新发展理念的又一重要内涵。

创新发展是以科技创新为核心的全面创新发展。创新，一直以来主要是指科技创新，以及由科技创新驱动的新产业、新业态、新模式等经济领域的活动，创新发展主要是通过创新活动来推动科技进步和经济发展。科技创新发展与经济创新发展无疑是国家发展的关键，正如习近平总书记指出："当今世界，谁牵住了科技创新这个'牛鼻子'，谁走好了科技创新这步先手棋，谁就能占领先机、赢得优势。""科技创新是提高社会生产力和综合国力的战略支撑，必须摆在国家发展全局的核心位置。"但是，科技创新是一种复杂性的活动。当今世界上创新活动的竞争，不仅是一个企业或一个产业的竞争，而且是一个创新生态系统的竞争。这意味着，创新不仅是寻求科学技术突破的单方面创新，而且涉及社会、科技、经济、文化、政治等各个方面。习近平总书记指出，“党的十八大提出的实施创新驱动发展战略，就是要推动以科技创新为核心的全面创新，坚持需求导向和产业化方向，坚持企业在创新中的主体地位，发挥市场在资源配置中的决定性作用和社会主义制度优势，增强科技进步对经济增长的贡献度，形成新的增长动力源泉，推动经济持续健康发展。”这要求我们必须强调创新国家体系的建设，要求推动科技和经济社会发展深度融合，打通从科技强到产业强、经济强、国家强的通道，加快建立健全国家创新体系，推动科技创新、产业创新、企业创新、市场创新、产品创新、业态创新、管理创新等各种形式的创新，形成以创新为主要引领和支撑的经济体系和发展模式。

创新发展不是孤立的，既与协调发展、绿色发展、开放发展、共享发展构成了“五位一体”新发展理念体系，又具有系统继承性。其中，创新发展注重的是解决发展动力问题，协调发展注重的是解决发展不平衡问题，绿色发展注重的是解决人与自然和谐问题，开放发展注重的是解决发展内外联动问题，共享发展注重的是解决社会公平正义问题。五大发展理念相互贯通、相互促进，但核心在于创新。以创新发展为核心的新发展理念体系，一是指明了发展的动力来自创新，来自不断推进理论创新、制度创新、科技创新、文化创新等各方面的创新；二是界定了发展的内涵重点，包括城乡区域协调发展、经济社会协调发展、“四化”同步发展、物质文明和精神文明协调发展、经济建设和国防建设融合发展、人与自然和谐发展、中国与世界深度融合的互利合作共同发展等重要内容；三是提出了发展的最终目标是实现全体人民共同富裕、共享发展成果。“五位一体”的新发展理念体系，一方面继承了以人为本、全面协调可持续发展的科学发展观；另一方面把创新摆在国家发展全局的核心位置，把发展基点放在创新上，这是在坚持科学发展观的基础上进一步对我国发展理念的新突破。

（二）创新发展理念下的创新驱动战略与政策

发展理念需要发展战略来落实，发展战略需要发展理念来指导。以习近平同志为核心的党中央提出的创新发展理念，需要具体通过强化战略导向来实现。所谓的“国家社会经济发展”，可以理解为这个国家社会经济发展达到众望所归的理想状态的过程，涉及经济增长、社会变革、历史更替、科技进步、文化演进等各个方面。单就经济领域而言，一般发展经济学认为经济发展可以看作是伴随着经济活动的质和量的提升，整个国家社会福利不断增加的过程。国家的社会经济发展问题可以说是人类社会面临的最为复杂的问题，这个问题的复杂性不仅表现在该问题涉及社会经济的各个方面，更重要的是什么才是众望所归的发展的理想状态并不是都能够达成统一的认识的，往往受到社会价值观的影响，而社会价值观还会因空间和时间的差异而变化，也就是说不同地区人的价值观会不同，而对于同一个人，其价值观也会随时间变化发生变化。因此，社会经济发展首先要解决的是发展的理念问题，“理念是行动的先导，一定的发展实践都是由一定的发展理念来引领的”（《习近平谈治国理政》第二卷，2017），发展理念也就是有关社会经济发展的目的、动力、指导原则等有关发展的重大问题的基本认识和价值标准，在发展理念确定后才会进而以这些理念为指导，确定国家的发展战略或者发展规划，进一步具体的发展政策则是落实这些战略或者规划的手段或者措施，从发展的指导理念到发展的战略及规划，进而到促进发展的具体政策，构成了一个国家促进发展的整体治理逻辑。

以习近平同志为核心的党中央提出的创新、协调、绿色、开放、共享的五大发展理念回答了我国发展的动力、方法论原则及关于发展的一些重大问题，而“十三五”规划则是以这五大发展理念指导的未来五年的发展战略规划，具体落实“十三五”还需要一系列发展政策和措施。对于创新发展而言，同样也是由创新发展理念、创新发展战略、创新发展政策构成的国家创新发展治理逻辑。创新发展理念是回答创新的目的、意义、主体、指导思想和方法论原则等有关创新的基本认识问题，而创新发展战略则是在创新发展理念指导下如何通过推进创新实现发展的长远性、战略性的未来规划，创新发展政策则是政府具体推进创新、实施创新战略的举措，这整体构成了系统的、中国特色社会主义政治经济学中关于创新发展的理论框架。

迄今为止，落实中国特色社会主义的创新发展理念的总体战略规划主要包括《中华人民共和国国民经济和社会发展第十三个五年（2016—2020年）规划纲要》《国家创新驱动发展战略纲要》《“十三五”国家科技创新规划》《中国制造2025》等。《中华人民共和国国民经济和社会发展第十三个五年（2016—2020年）规划纲要》提出了“十三五”时期落实创新发展理念的战略部署，提出把发展基点放在创新上，以科技创新为核心，以人才发展为支撑，推动科技创新与大众创业、万众创新有机结合，塑造更多依靠创新驱动、更多发挥先发优势的引领型发展。《国家创新驱动发展战略纲要》指出，创新驱动就是创新成为引领发展的第一动力，科技创新与制度创新、管理创新、商业模式创新、业态创新和文化创新相结合，推动发展方式向依靠持续的知识积累、技术进步和劳动力素质提升转变，促进经济向形态更高级、分工更精细、结构更合理的阶段演进。通过《国家创新驱动发展战略纲要》，创新发展理念具体化为创新发展的战略目标、重点战略、创新方向等内容。《“十三五”国家科技创新规划》针对“十三五”时期的科技创新，以深入实施创新驱动发展战略、支撑供给侧结构性改革为主线，围绕塑造更多依靠创新驱动、更多发挥先发优势的引领型发展，从创新主体、创新基地、创新空间、创新网络、创新治理、创新环境等方面提出建设国家创新体系的要求，从构建国家发展的先发优势、增强原始创新能力、拓展创新发展新空间、推动大众创业万众创新、全面深化科技体制改革和加强科普工作等方面进行了系统部署。《中国制造2025》则是着眼于国内国际经济社会发展、产业变革的大趋势制定的一个长期的战略性规划和高端产业、技术进步的创新路线图。基于这些规划，我国创新驱动发展分“三步走”。第一步，到2020年进入创新型国家行列，基本建成中国特色国家创新体系。第二步，到2030年跻身创新型国家前列，发展驱动力实现根本转换，经济社会发展水平和国际竞争力大幅提升。第三步，到2050年建成世界科技创新强国，成为世界主要科学中心和创新高地。从具体的创新战略看，我国未来更加强调自主创新战略、原始创新战略和非对称创新战略。

围绕创新发展战略，我国已经形成了庞大的促进创新的政策体系。当前创新政策的体系涵盖了科研机构、高校、企业、中介机构等各类创新主体，覆盖了从基础研究、技术开发、技术转移到产业化等创新链条的各个环节，包括了科技政策、财政政策、税收政策、金融政策、知识产权、产业政策、竞争政策、教育政策等多样化的政策工具。十八大以来，围绕创新驱动发展战略，国家出台了一系列法律和政策，主要包括：《中华人民共和国促进科技成果转化法》《中共中央、国务院关于深化体制机制改革加快实施创新驱动发展战略的若干意见》《国务院关于大力推进大众创业万众创新若干政策措施的意见》《深化科技体制改革实施方案》《关于国家重大科研基础设施和大型科研仪器向社会开放的意见》《关于改进加强中央财政科研项目和资金管理的若干意见》《关于深化中央财政科技计划（专项、基金等）管理改革的方案》《关于深化人才发展体制机制改革的意见》《国务院关于新形势下加快知识产权强国建设的若干意见》等。这些政策对于实施创新驱动发展战略、破除体制机制障碍、创新人才培育和使用机制发挥了很好的作用。为了更好地贯彻中国特色社会主义创新发展理念、实施创新驱动战略，我国未来创新发展的政策制订应注意把握和处理好创新驱动与投资驱动的关系、前沿技术突破和先进适用技术推进的关系、创新发展中制造业和服务业的关系、技术能力形成和技术创新成果形成的关系、创新发展中产业政策和竞争政策的关系、创新发展中大型国有企业和中小民营企业的关系。

第三章
对创新型国家的基本认识

创新型国家是一个具有多维度的理论内涵和政策含义的概念。从发展绩效的角度看，创新型国家指的是具有较强的创新能力、经济发展方式具有显著的创新驱动特征的国家。从发展的动因看，创新型国家是指具有完善的国家创新体系、创新导向的制度激励、科学的创新政策和有效的创新战略的国家。从“十二五”以来我国科技创新发展规划提出的发展目标看，创新型国家的评估评价大致呈现出两大趋势：一是由单纯强调科技能力向强调科技对经济、社会、安全的支撑转变；二是逐渐由侧重数量化评价向侧重战略性描述和定性评价转变。

一、创新型国家的基本内涵

（一）建设创新型国家的背景和意义

“创新型国家”这一概念是中国在2006年1月9日的科学技术创新大会上提出的。《国家创新驱动发展战略纲要》明确提出，中国建设创新型国家的战略目标是，到2020年进入创新型国家行列，到2030年跻身创新型国家前列，到2050年建成世界科技创新强国。建设创新型国家已经成为中国创新驱动发展的核心内容，建设创新型国家对于中国经济社会发展具有重要的意义。

首先，加快建设创新型国家是中国迈向现代化强国的内在要求。科技是国之利器，世界上的现代化强国无一不是创新强国、创新型国家。当前，中国发展站到了新的历史起点上，正在由发展中大国向现代化强国迈进。如果不能在创新领域取胜，就不能掌握全球竞争先机和优势，迈向现代化强国就会失去支撑。必须加快建设创新型国家，突出科技创新能力提升，以创新型国家支撑现代化强国。

其次，加快建设创新型国家是解决中国新时代社会主要矛盾的必然选择。当前，中国社会主要矛盾已经转化为人民日益增长的美好生活需要和不平衡不充分的发展之间的矛盾。特别是经济发展大而不强、大而不优，要素驱动力明显减弱，新动能还未全面接续，经济社会发展对科技创新的需求从未像今天这样迫切。只有加快建设创新型国家，在经济社会发展的全过程充分践行创新、协调、绿色、开放、共享的发展理念，才能加速向主要依靠知识积累、技术进步和劳动力素质提升的内涵式发展转变，在中国发展的内生动力和活力上实现一个根本性变化，为解决社会主要矛盾开拓更广阔的空间。

最后，加快建设创新型国家是抢抓新科技革命和产业变革历史机遇的战略举措。当前，全球新一轮科技革命和产业变革孕育兴起，特别是信息技术、生物技术、制造技术等广泛渗透到各个领域，带动以绿色、智能、泛在为特征的群体性重大技术变革，大数据、云计算、移动互联网等新一代信息技术同机器人和智能制造技术相互融合步伐加快，正在引发国际产业分工重大调整，进而重塑世界竞争格局、改变国家力量对比。中国既面临赶超跨越的难得历史机遇，也面临差距拉大的严峻挑战，唯有加快建设创新型国家，全面增强科技创新能力，力争在重要科技领域实现跨越发展，才能在新一轮全球竞争中赢得战略主动。

（二）创新型国家的理论内涵

创新型国家是一个具有多维度的理论内涵的概念。从发展绩效的角度看，创新型国家指的是具有较强的创新能力、经济发展方式具有显著的创新驱动特征的国家。而从发展的动因看，创新型国家是指具有完善的国家创新体系、创新导向的制度激励、科学的创新政策和有效的创新战略的国家。也可以说，中国创新型国家建设有四个要素：一是功能完备的具备全球竞争力的创新主体；二是制度对创新主体的正确激励；三是政府的高效科学政策、技术政策和产业政策；四是正确的科技战略。这四个要素将中国的科技资源优势切实转化为竞争优势。

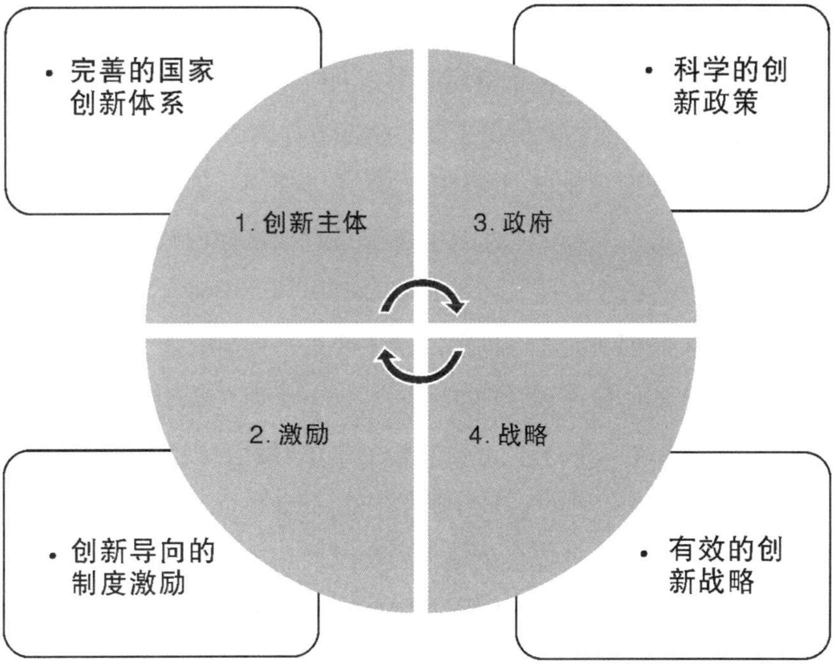

图3-1 创新型国家的四个理论维度

1. 完善的国家创新体系

弗里曼认为，国家创新体系的结构特征是决定国家间创新绩效差异的主要原因（弗里曼，2004）。纳尔逊和弗里曼的国际创新体系理论认为，现代国家的创新体系在制度上相当复杂，它们既包括各种制度因素以及技术行为因素，也包括致力于公共技术知识的大学，以及政府的基金和规划之类的机构。其中，以营利为目的的私营厂商是这些创新体系的核心，他们相互竞争也彼此合作。杰佛里·萨克斯的创新型国家理论认为，技术创新不仅是只有好的主意，或是写很出色的科技文章，而是通过创造新产品或新工艺来吸纳新思想，并将这些思想转变为新的经济价值的能力。技术创新是一个国家经济长期增长的根本原因，如果一个国家能以比技术领先的国家创新的速度更快的速度来进行技术引进，那么它就能最终取得更接近于国外先进水平的技术创新能力。一个国家要想成为创新型的国家，需要从以下几个方面进行努力：构建技术创新的科学基础；积极使用现有知识，形成技术创新的规模效应和集聚；有利于技术创新的足够大的市场；有利于技术创新的制度基础。

基于既有的国家创新体系研究成果，同时结合中国的创新实践，从理论上看，完善中国国家创新体系主要包括四方面的内容：

一是突出创新型企业在创新体系中的主体作用。创新型国家创新体系中的企业应当具备以下条件：①具有能够进行战略性创新的企业家和公司治理体系；②完善的企业研发体系；③具有引导产学研合作的基础研究能力。目前中国企业创新能力方面的问题主要是基础研究能力弱。由于缺乏重大创新项目的整体设计和管理能力，不少企业现在希望高校能提供“拿来就用”的“交钥匙”成果。正是因为企业在创新能力方面的缺位，造成了创新链条上的错位、越位。产学研合作的引擎是企业，发挥主导作用的是企业。然而，国内大多数企业缺乏战略愿景和规划，并不具备创新目标提出的能力、创新资源配置的能力和创新活动组织的能力，也就很难有真正意义上的产学研合作。

二是享誉全球的研究型大学。研究型大学主要通过以下三种机制影响国家的创新能力：①研究型大学形成大量的基础研究成果，通过公开发表和产学研合作提升企业的前沿技术开发能力；②研究型大学为企业培养大量的高技术人才，直接提升企业的创新能力；③研究型大学的学术创业（academic spin-off）直接促进高技术成果的转化，成为一国高技术创业的重要组成部分。目前国内高校的主要问题是研究过于急功近利，有统计数据显示，国内高校和科研院所来自企业的研发经费占全部科研经费的比例，远远高于美国高校和科研院所。可以说，国内高校、科研院所的研究在一定程度上已经过于急功近利了，因为缺乏研究深度和原创性，长久以往必将制约全社会的创新能力提升。只有把科学家解放出来，才能做好基础研究。大学里，大量人员不是在做基础研究，而是在做一些横向研究，做企业应该做的事，或者只能产生大量的论文，产生大量的论证会。从这个意义上讲，中国大学和企业间的问题不是“大学企业两张皮”的问题，而是“大学企业一张皮”的问题。

三是完善的产业科技服务体系。产业科技服务体系的经济功能主要是通过促进战略性前沿技术、通用技术、共性技术的供给、扩散和应用，切实提升企业的技术创新能力。随着中国产业结构的日益完备和技术水平向国际前沿的逼近，旨在促进产业发展的公共政策资源应当更多地配置到公共服务体系建设，而不是税收优惠和财政补贴。创新驱动导向的公共服务体系主要包括科技基础设施、共性技术研发服务和技术扩散服务三个组成部分。其中，构成科技基础设施核心的国家实验室，其主要功能是围绕国家重大科技和产业发展使命，依靠跨学科、大协作和高强度资金支持开展战略性研究。共性技术由于既不属于典型的科学，也不属于典型的技术，因此常常成为科学向技术转化的“死亡之谷”，共性技术服务机构的功能正是解决竞争前技术，即共性技术的供给不足问题。如果说国家实验室和共性技术研发机构的主要作用是向产业提供战略性技术和共性技术，技术扩散服务体系的作用则主要是促进已经形成的先进适用技术（主要是工艺技术）向广大企业的扩散和应用。与发达工业国家相比，中国在公共科技服务体系建设方面存在的不足主要表现在，科技服务体系的特定主体和功能缺失。例如，目前中国的国家实验室主要依托于高校，国家实验室缺乏相对独立的组织结构和人员，这使得国家实验室实际上成为高校学科建设的平台，任务导向型、战略性的前沿技术研究主体在中国的创新体系中名存实亡。在共性技术研发方面，2002年前后开始实施的科研院所改制使得中国国家层面的共性技术研发机构从有到无。因此，《中国制造2025》提出的建设一批制造业创新中心，应能够采用兼顾公益性和效率性的治理体系，切实发挥共性技术研发和供给的功能。除了提供战略性前沿技术和共性技术的服务外，公共服务体系还应当承担促进技术扩散的功能。而后者恰恰是中国产业创新体系的空白，也是近年来中国工业生产效率出现下降的重要原因。建议通过建设“制造业创新网络”、进行中小企业技术咨询师和管理顾问认证等做法，为中小企业提供质量管理、现场管理、流程优化等方面的咨询与培训，从生产工艺而不是生产装备的层面切实提高中国的生产制造水平和效率。

四是实体经济友好的金融体系，特别是科技金融体系。持续的研发投入是创新能力提升的必要条件。通过分析世界上典型创新型国家的经验可以发现，不同的经济发展阶段，研发投入资金的规模和结构都会发生变化：在经济发展初期，研发投入占GDP的比例一般在0.5%~0.7%；在经济起飞阶段，该比例上升到1.5%左右；进入稳定发展期，该比例会保持在2.0%以上。在前两个阶段，政府投入规模相对较大。但在后期，社会资本的作用越来越突出。有利于创新能力提升的科技金融体系要能够有效引导资金进行长期的（耐心的）、能够承担高风险的投资。需要强调的是，科技金融与创新的作用关系并不是单向的，而是相互作用、相辅相成的。研究表明，美国研发投资的私人回报基本上能够达到30%左右的水平（Hall，2010），高的研发资金回报率是美国科技金融发达的重要原因。科技金融体系的结构既受到科技创新本身规模的影响，同时也嵌入在一国的经济社会制度中。例如，美国是资本市场主导型的科技金融体系，而日本是主银行的科技金融体系。整体上看，美国金融体系有利于突破性创新，日本的主银行制度有利于持续改进型的创新。对于新兴产业领域的高技术创业，无论在哪个国家，天使投资和创业金融都是重要的。天使投资类似于自然生态系统中的“腐殖层”，是创新企业出生和成长的“沃土”。

2. 创新导向的制度激励

适宜的制度环境的根本是提高“科学研究和技术创新的收益”，特别是提高原始性创新和自主创新的收益。激励企业家和科研人员朝着创新发展的方向投入资源和精力，是创新型国家制度建设的根本。

从企业家层面看，就是要建立健全有利于创新价值实现的市场体系和经济制度，让企业家愿意进行创新性的投资，企业家在承担技术风险和市场风险的同时能够得到应有的回报。具体包括三个层面的内容：一是切实加强知识产权保护，促进形成创新者的赚钱效应，激励企业将更多的资源投入创新，而不仅仅是规模导向的生产性投资。提高企业家从创新性投资中获得经济回报的可能性，对于广大的中小企业和创业企业，还要形成有效的知识产权司法、执法体系（如在知识产权执法体系中加强知识产权诉讼服务，降低科技型中小企业利用法律手段维权的成本）。二是在市场层面，要营造有效竞争的市场环境，包括通过反垄断，打开创新创业的空间，通过遏制不正当竞争、营造公平竞争的市场环境，形成良好的创新生态。随着企业技术能力和市场势力的提升，除了国有企业在基础设施、服务业和资本密集型行业的行政垄断外，甚至在信息通信领域，以BAT为代表的大型企业也逐渐出现了经济性垄断行为，国有企业的行政性垄断和大型民营企业的经济性垄断扼杀了广大中小企业和后发企业的市场空间和创新空间，需要更加完善的反垄断组织体制和实施机制（目前商务部、工商部门和发改委分头执法的组织体制不利于反垄断法的实施）。三是进一步增强地方政府的创新发展导向。从矫正地方政府发展导向的角度看，以往以财政“分灶吃饭”为特点的地方政府激励体制，对于激发地方政府的积极性、驱动中国工业快速增长发挥了重要作用，但同时也导致要素价格扭曲和低端产能过剩等一系列严重的问题。为了更好地适应产业结构调整和创新能力提升，地方政府激励结构必须根据新经济的技术经济范式要求适时进行调整，包括通过中央与地方财权和事权的合理划分、官员考核评价体系的完善，引导地区间竞争朝着追求更加多元化经济社会发展目标和实现可持续发展的方向转变。

从科研人员的层面看，必须充分尊重和支持科学家的智力创造活动，为他们潜心研究提供必要的设施和条件，营造良好的科学研究环境。具体包括两个方面：一是理顺科研体制，保证科研人员的正当经济利益；二是尊重学术研究的规律，通过去行政化，形成“同行评价、学术自治”的科学资源分配机制。研究型大学所具有的充分的独立性，常常被认为是美国之所以形成卓越的科学研究能力的主要原因（Mowery，2005）。

3. 科学的创新政策

政府的科学、技术和产业政策的核心作用是加速创新型国家的建设进程。当务之急，是加快推进产业政策向创新政策的转型。产业政策层面产业供给体系质量提升的基本方向，一是将产业政策资源配置的指向由特定的产业逐渐转向技术创新。目前中国产业政策的基本指向仍然是产业或产业领域，如《中国制造2025》提出了十大重点产业领域。而反观美、日、德等国家的产业政策，其税收、财政等结构性措施，都是指向这些产业或领域特定的技术研发环节。产业政策与产业挂钩还是与这些产业的技术创新挂钩，会产生完全不同的效果。如果是与产业挂钩，就会诱导企业扩大生产性的投资，而这也正是近年来中国光伏甚至工业机器人等新兴产业产能过剩的重要原因。二是在政策设计时根据不同的政策工具的优缺点进行灵活组合。目前中国的产业政策存在过度依赖税收优惠和财政补贴的问题。而事实上，每一项政策工具都有其优势和局限。例如，税收优惠可以降低政府对企业创新活动的信息要求，但税收优惠通常是与企业的研发支出挂钩，所以税收优惠会激励企业更多地把资源投向可测度的研发支出方面，而不能保证企业的创新效果和研发效率；财政补贴可以解决税收优惠的激励扭曲问题，但补贴对政府的创新识别能力和企业的道德风险都有很高的要求；市场化程度更高的产业基金可以一定程度上提高资金的使用效率，但由于参与产业基金的私人资本要求最高的投资回报，因此产业基金不能有效促进投资周期长、投资风险大的通用技术和共性技术投资。基于此，合理的产业政策体系一定是一个能够有效发挥不同政策工具互补性的政策组合。

4. 有效的创新战略

习近平同志对中国科技创新的状况作出了准确的判断，即“正处于从量的积累向质的飞跃、点的突破向系统能力提升的重要时期”。习近平同志多次提到要采取非对称赶超战略。非对称赶超战略的内涵：一是充分利用中国集中力量办大事、市场规模优势、人才优势、低成本优势、完备的产业体系优势等独特的资源。二是强调在创新过程中形成自身独特的科学、技术和创新能力。

在科学领域，在进一步完善科研评价机制的基础上，鼓励科研人员发表高质量的研究成果，针对目前科学研究存在的短期化、孤立化问题，鼓励开展面向未来20年以上的基础研究和跨学科大型项目。针对目前高校单打独斗、学科孤立的问题，可以考虑以面向世界科技发展前沿的重大项目为平台，鼓励高校和国内外高校以及部分在基础研究领域具有优势的企业和科研院所建立跨机构、跨校、跨学科的合作机制。项目的设立主要针对目前单个高校、单个实验室和个人无法解决的跨学科、跨领域的重大科学问题，避免高校在学科布局和实验室建设方面存在的零散重复的不足，将目前各高校内部的学科交叉项目进一步扩大到跨高校的优势学科大交叉。合作机制可以考虑成员高校共同组织设立合作理事会。理事会对各个参与单位的权利和义务进行明确的规定，理事会的重要决策、人事任免、经费开支、成果等都按程序公开。

在技术领域，非对称战略重点通过以下三个方面的战略引领，提升产业部门的技术创新能力。

一是推进领先企业自主创新能力提升，同时通过知识产权保护和公共服务体系建设激励和帮助广大企业提升正向设计能力和自主创新能力。企业自主创新能力提升的核心在于：①具有完全知识产权的自主产品和产品平台的开发；②产品和产品开发平台背后的研发团队和研发组织的建设。在支持和鼓励领先企业在以上两个层面提升自主创新能力的同时，还应通过加强知识产权保护倒逼大多数企业形成正向设计能力。正向设计能力虽然对技术进步本身没有原创性的贡献，但却是中国企业由技术模仿走向自主创新的关键步骤。掌握正向设计能力，是中国广大企业创新能力提升的核心能力。在知识产权保护倒逼机制的基础上，政府可以通过完善技术扩散服务机构促进企业正向设计能力的提升。

二是鼓励中国企业以全球科技资源占领全球市场，以鼓励企业抢占高端市场为抓手推动企业整合利用全球科技资源，成为世界一流创新型企业。创新型国家的一个重要特征，是其创新型企业具备整合利用全球科技人才、科技资本和知识产权的能力。随着中国企业技术能力向国际前沿的逼近，中国企业不仅要能够利用国内外资源占领国内市场，而且要能够利用全球资源开拓国际市场，即“以全球资源对全球市场”。日本和韩国的产业赶超经验表明，以开拓欧美高端市场带动本国技术能力的提升，是一国制造业由模仿创新向原始创新提升的重要驱动力量。可以预期，未来10~15年，是中国企业走出去利用全球科技资源和市场资源能力跨越提升的关键时期。然而，目前中国本土企业在整合利用全球科技资源方面的能力还很弱，即使是市场外向度很高的高科技企业基本上也停留于“以中国对全球”（即以中国的科技资源在国际市场进行竞争）的层面，离跨国公司“以全球对全球”（即以全球的科技资源在国际市场进行竞争）的国际化水平还有很大差距。实现创新要素全球化的最高形式是“研发组织的全球化”。目前国内在研发组织全球化方面走在前面的样板企业是华为。目前华为投资建立的研究所遍布全球：在美国硅谷的——主攻互联网，在俄罗斯的——钻研数学算法，在法国的——着眼外观设计，在印度的——注重软件开发。得益于遍布全球的创新资源，华为的很多产品取得了巨大成功。

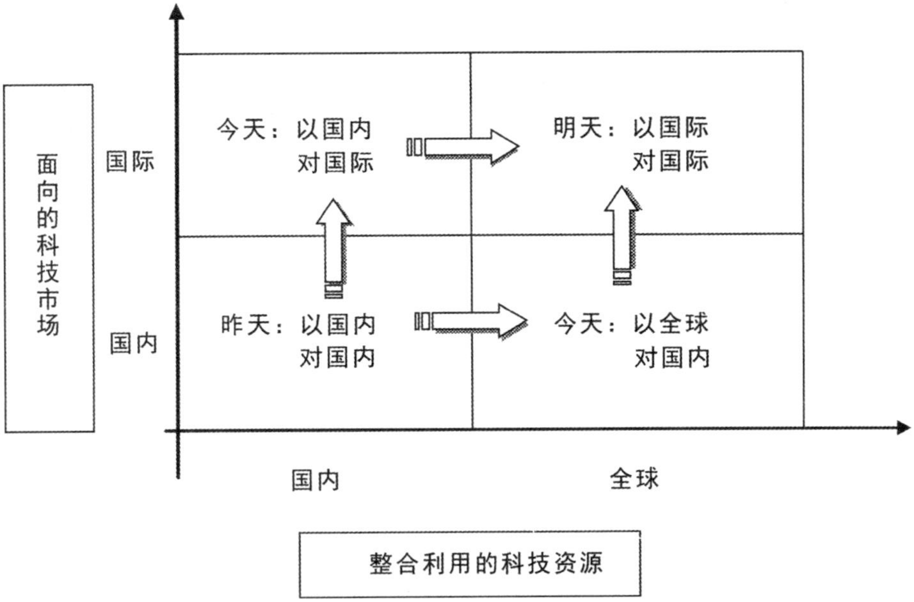

图3-2 中国企业的开放创新路径

三是通过母工厂建设大幅提升中国的制造能力。日本企业的“母工厂”实践长期为中国政府部门、企业界和学术界所忽视。然而，无论是从智能制造等先进生产制造技术创新、扩散应用的科学规律，还是从中国生产制造创新体系存在的客观缺陷来看，“母工厂（或现代工厂）”建设，都应当成为制造业振兴的关键内容。日本的“母工厂”在其制造业体系中承担着以下战略功能：①技术支援功能。当企业在国外建立工厂、全盘实施日本式管理时，“母工厂”就担任了转移隐性知识的功能：a.“母工厂”派人到国外工厂实施指导；b. 从国外工厂派人到“母工厂”接受培训；c. 分享“母工厂”经验。②开发试制功能。“母工厂”一般在本企业的国外工厂之前使用新技术，它就像一个试制工厂，不仅要进行企划、设计、产品开发，还要进行技术改进和完善，如确定标准生产方法、批量生产方法等。如此下来，“母工厂”就积累了丰富的开发试制经验，可供国外工厂借鉴。③维持本国技术地位的功能。为了使国内工厂保持技术领先地位，防止核心技术和核心诀窍外流，一些企业把关键部件、高附加价值产品的生产放在“母工厂”；一些企业只在国外工厂生产零部件和半成品，并把这些零部件和半成品运回日本，由“母工厂”进行产品的最终组装。④满足本国高端市场需求的功能。近年日本国内市场需求增长缓慢，但需求高度细分化。为了适应如此的市场环境，“母工厂”多数采用弹性生产方式，实施多品种小批量生产。“母工厂”是强化中国先进生产制造技术在系统层面不断优化、改进能力的重要平台和载体，是消除重大基础科学研究成果和高新产品技术产业化障碍的重要突破口，是提升中国制造业产品质量的重要抓手。我们认为，应当在《中国制造2025》“1+*X*”政策框架下制定和出台中国的《母工厂建设计划》，加快培育中国的“母工厂”，打造中国以“母工厂”为中心的生产体系。组织技术、产业和管理专家（同时也考虑吸收美国甚至日本的研究人员），加快制定和出台中国的《母工厂建设计划》，明确提出依托具有先进制造能力的优势企业，加快建设中国的制造业“母工厂”（名称上也可以考虑采取“现代工厂”的说法，但“现代工厂”实际上并不能准确反映和向产业界传递“母工厂”的生产制造技术策源和技术援助的内涵），明确中国先进制造提升的总体战略、基本思路、发展目标、重点任务及相应的配套扶持政策。以一批“母工厂”建设为载体和抓手，加快人工智能、数字制造、工业机器人等先进制造技术和制造工具的研发和应用，“系统性地”发展先进制造技术和先进制造产业。

（三）创新型国家建设的政策部署

由于创新型国家是一个具有明确实践导向的概念，因此，创新型国家既有理论内涵，也有政策内涵。“创新型国家”这一概念是中国在2006年1月9日的科学技术创新大会上提出的。2017年10月18日，习近平总书记在中国共产党第十九次全国代表大会报告中指出，要加快建设创新型国家。但是，迄今为止，党和国家领导人更多是从“要求”的角度提出创新性国家的概念。各个部门则从各自的角度对创新型国家的政策内涵进行解读。其中比较有代表性的是科技部和中国科学院的观点。

科技部书记王志刚认为，政策层面的创新型国家应从国家创新体系、创新人才和创新体制三个层面来理解。其中，国家创新体系是创新型国家的宏观主体构成，创新人才是创新型国家的微观个体，创新体制是创新体系和创新人才高效发挥作用的制度基础。因此，从目前国家领导人和主要的政策文本内容看，创新型国家的政策内涵主要包括以下三个层面：

创新型国家的第一层含义是高效的科技体制。党的十九大报告提出深化科技体制改革，要在落实的力度和方法上下功夫。一是完善支持企业创新的普惠性政策体系，加大研发费用加计扣除、高新技术企业税收优惠、固定资产加速折旧等政策的落实力度。二是推进项目评审、人才评价、机构评估改革，激发科技人员积极性。三是完善国家技术转移体系，培育一批专业化水平高、服务能力强的国家技术转移机构，建立完善区域性、行业性技术市场，打造连接国内外技术、资本、人才等创新资源的技术转移网络。四是强化知识产权创造、保护、运用，深化科技成果权益管理改革，完善科技成果转化激励评价制度，强化创新型国家在知识产权等方面的法治保障。五是营造公平、开放、透明的市场环境，建立符合国际规则的政府采购制度，扩大创新产品和服务的市场空间（王志刚，2017）。

创新型国家的第二层含义是完善的国家创新体系。当前，面对建设世界创新型国家的要求，必须大力加强国家创新体系能力建设，系统打造中国战略科技力量。一是在重大创新领域布局国家实验室，建设体现国家意志、具有世界一流水平的战略科技创新基地。二是聚焦能源、生命、粒子物理等领域建设一批重大科技基础设施，加快建设上海张江、安徽合肥、北京怀柔3个综合性科学中心。三是优化整合国家科研基地和平台布局，围绕国家战略和创新链进行布局，推动科技资源开放共享。四是按照企业为主体、市场为导向、产学研深度融合的要求推动技术创新，建设一批引领企业创新和产业发展的国家技术创新中心，支持量大面广的中小企业提升创新能力，培育一批核心技术能力突出、集成创新能力强的创新型领军企业。中国的国家创新体系是开放的，不是封闭的，要全方位提升科技创新的国际化水平，打造“一带一路”协同创新共同体，积极牵头或参与国际大科学计划和工程。

创新型国家的第三层含义是拥有高端科技创新人才队伍。创新驱动实质上是人才驱动，综合国力竞争归根到底是人才竞争。谁拥有人才上的优势，谁就会拥有创新实力上的优势。中国在创新型科技人才方面还存在结构性矛盾突出、世界级科技大师缺乏、领军人才和尖子人才不足、工程技术人才培养同生产和创新实践脱节等问题。因此，党的十九大报告提出，培养造就一大批具有国际水平的战略科技人才、科技领军人才、青年科技人才和高水平创新团队。要将这一部署作为实施创新驱动发展战略的优先任务抓紧抓好。一是推进创新型科技人才结构战略性调整，加强高端科技创新人才队伍建设，突出“高精尖缺”导向，加强战略科技人才、科技领军人才、高水平创新团队的选拔和培养。二是瞄准世界科技前沿和战略性新兴产业，支持和培养具有发展潜力的中青年科技创新领军人才，为青年人才开辟特殊支持渠道。三是培养造就一大批具有全球战略眼光、创新能力和社会责任感的企业家人才队伍，依法保护企业家的创新收益和财产权。四是继续加大海外高层次人才引进力度，面向全球引进首席科学家等高层次创新人才，实现精准引进。五是大力推进创新教育，提升全社会创新意识和创新能力，造就规模宏大、富有创新精神、敢于承担风险的创新创业人才队伍。

中国科学院白春礼院长从发展阶段和发展水平的角度提出了创新型国家的政策内涵，即从现在到2020年，实现“人才强、科技强”，使我国进入创新型国家行列。这一时期是中国进入创新型国家行列、决战脱贫攻坚、全面建成小康社会的冲刺阶段（白春礼，2018）。以“人才强、科技强”为阶段目标，以补短板强弱项、巩固扩大优势、实现重大领域跨越发展为重点，培养、集聚世界顶尖科技创新人才，夯实支撑科技强国建设的物质技术基础，深化体制机制改革，营造良好创新环境，厘清创新主体功能定位，激发各创新主体潜能，提升创新体系整体效能，有力支撑全面建成小康社会目标实现。这一阶段创新型国家的特点包括：①创新体系协同高效，创新布局适应需求。形成面向未来发展、迎接科技革命、促进产业变革的创新布局，重大创新领域水平整体提升、形成优势；创新主体充满活力，创新链条有机衔接，创新治理更加科学，创新效率大幅提高。②自主创新能力大幅提升，原始创新取得突破。科学技术研究基础不断夯实，前沿实现跨越发展，突破制约经济社会发展和国家安全的一系列重大瓶颈问题，初步扭转关键核心技术长期受制于人的被动局面，在若干战略必争的领域形成独特优势，为国家繁荣发展提供战略储备、拓展战略空间。③科技与经济融合更加顺畅，初步形成创新型经济发展格局。若干重点产业进入全球价值链中高端，成长起一批具有国际竞争力的创新型企业和产业集群，不断提升知识密集型服务业和高技术制造业增加值占国内生产总值的比例。④创新政策法规更加健全，创新环境更加优化。激励创新的法律、政策和制度体系日益完善，知识产权环境更加完善，形成全社会崇尚创新、勇于创新、激励创新的价值导向和文化氛围。

创新型国家建设的第二阶段是从 2020 年到 2035 年，这一阶段通过“产业强、经济强”，跻身创新型国家前列。这一时期是中国跻身创新型国家前列、基本实现社会主义现代化的关键阶段。以“产业强、经济强”为阶段目标，以科技创新支撑引领发展动力转换为重点，优化结构，补齐短板，自主创新能力进入世界前列，发展驱动力实现根本转换，从主要依靠要素和投资驱动的追赶型发展转变为更多依靠创新驱动、更多发挥先发优势的引领型发展，并建立起与这一生产力高度发展相适应的生产关系。创新成为经济社会发展和国防建设的重要驱动力，经济社会发展水平和国际竞争力大幅提升，呈现创新全球化、工业低碳化、城市智慧化、智能信息化、生态循环型、绿色消费型的社会发展图景，为中国建设世界科技强国、全面实现社会主义现代化奠定坚实基础。这一阶段，创新型国家的特点包括：①科技实现创新跨越，跻身世界科技中心。国家创新体系更加完备，战略科技力量日益强化壮大。科技创新发展能力从数量领先向质量领先转变，总体扭转科技创新以跟踪为主的局面。在若干基础前沿和重大战略领域由并行走向领跑，最终达成以下目标：产出一批对世界科技发展和人类文明进步有重要影响的原创成果；部分重要技术领域具有全球竞争力，专利质量和价值接近发达国家水平；攻克制约国防科技的主要瓶颈问题；国家创新体系更加完备，一批研究型大学和研究机构进入国际一流行列。②实现科技与经济深度融合、相互促进，产业创新能力显著增强，主要产业进入全球价值链中高端，国际竞争力进入世界前列。产业总体呈现绿色、低碳、智能和服务化发展特征，单位GDP能耗、水耗、污染物排放等指标达到经济合作与发展组织（OECD）成员平均水平。创新成为产业发展主要驱动力，不断创造新技术和新产品、新模式和新业态、新需求和新市场，实现更可持续的发展、更高质量的就业、更高水平的收入、更高品质的生活。实现与发达国家从互补合作向竞争合作、与发展中国家从竞争合作向互补合作关系的双转变，基本改变重要的战略重点产业关键核心技术受制于人的被动局面。涌现若干引领世界的新兴产业，一批引领全球产业发展方向的跨国经营企业。中国对全球“新经济”增长的贡献持续超过1/3。③社会创新和生态环境跨越发展，公共部门管理效能达到中等发达国家水平。义务教育、基本医疗、养老健康、转岗培训、就业辅导、公共交通、社会治安等基本公共服务总体上能够满足城乡居民需求；优质教育培训、医疗卫生和信息网络资源共享水平与优质公共服务资源配置均等化水平显著提高；生态环境质量达到宜居宜业要求，城市生产、生活、生态环境智能信息化发展水平显著提升，生产生活方式引领世界，建设更安全、更放心、更便捷和更舒适的智能信息社会。创新文化氛围浓厚，法治保障有力，全社会形成创新活力竞相迸发、创新源泉不断涌流的生动局面。

二、创新型国家的创新水平评价

从"十二五"以来我国科技创新发展规划提出的发展目标看，创新型国家的评估评价大致呈现出以下趋势：一是由单纯强调科技能力向强调科技对经济、社会、安全的支撑转变。例如，科技部"十二五"规划的名称为《国家"十二五"科学和技术发展规划》，而科技部"十三五"颁布的规划名称则为《"十三五"国家科技创新规划》，科技部"十三五"规划在规划名称上加入了"创新"一词，目的在于强调科学和技术能力提升最终要服务于产业发展、社会发展和国家安全。相应地，创新型国家的评价分析也要同时考虑科学和技术转化为国家竞争力和社会发展水平的能力。《国家"十二五"科学和技术发展规划》确定的"十二五"科技发展的总体目标是：自主创新能力大幅提升，科技竞争力和国际影响力显著增强，重点领域核心关键技术取得重大突破，为加快经济发展方式转变提供有力支撑。基本建成功能明确、结构合理、良性互动、运行高效的国家创新体系，国家综合创新能力世界排名由目前第21位上升至前18位，科技进步贡献率力争达到55%，创新型国家建设取得实质性进展。从以上目标可以看出，《国家"十二五"科学和技术发展规划》更加强调创新型国家建设中科学和技术本身的能力提升。《"十三五"国家科技创新规划》提出的发展目标则为：国家科技实力和创新能力大幅跃升，创新驱动发展成效显著，国家综合创新能力世界排名进入前15位，迈进创新型国家行列，有力支撑全面建成小康社会目标实现。与此同时，《"十三五"国家科技创新规划》特别强调："科技创新支撑引领作用显著增强。科技创新作为经济工作的重要方面，在促进经济平衡性、包容性和可持续性发展中的作用更加突出，科技进步贡献率达到60%。高新技术企业营业收入达到34万亿元，知识密集型服务业增加值占国内生产总值（GDP）的比例达到20%，全国技术合同成交金额达到2万亿元；成长起一批世界领先的创新型企业、品牌和标准，若干企业进入世界创新百强，形成一批具有强大辐射带动作用的区域创新增长极，新产业、新经济成为创造国民财富和高质量就业的新动力，创新成果更多为人民共享。”即“十三五”时期，我国的创新型国家建设的评价除了强调科学和技术本身的发展外，还特别强调科学和技术的发展要能够有力地支撑经济发展和社会发展。

“十二五”以来，我国创新型国家评估评价的另一个趋势是：逐渐由侧重数量化评价向侧重战略性描述和定性评价转变。《国家“十二五”科学和技术发展规划》提出了明确的科技发展目标。该规划提出到“十二五”末期实现以下七个方面的数量化目标：①研发投入强度大幅提高。全社会研发经费与国内生产总值的比例提高到2.2%。基础研究和前沿技术研究投入持续增加，企业研发投入强度明显提升，科技创新投融资渠道进一步拓展。②原始创新能力显著提升。科学和技术重点领域取得重大突破。国际科学论文被引用次数进入世界前5位，每万人发明专利拥有量达到3.3件，研发人员发明专利申请量达到每百人每年12件。③科技与经济结合更加紧密。产业技术创新明显加强，经济增长的科技含量明显提高。全国技术市场合同交易总额达到8000亿元，高技术产业增加值占制造业增加值的比重达到18%。④科技创新更加惠及民生。社会公益领域科技水平整体提升，适应民生改善需求的技术和产品得到大力发展，科技支撑可持续发展和改善基本公共服务的能力显著增强。⑤创新基地建设再上新台阶。符合经济社会发展要求和科技自身发展需求的创新基地布局更加合理。建设若干具有世界水平的研发机构和世界一流的研究型大学，建成一批重大科研基础设施和创新平台，形成比较完善的公共科技资源共享机制和服务体系。⑥科技人才队伍进一步壮大。每万名就业人员的研发人力投入达到每年43人。全民科学素质显著提高，公民具备基本科学素质的比例达到5%。⑦科技创新的体制机制不断完善。科技管理改革取得明显进展，激励自主创新的政策有效落实，全社会创新环境进一步优化。

表3-1　《国家“十二五”科学和技术发展规划》提出的科技发展指标

指标	2010年	2015年
研发经费与国内生产总值的比例（%）	1.75	2.2
国际科学论文被引用次数世界排名（位次）	8	5
每万人发明专利拥有量（件）	1.7	3.3
研发人员的发明专利申请量件［/（百人·年）］	10	12
全国技术市场合同交易总额（亿元）	3906	8000
高技术产业增加值占制造业增加值的比重（%）	13	18
每万名就业人员的研发人力投入（人/年）	33	43
公民具备基本科学素质的比例（%）	3.27	5

与《国家“十二五”科学和技术发展规划》相比，《国家创新驱动发展战略纲要》对创新型国家的目标描述更加具有愿景性。《国家创新驱动发展战略纲要》针对我国创新型国家建设的三步走战略，提出的关键评价维度和评价指标具体包括：第一步，到2020年进入创新型国家行列，基本建成中国特色国家创新体系，有力支撑全面建成小康社会目标的实现，该阶段的核心评价指标包括：①创新型经济格局初步形成。若干重点产业进入全球价值链中高端，成长起一批具有国际竞争力的创新型企业和产业集群。科技进步贡献率提高到60%以上，知识密集型服务业增加值占国内生产总值的20%。②自主创新能力大幅提升。形成面向未来发展、迎接科技革命、促进产业变革的创新布局，突破制约经济社会发展和国家安全的一系列重大瓶颈问题，初步扭转关键核心技术长期受制于人的被动局面，在若干战略必争领域形成独特优势，为国家繁荣发展提供战略储备、拓展战略空间。研究与试验发展（R & D）经费支出占国内生产总值比重达到2.5%。③创新体系协同高效。科技与经济融合更加顺畅，创新主体充满活力，创新链条有机衔接，创新治理更加科学，创新效率大幅提高。④创新环境更加优化。激励创新的政策法规更加健全，知识产权保护更加严格，

形成崇尚创新创业、勇于创新创业、激励创新创业的价值导向和文化氛围。

第二步，到2030年跻身创新型国家前列，发展驱动力实现根本转换，经济社会发展水平和国际竞争力大幅提升，为建成经济强国和共同富裕社会奠定坚实基础。该阶段的关键评价指标包括：①主要产业进入全球价值链中高端。不断创造新技术和新产品、新模式和新业态、新需求和新市场，实现更可持续的发展、更高质量的就业、更高水平的收入、更高品质的生活。②总体上扭转科技创新以跟踪为主的局面。在若干战略领域由并行走向领跑，形成引领全球学术发展的中国学派，产出对世界科技发展和人类文明进步有重要影响的原创成果。攻克制约国防科技的主要瓶颈问题。研究与试验发展（R & D）经费支出占国内生产总值比重达到2.8%。③国家创新体系更加完备。实现科技与经济深度融合、相互促进。④创新文化氛围浓厚，法治保障有力，全社会形成创新活力竞相迸发、创新源泉不断涌流的生动局面。

第三步，到2050年建成世界科技创新强国，成为世界主要科学中心和创新高地，为中国建成富强民主文明和谐的社会主义现代化国家、实现中华民族伟大复兴的中国梦提供强大支撑。该阶段的评价指标体系包括：①科技和人才成为国力强盛最重要的战略资源，创新成为政策制定和制度激励的核心因素。②劳动生产率、社会生产力提高主要依靠科技进步和全面创新，经济发展质量高、能源资源消耗低、产业核心竞争力强。国防科技达到世界领先水平。③拥有一批世界一流的科研机构、研究型大学和创新型企业，涌现出一批重大原创性科学成果和国际顶尖水平的科学大师，成为全球高端人才创新创业的重要聚集地。④创新的制度环境、市场环境和文化环境更加优化，尊重知识、崇尚创新、保护产权、包容多元成为全社会的共同理念和价值导向。

综上可见，相对于“十二五”时期，《“十三五”国家科技创新规划》和《国家创新驱动发展战略纲要》对创新型国家建设目标和评价体系的认识的深化体现为：①更加强调创新体系建设、创新体制完善等“软”的评价维度的构建；②在定量指标方面，除了强调研发投入强度、发明专利数量、论文发表数量等反映科学和技术本身能力发展的指标外，还特别强调了科技进步贡献率、知识密集型服务业增加值占国内生产总值的比重等反映科技支撑经济社会发展的指标；③提出了更能反映科技创新质量的指标，如通过《专利合作条约》（PCT）途径提交的专利申请量比2015年翻一番等。

表3-2　《“十三五”国家科技创新规划》提出的科技创新发展指标

指标	2015年指标值	2020年目标值
国家综合创新能力世界排名（位）	18	15
科技进步贡献率（%）	55.3	60
研究与试验发展经费投入强度（%）	2.1	2.5
每万名就业人员中研发人员（人/年）	48.5	60
高新技术企业营业收入（万亿元）	22.2	34
知识密集型服务业增加值占GDP的比例（%）	15.6	20
规模以上工业企业研发经费支出与主营业务收入之比（%）	0.9	1.1
PCT专利申请量（万件）	3.05	翻一番
每万人口发明专利拥有量（件）	6.3	12
全国技术合同成交金额（亿元）	9835	20000
公民具备科学素质的比例（%）	6.2	10

三、世界创新型国家的发展经验

世界公认的创新型国家主要包括美国、英国、法国、德国、日本、丹麦、芬兰、瑞典、韩国、新加坡等国在内的20个左右国家。这些创新型国家的经济结构中，农业人口占全国劳动力的比重都小于5%，服务业产值占

GDP的比重都在60%以上；从产业结构看，高科技产业增加值占工业增加值的比重在40%以上，高科技产业的投资额占总投资的比重在50%以上。更为重要的是，这些创新型国家，已经造就了许多拥有自主知识产权的世界知名品牌，崛起一批在国际上具有较强竞争力的知名企业。纵观全球发展史，科学革命和工业革命总是能够深刻改变世界发展格局，全球科技中心的转移过程与世界经济中心的转移，先后催生了英、法、德、美、日等“老牌”创新型国家，也出现了韩国、以色列、瑞士等新兴创新型国家。不同时代的创新型国家都是借助科技革命开启的机会窗口，形成了独具特色的建设模式。纵观全球创新型国家的建设经验可以发现，主要创新型国家都是在科学发展、技术创新、产业转化、国家能力和支撑制度等五大要素方面形成了国家特色及国际领先优势，并在五大要素之间形成了相互促进的良性互动关系。这些经验对中国构建创新型国家建设的赶超模式具有重要的启发价值。

（一）美国模式：以科学基础为引领的创新型国家

美国从第二次世界大战后期开始，便加强政府在国家科技发展中的积极引领作用，通过立法和制度建设，不断完善国家科技管理和研究机构体系①，建设和完善科技创新的制度、法律和市场体系。经过数十年的积累和创新，美国是当今全球公认的头号创新型国家。美国在创新型国家建设的过程中，极为重视基础研究和通用技术的功能与作用，突出新材料、信息与通信技术和生物医药这三项技术对其他产业和服务的支撑作用，是美国科技创新政策的重中之重。美国创新型国家的建设模式可以归纳为以科学基础为引领的创新型国家建设模式。

得益于美国在基础研究和通用技术领域的领先优势，美国已经在工业机器人、生物医药、航空航天、3D打印机等产业领域维持了较强的先

---

① 参与美国国家科技政策与计划制定的行政部门，包括国家科学技术委员会（NSTC）、白宫科技政策办公室（OSTP）和从事研发工作的有关联邦政府部门和机构。各部门在科技政策与计划制定过程中职责各不相同，且随着执政党的更迭而发生调整。

发优势和长期竞争优势，不仅促进了美国本国产业的升级，而且在全球范围内控制和占据了产业技术和价值链的高端环节，对全球科技创新方向和速度都有较大的影响。为了进一步增强在基础研究和共性技术领域的领先优势，加强基础研究对产业和经济的促进作用，近年来，美国组建了国家制造业创新网络，作为美国产业界和科学界合作的基础设施。美国政府还持续强化其在基础科学方面的实力，集中体现在美国白宫科技政策办公室（OSTP）提出的“科学、技术、工程和数据（STEM）”计划。为推进该计划，美国在国家科学技术委员会下建立了STEM教育委员会，成员单位包括了教育部、能源部、商务部、史密森学会等14个部门，希望通过整合与优化跨部门的各种教育资源、知识和经验，达到显著提高STEM教育水平的目的，增强其在基础科学领域的长期竞争基础，以确保美国头号创新型国家地位。

（二）德国模式：以技术创新为基础的创新型国家

当前德国创新型国家建设的战略集中体现在“国家高技术战略”和制造业领域的“工业4.0计划”两方面，重点强化德国在全球科技和产业竞争中的技术创新优势。德国政府于2006年发布《国家高技术战略》，这是德国首次在国家层面发布中长期的创新战略，对德国后续的产业政策具有十分重要的指导意义。该战略的总体思路是推行创新驱动发展战略，重点培育和发展若干重大技术，继续推行技术创新竞争战略。2010年，德国联邦政府整合了各部门的研究和创新资源，推出了《国家高技术战略》升级版，即《国家高技术战略2020》，加强持续的技术开发和创新推广，有效应对气候变化、人口结构变动、常见疾病传播、粮食供应短缺、化石原料和能源供应不足等一系列全球挑战。在创新重点领域的选择上，两项战略之间存在较强的连续性，体现了政策的长期性、可持续性。

《国家高技术战略2020》重点发展生物技术、纳米技术、微电子和纳米电子、光学技术、材料技术、制造技术、服务研究、空间技术、信息与通信技术等新兴技术的发展。但是，相比于美国而言，德国更具创新型国家建设模式特色的是，更为重视将新兴技术的进步转变为更具商业前景的技术创新。这种模式可以从德国《国家高技术战略2020》政策框架的三大支柱中有两大支柱分别是关于优化创新环境和促进创新成果产业化中得到验证。正是由于对技术创新而非基础科学研究的重视，使得德国的制造业在国民经济中的比重明显高于发达国家的平均水平，德国也是全世界最为重要的制造业产品出口国。

为了适应以技术创新能力为基础的创新型国家建设的需要，德国的科研体系也进行了一定的调整，即不断提升工程和产业技术研究机构的重要性。德国政府也在调整公立大学的定位，即从过去长期专注于基础研究的定位，向与产业和市场需求结合的方向转变。德国大学定位的调整，也将会进一步强化德国在科学发展方面的优势，相应地使得德国在技术创新方面的特色更加突出。

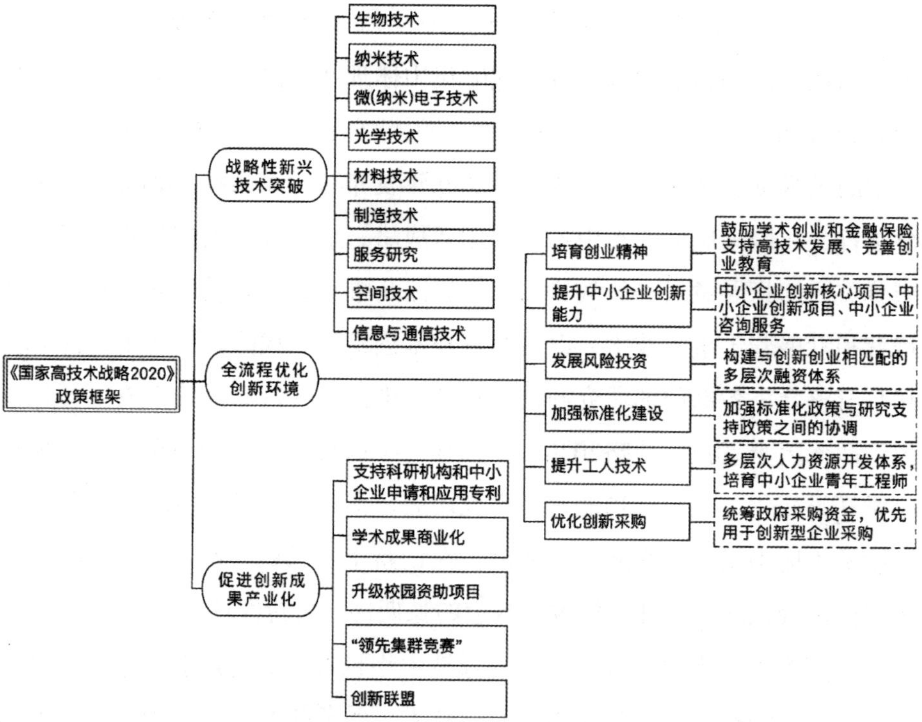

图3-3　德国《国家高技术战略2020》战略框架与重点政策

来源：根据德国*High-tech Strategy for German*：*Idea Innovation Growth*整理。

（三）日本模式：以产业转化为优先的创新型国家

虽然近年来日本的基础研究在全球范围内取得了一些突破①，但是总体而言，日本的创新型国家建设模式仍然是重视下游科技创新成果的产业转化。近年来，日本把增强国内制造基础、培育战略新兴产业作为科技创新政策的重点，既是在全球竞争态势下维持国家竞争力和驱动经济增长的需要，也是在技术创新与新工业革命方兴未艾之际占据领先地位的需要，目的是强化其以产业转化为优先的创新型国家建设模式。

相比于其他国家而言，日本的产业创新重视新兴产业领域的本土需求。从国际看，进入21世纪以来，一些重要领域发生革命性创新的先兆和新兴产业的萌芽已初现端倪，以互联网、新能源、新材料为基础的新工业革命正在悄然兴起。而日本在其中一些领域中，与其他国家相比具有较大的社会需求、较强的研究开发优势和较好的产业化前景。例如，日本是世界上老龄化程度最高的国家，因此，新一代机器人、iPS细胞再生医疗有着巨大的应用前景。日本自然资源匮缺，2011年大地震造成电力成本大幅度上升，发展高效发电、蓄电池、再生能源、新一代汽车基础设施等战略领域就有巨大的市场规模。如果日本在这些领域成功突破，不仅能够满足社会需求，还可以输出技术与经验。但是，这些领域的关键技术多为共性技术，具有很强的外部性，而对共性技术，企业往往研究开发投资不足，因此，政府对这些领域进行重点扶持就具有重要意义。不难看到，日本目前加大对iPS细胞再生医疗、新一代汽车基础设施、清洁能源等领域的研究开发投入，既是为了满足社会需求、培育战略新兴产业，同时也是为了集中资源在一些关键技术上有所突破，抢先占据国际领先地位。

此外，数字化、网络化技术日益渗透制造领域，以3D打印机为代表的附加制造技术正在深刻改变制造方式。美国、德国以及新兴经济体都制定了促进政策，这给拥有庞大加工制造实体的日本制造业带来了冲击。日本

---

① 2000年以来，日本科学家（含外籍，下同）共获得诺贝尔物理学奖8人次、化学奖8人次、生理学或医学奖3人次。

曾较早注册了一些3D打印机相关技术的专利，但由于后续投入不足而丧失了产业化的机会，从而落后于欧美国家。日本产业界认为，附加制造技术将加速精密制造领域的工艺创新和产品创新，而精密制造是日本制造业的优势领域，该领域还聚集了大量的中小企业，雇用了大量的从业人员。因此，在该领域普及附加制造技术具有重要的战略意义。因此，为了开发出具有世界一流水平、适合日本国情、低成本的附加制造技术，日本近年设定了国家项目，联合各大学、各产业、各企业来进行关键技术攻关。相应地，日本的公共政策重点也在于强化国内制造基础、推动附加制造技术普及、提高制造业整体技术水平，以提高制造业生产率、增强国际竞争力、提高研究开发效率等。

（四）北欧模式：以支撑体系为特色的创新型国家

根据2017年《全球创新指数（GII）报告》，北欧五国在全球创新指数25强国家或经济体中，有3个国家排名前10位，两个国家排名第10~20位，在全球创新体系中扮演重要的角色。北欧国家本土资源匮乏，市场规模偏小，劳动力供给短缺，在产业规模和产业门类选择方面面临着很大的制约，没有能力广泛涉足所有高新科技领域，驱使北欧国家选择以完善创新体系支持创新型国家建设，能够灵活根据全球科技创新领域的调整重构科技竞争优势。

以芬兰为例。芬兰是全球范围内最早构建国家创新体系的国家，其科技创新支撑体系发展经验成为后来许多国家和地区学习和研究的典范。芬兰的国家创新体系是从事科学技术创新活动的机构、体制安排、运行方式的总和，它覆盖全社会科技创新的网络组织，包括企业、政府、大学、研究院所、中介机构等，是一个市场行为和政府行为共同作用的体系，其中的核心理念即公私合作模式（Public-private Partnership）。为了避免市场失灵，在芬兰国家创新体系中，政府是指挥者、组织者、协调者和服务者。其中，芬兰国家技术局（TEKES）、芬兰国家技术研究中心（VTT）、芬兰产业投资公司（FII）和地区经济发展与就业中心（TE-

Centers）等机构在国家创新体系中发挥了积极的作用，从配置公共科技资源、优化研发组织方式、构建科技服务体系和促进中小企业研发等方面综合和优化社会资源，与产业部门一道形成了良性互动体系。在国家创新体系的促进之下，北欧国家通过高强度的研发投入、高水平的理工高等教育、紧密的产学研合作和政府部门对新兴产业的长期支持，成为“小而强”的创新型国家建设模式的代表。

（五）韩国模式：以国家能力为主导的创新型国家

韩国政府在20世纪70年代后韩国的经济起飞中发挥着至关重要的作用，是20世纪后期发展型政府的代表。韩国跳出中等收入陷阱后，政府在发展知识经济、加强国家科技创新体系的建设上的作用不仅没有得到弱化，反而得到了强化，使得韩国的创新型国家建设模式以国家能力为主导。可以说，韩国是世界创新型国家中最接近“举国体制”的国家。

韩国政府在韩国的创新型国家建设中发挥了举足轻重的作用，具体体现：第一，不断调整与改革科技管理体制以适应创新型国家建设的战略导向。如20世纪90年代初将科技处升格为科技部，21世纪初为推动自主创新，再将科技部升格至副总理级。全球金融危机后，改组教育科学技术部和知识经济部，2013年设立了未来创造科学部，在所有政府部门中排位第二。第二，重视制定科技创新战略、政策和法规推动创新体系建设。自20世纪60年代以来，韩国政府先后颁布了一系列与科技创新有关的法律，80年代通过一系列政策确立了“科技立国”战略。近年来，韩国为实现从追赶者向领先者的转变，通过和实施了多项创新计划，旨在将国民创意与科技和信息通信技术相结合，鼓励国民创业，打造产业技术生态系统的良性循环。第三，以立法形式推动产学研合作与互动。韩国重视政府在产学研合作的牵头作用，1998年通过修订《合作研究开发促进法》和《科学技术革新特别法》，把发展产学研合作纳入法制化轨道。韩国政府采取一系列的政策措施，如国家科研课题实施对象的选定推行产学研优先政策，不断扩大对产学研信息、人才交流和人才培养的支持，建立以大学为中心的产学研合作园区和地区合作开发支援团等。此外，为了更好地整合全球科技创新资源，韩国政府建立功能完善的竞争情报和科技情报服务体系，帮助企业进行竞争情报活动。国家情报局也提供可雇佣的军队和专业人员来保障企业的情报活动，开展全面系统的情报跟踪研究。

可以使用一些权威的科技创新度量指标和统计，对上述五种全球创新型国家建设模式进行比较分析。综合全球主要衡量一国科学、技术和创新的指标，如经济合作与发展组织（OECD）开发的国家创新体系度量与评估手册，世界知识产权组织编制的全球创新指数（GII），联合国开发署（UNDP）开发的技术成就指标（TAI），“科学美国人”评选的“世界最佳科学国家”，彭博创新指数（BII），世界经济论坛的全球竞争力指数，以及联合国教科文组织（UNESCO）发布的工程与社会科学报告，可以对五大典型的创新型国家的相对水平进行横向对比。

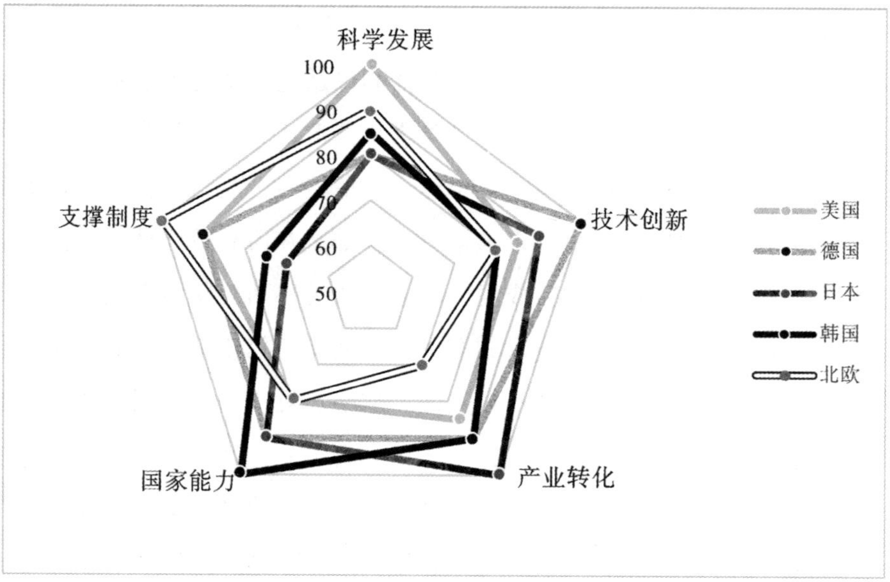

图3-4　世界主要创新型国家的特征

与以上进入创新型国家行列和建设世界创新型国家的要求相比，中国科技创新还存在一些薄弱环节和深层次问题，主要表现为：科技基础仍然薄弱，科技创新能力特别是原创能力还有很大差距，关键领域核心技术受制于人的局面没有从根本上改变，许多产业仍处于全球价值链中低端，科技对经济增长的贡献率还不够高；制约创新发展的思想观念和深层次体制机制障碍依然存在，创新体系整体效能不高；高层次领军人才和高技能人才十分缺乏，创新型企业家群体亟须发展壮大；激励创新的环境亟待完善，政策措施落实力度需要进一步加强，创新资源开放共享水平有待提高，科学精神和创新文化需要进一步弘扬。

第四章

中国创新型国家建设的实践

中国创新型国家建设的时间大致可以分为：1978年前、1978年至十八大前、十八大后进入中国特色社会主义建设新时代以来三个时期。在中华人民共和国成立初到1978年前，“努力发展自然科学，以服务于工业、农业和国防建设”成为我国科技工作的总方针；1978年3月，中共中央召开的“全国科学大会”成为国家科技体制改革的标志性事件，全国上下进行了恢复科技体系、科技体制改革完善等一系列实践，并对建设创新型国家进行了初步探索；进入中国特色社会主义建设新时代以来，如何突破创新瓶颈，以创新驱动实现我国经济快速稳定发展，是摆在我国新一届领导层面前的重要议题。为了击破这些难题，以习近平同志为核心的中国新领导集体，为我国的创新发展指明了方向。

一、1978年前的计划经济时期

（一）1978年前中国科技概况

中华人民共和国成立后颁布的《中国人民政治协商会议共同纲领》第四十三条规定“努力发展自然科学，以服务于工业、农业和国防建设。奖励科学的发明与发现，普及科学知识”，成为中华人民共和国成立初期科技工作的总方针。与此同时，《中央人民政府组织法》规定成立中国科学院，1955年6月，中国科学院学部成立，并召开大会，确立了中国科学院的十项重点工作，标志着中华人民共和国科技工作的开端。1956年，国家技术委员会成立，加强了对全国科技工作的领导。这一时期，制定了《1956—1967年科学技术发展远景规划》（即《十二年科学技术发展规划》），这是我国第一个全国性的科技发展远景规划，确定了“重点发展，迎头赶上”的方针。之后由于十二年规划提前五年基本完成，中央于1963年制定了《1963—1972年科学技术发展规划》，目标是赶上20世纪60年代世界先进水平，并准备向70年代水平过渡，重点是“抓两头，打基础”，根据实际需要，编制了《1963—1972年农业科学技术发展规划》。这一时期，先后颁布了《关于在科研机构中坚持八小时工作制和保证科学研究时间的通知》《中华人民共和国发明奖励条例》《关于科学技术交流与保密工作的若干意见》等细则性条例制度，推动了科技事业的发展。

专栏 4-1

1956—1967年科学技术发展远景规划

1.《十二年科学技术发展规划》的背景及做法

随着中华人民共和国成立后经济的逐渐恢复，国家设想在第二、第三个五年计划内更大规模地开展经济建设，制定了相当宏伟的目标。经济目标的实现有赖于科学技术的发展，从而对我国当时还很薄弱的科技工作提出了很高的要求。1955年，国务院科学研究计划工作小组提出了编制十二年科技规划的报告。随后，在周恩来总理领导下，国务院成立了科学规划委员会，调集了几百名各种门类和学科的科学家参加编制规划工作，还邀请了16名苏联各学科的著名科学家来华，帮助我们了解世界科学技术的水平和发展趋势。历经七个月完成了《1956—1967年科学技术发展远景规划纲要（草案）》，经反复讨论修改，1956年12月，中共中央、国务院批准后执行。

2.《十二年科学技术发展规划》制定过程

1955年1月31日，为了尽快解决上述困境，周恩来、陈毅、李富春组织召开科学技术工作人员会议，动员制定十二年科学发展的远景规划。3月14日，国务院科学规划委员会成立，由周恩来领导，陈毅、李富春、聂荣臻执行具体的组织工作。

1956年1月，国务院开始编制《1956—1967年科技发展远景规划》（即《十二年科学技术发展规划》），由周恩来、陈毅负责组织，范长江以科学规划小组组长身份主持。同年3月，在周恩来的领导下，成立了以陈毅为主任的国务院科学规划委员会，并邀请了全国600多位科学家和以拉札连柯为首的16位苏联专家参与规划的制定工作。

3.《十二年科学技术发展规划》内容及特点

《十二年科学技术发展规划》确定了“重点发展，迎头赶上”的指导方针。规划文件由《1956—1967年科学技术发展远景规划纲要》和四个附件组成，其中《1956—1967年科学技术发展远景规划纲要》包括序言、1956—1967年国家重要科学技术任务、任务的重点部分、基础科学的发展方向、科学研究工作的体制、科学研究机构的设置、科学技术干部的使用和培养、国际合作、结束语等九个部分；四个附件分别是《国家重要科学任务说明书和中心问题说明书》《基础科学学科规划说明书》《1956年紧急措施和1957年研究计划要点》《任务和中心问题名称一览》。

《十二年科学技术发展规划》是中华人民共和国成立以来的第一个科技规划。规划在内容上，从13个方面提出了57项重大科学技术任务、616个中心问题，从中进一步综合提出了12个重点任务，还对全国科研工作的体制（主要是科学院、产业部门和高等院校三个方面之间的分工合作与协调原则）、现有人才的使用方针、培养干部的大体计划和分配比例、科学研究机构设置的原则等作了一般性的规定，是一个项目、人才、基地、体制统筹安排的规划；在组织上，规划工作由总理亲自领导，成立专门的规划委员会，并组织了几百个中国科学家和几十名苏联专家历时半年多讨论制定，尽了当时条件下的最大努力；在编制思路上，规划根据国民经济发展的需要和科技发展的方向确定国家的重要科学技术任务，把各个科技部门的力量汇集到统一的目标下；在实施上，将科学规划委员会保留下来，成为规划实施的高级协调机构，负责协调规划实施的重大问题，监督规划的实施，特别是监督重点任务的实施等任务，并向中央报告规划实施的检查报告，确保了规划任务的完成。

规划的制定和实施不仅对我国科学技术的发展起了重要的推动作用，而且，对我国科研机构的设置和布局、高等院校学科及专业的调整、科技队伍的培养方向和使用方式、科技管理的体系和方法，以及我国科技体制的形成起了决定性的作用。

资料来源：中华人民共和国科学技术部，http://www.most.gov.cn/kjgh/lskjgh/.

“文革”结束后，中央开始着手改革开放和社会主义现代化建设。为了加快生产，中央先后在1976年12月、1977年4月召开了“第二次全国农业学大寨会议”和“全国工业学大庆会议”（袁振东，2008）。从几乎处于停滞转向加速发展，农业和工业在发展过程中对科技需求与科技供给不匹配逐渐显现，科技的重要性不断凸显。国家领导人意识到，科技创新是实现“四个现代化”的关键。当时中国的技术水平已经十分落后，远远无法满足工业和农业发展的需要。在反右斗争、“大跃进”运动、“文革”期间，科研机构解散，仪器设备和情报资料被毁损，科研人员“上山下乡”接受“再教育”（王伟宜，2000）。以中国科学院为例，在1965年中科院有106个研究所，是全国范围内学科最为齐全的综合性科研机构，但到了1973年，直属研究所仅剩13个，所属各学部或研究所的研究工作基本停滞，科研经费大幅下降，1976年的经费比1965年的经费减少1/3以上（袁振东，2008）。相关数据显示，国有企业设备中，陈旧仍可使用的占20%~35%，应淘汰的占55%~60%，半机械化和手工操作设备分别占33.7%和28.8%，自动化作业仅有2.6%，即使当时中国重工业装备最先进的辽宁省，其技术水平达到当时世界先进水平的国有企业也仅占5%左右，大部分企业的设备仍停留在20世纪五六十年代的水平（彭有轩，2002）。

（二）计划经济条件下的创新模式和创新政策

苏联是最早实行计划经济体制的国家，其技术创新模式具有典型计划经济体制特点，中华人民共和国成立后在创新体制上就完全照搬了苏联模式，归纳起来，其特点主要有以下几点：第一，以相对独立的科研院所承担科技创新任务。科研机构是国家计划体制下的一个微观单位，其目标就是完成政府布置的科研任务，既不因为创新成果谋求额外利益，也很少承担研究失败的风险；第二，科技人员、经费、工作任务等都统一纳入国家管理，所有科技资源都由政府统一配置；第三，国家通过科技规划和计划统一组织资源，进行政府所认定的国家经济、社会发展、国防安全等需要的具有明确目标的科技创新活动；第四，企业主要任务是应用科技成果，提高劳动生产率，增加产出。

计划经济体制要求所有社会经济生产、消费及分配活动都应该在严密的计划之下进行，计划指令由政府在自下而上层层收集相关供给和需求信息的基础上经过集中计算编制后下达，企业只是政府负责生产的一个附属车间，生产所需的物资资料和生产出来的劳动产品均由政府按计划供应和分配，与企业无关。那么，计划经济条件下又为什么有必要开展科技创新活动呢？主要有以下几种理论支持：计划经济条件下开展科技活动的必要性首先来源于经典马克思主义理论关于科学技术重要性的认识。马克思对科学技术抱有极大的热情，他在多部著作中多次论述了科学技术对生产的重要作用。恩格斯在《在马克思墓前的讲话》中说:“在马克思看来，科学是一种在历史上起推动作用的、革命的力量。任何一门理论科学中的每一个新发现，即使它的实际应用甚至还无法预见，都使马克思感到衷心喜悦，但是当有了立即会对工业、对一般历史发展产生革命影响的发现的时候，他的喜悦就完全不同了”，从中可以看出马克思认为科学的新发现是可能对工业和历史发展产生革命性的影响的。早在《政治经济学批判》中，马克思就明确提出“生产力中也包括科学”，随后他又指出“随着工业的发展，现实财富的创造较少地取决于劳动时间和已耗费的劳动量……相反地却取决于一般的科学水平和技术进步，或者说取决于科学在生产上的应用”。在上文中，马克思已经正式指出财富的创造取决于科学在生产上的应用。随后在手稿《机器、自然力和科学的应用》《资本论》中，马克思详细考察了资本主义手工作坊到机器大工业过程中的科技应用，并由此说明了现代大工业条件下科学技术在生产力中的特殊地位和作用，认为在资本主义大生产条件下，由于科技已经并入生产，它就不再仅仅是一般的社会生产力，而是变成了“直接生产力”，将科学技术转化为新的劳动工具和劳动对象，科学技术提高了劳动者的劳动技能和科学素质（范世涛，2001； 杜伟，高林远，2002）。简单地说，在马克思看来，科学技术就是生产力，而根据其辩证唯物主义分析框架，生产力决定生产关系，生产关系决定上层建筑，因此，科学技术是推动社会进步和变革的重要力量。这一理论后来也成了中国改革开放后制定科技创新政策的重要依据。

而在具体到创新活动和计划经济的逻辑关系时，有创新理论专家从社会主义的角度进行了阐述。最早提出技术创新理论的熊彼特认为，“社会主义所必需的技术、组织、商业、管理和心理上的诸先决条件趋向于愈来愈得到满足”。熊彼特所设想的社会主义中，创新活动不再是企业家的专利，而成为日常生活的惯例。布鲁斯和拉斯基具体设想了四个社会主义经济有利于创新活动的可能因素：第一，工人能在创新中得到收益，因而不再抵制技术进步；第二，经理人员不再害怕创新引起的资本贬值，因为它是由国家的废弃和重置政策决定的；第三，中央计划者为克服供给方面的制约，会鼓励发明、提倡教育并供应R & D以充足的资金；第四，商业秘密的废除有利于技术和信息的传播，也有利于经验的交流，这对创新的产生、实际吸收和传播具有重大意义（W. 布鲁斯，K. 拉斯基，1993）。

（三）1978年前相关科技政策实施效果

虽然熊彼特、布鲁斯都认为社会主义计划体制有利于创新，但事实却与之相反。布鲁斯和科瓦利克经观察后不得不承认，“现实中的社会主义国家在发展传统工业方面是相对成功的……但在跃入相对较新、有发展前途的领域方面，社会主义国家中还没有一个成功的例子。每过一段时间，这些国家又忠实地模仿起别人来，在人造纤维、制药、电子等领域都是如此。在社会主义国家里，唯一为人们知道的新产品发明大概是魔方。”许多历史事实也表明，计划经济国家的科技创新实践并没有如马克思所设想的那样提高生产力，促进社会化大生产，推动社会发展。相反，计划体制下的人民生活水平一般很低，技术落后，效率低下。据邹至庄测算，中国在1953—1982年间技术进步的贡献率为0，甚至可能是一个负数（李风圣，2000）。这从整体上说明了中国计划体制时期的技术创新状况，同时还有大量的事实支持了邹至庄的测算结果。比如，周叔莲1987年调查后发现，中国“一五”时期的项目代表着当时国内的最高技术水平，数十年后，这些项目的所在地已被称作“老工业基地”。所谓的“老”，不仅仅指这些地方工业化起步早，更主要的是指这些地方的企业投资、技术、管理各方面已经远远落后。如果“一五”时期的那些项目在以后的时期保持了技术进步的话，这种局面是不可能发生的。再比如，中国在数十年里一直采用了重工业优先发展的战略，机械工业更是重中之重。而到20世纪80年代初，该行业的普通机床“大都属于国外四五十年代的水平，机床数量虽然不少，但主要是一人一机的低效设备”；“我国主要企业和研究单位的测试设备大都是1960年前后装备起来的……大体还是50年代和60年代初的测试条件”。冶金工业情况大抵相同，“轻纺工业很多企业的装备和技术水平更低”（李风圣，2000）。

二、1978年至十八大前中国特色社会主义建设时期

（一）科技体制改革标志性事件：全国科学大会

国际上以电子计算机、信息化为主要特征的第三次科技革命引起了“文革”后我国党和国家领导人的密切关注，他们感受到了中国与世界科技的巨大差距以及国家科技发展的紧迫性，并由此对“文革”后科技发展政策的走向产生了一定的影响（郑巧英，2004）。上述改革开放前的国际国内形势表明，面对“文革”以后人民日益增长的物质文化需要同落后的社会生产之间的矛盾，日新月异的科技革命对生产的巨大促进作用和中国被“文革”破坏极其涣散的科技现状，科技工作重新受到高度重视的时机就已经到来。如何在政策层面尽快修复科技体系，调动科技人员的积极性，统一思想，最大限度地创造和应用推广科技成果，是当时我国党和国家高层领导必须考虑的当务之急。

为制定科学技术的发展规划，充分调动广大知识分子的积极性、创造性，1978年3月中共中央召开了全国科学大会。时任中共中央副主席、国务院副总理邓小平作了重要讲话，号召“树雄心，立大志，向科学技术现代化进军”。这次大会是在国家百废待兴的形势下召开的一次重要会议，也是中国科技发展史上一次具有里程碑意义的盛会。邓小平在这次大会的讲话中明确指出“现代化的关键是科学技术现代化”，“知识分子是工人阶级的一部分”，重申了“科学技术是生产力”这一马克思主义基本观点，从而澄清了长期束缚科学技术发展的重大理论是非问题。大会还通过了我国的第三个科学技术发展长远规划——《1978—1985年全国科学技术

发展规划纲要（草案）》。此次科技大会是在特定背景下召开的，在中国科技发展史上、在中国科技创新政策演化过程中具有重要历史意义，这也标志着中国科技创新政策进入一个全新的时期。就政策影响力来看，大会所确定的重要科技政策指导方针和措施主要有以下四个方面：

1. 明确提出了科学技术是生产力的观点

“科学技术是生产力”原本是马克思主义的观点，但在“文革”期间科学技术没有得到正确认识，被一再轻视和否定。本次大会将“科学技术是生产力”作为重要政策性观点，并鲜明地提升到理论高度，作为制定科技政策的指导方针，其意义不同凡响。邓小平在观察和总结新形势下科学技术的特点和作用的基础上，创造性地提出了“科学技术是第一生产力”的论断，他说：“马克思讲过科学技术是生产力，这是非常正确的，现在看来这样说可能还不够，恐怕是第一生产力”。“第一生产力”的观点在相当长的时间里都对中国的科技政策起着明确的导向作用。

2. 明确了知识分子是工人阶级的一部分

中华人民共和国成立以后，中国知识分子长期受到不公正待遇，在反“右倾”运动和“文革”极左运动中都遭受了严重迫害，“文革”结束后，资产阶级的帽子还扣在知识分子的头上。这种状态势必极大地影响科技工作者的工作热情。这次大会明确提出知识分子已经是工人阶级的一部分，并要求必须保证科技人员业务工作时间，特别强调破格选拔和培养具有世界一流水平的科学技术专家。通过明确“知识分子是工人阶级的一部分”这一观点，澄清了思想，在全社会营造了尊重知识、尊重人才的氛围，极大鼓舞了科技人员。

3. 明确了四个现代化，关键在于科技现代化

“四个现代化”在中国最早是由周恩来1963年在上海市科委召开的科学技术工作会议上提出的。他说：“我们要实现农业现代化、工业现代化、国防现代化和科学技术现代化，把我国建设成为一个社会主义强国，关键在于科学技术现代化”（薛培松，1994）。这一观点在全国科学大会

上得以重申并作为一项科技指导方针，进一步强调了科技现代化的地位和作用。

4. 明确了中国科学技术工作8年奋斗目标

这次大会通过了《1978—1985年全国科学技术发展规划纲要》，明确了中国科学技术工作8年奋斗目标。对自然资源、能源、农业、工业、国防、环境保护、材料、电子计算机、激光、空间、高能物理、遗传工程等27个领域和基础科学、技术科学两大门类的科学技术研究工作做了安排，确定了108个重点研究项目。这一规划同时提出了“学习外国，洋为中用”的开放措施。

专栏 4-2

历次全国科学大会

1. 1978年3月18—31日

中共中央、国务院在北京隆重召开了全国科学大会。在有6000人参加的开幕会上，时任中共中央副主席、国务院副总理邓小平作了重要讲话，号召“树雄心，立大志，向科学技术现代化进军”。时任国务院副总理方毅作了有关发展科学技术的规划和措施的报告，大会宣读了时任中国科学院院长郭沫若的书面讲话：《科学的春天——在全国科学大会闭幕式上的讲话》，会上先进集体和先进科技工作者受到了表彰。这次大会是中国共产党在粉碎“四人帮”之后，国家百废待兴的形势下召开的一次重要会议，也是中国科技发展史上一次具有里程碑意义的盛会。邓小平在这次大会的讲话中明确指出“现代化的关键是科学技术现代化”，“知识分子是工人阶级的一部分”，重申了“科学技术是生产力”这一马克思主义基本观点，从而澄清了长期束缚科学技术发展的重大理论是非问题，打开了“文革”以来长期禁锢知识分子的桎梏，迎来了科学的春天。大会通过了《1978—1985年全国科学技术发展规划纲要(草案)》，这是我国的第三个科学技术发展长远规划。

2. 1995年5月26—30日

中共中央、国务院在北京召开全国科学技术大会。江泽民同志出席并发表重要讲话。他在讲话中代表党中央、国务院号召全党和全国人民，全面落实邓小平同志“科技是第一生产力”的思想，投身于实施科教兴国战略的伟大事业，加速全社会的科技进步，为胜利实现我国现代化建设的第二步和第三步战略目标而努力奋斗。会议要求：各级党委和政府要认真贯彻《中共中央、国务院关于加速科学技术进步的决定》和《中共中央、国务院关于加强科学技术普及工作的若干意见》，实施好《中国教育改革和发展纲要》，结合各地、各部门的实际，真正把实施科教兴国战略落到实处。

3. 1999年8月23—26日

中共中央、国务院在北京召开全国技术创新大会，这次大会是一次重要会议。会议主要任务是：部署贯彻落实《中共中央、国务院关于加强技术创新，发展高新技术，实现产业化的决定》，进一步实施科教兴国战略，建设国家知识创新体系，加速科技成果向现实生产力转化，提高我国经济的整体素质和综合国力，保证社会主义现代化建设第三步战略目标的顺利实现。江泽民同志在大会上发表重要讲话。强调全面实施科教兴国战略，大力推动科技进步，加强科技创新，加速科技成果向现实生产力转化，掌握科技发展的主动权，在更高的水平上实现技术发展的跨越。

4. 2006年1月9—11日

中共中央、国务院在北京隆重召开了全国科学技术大会，这是党中央、国务院在新世纪召开的第一次全国科技大会，是全面贯彻落实科学发展观，部署实施《国家中长期科学和技术发展规划纲要（2006—2020年）》，加强自主创新、建设创新型国家的动员大会。全国科学技术大会在京召开，大会的主要任务是：分析形势，统一思想，总结经验，明确任务，部署实施《国家中长期科学和技术发展规划纲要（2006—2020年）》，动员全党全社会坚持走中国特色自主创新道路，为建设创新型国家而努力奋斗。胡锦涛同志明确提出，到2020年，使我国的自主创新能力显著增强，进入创新型国家行列，为全面建设小康社会提供强有力的支撑。中共中央、国务院作出的建设创新型国家的决策，是事关社会主义现代化建设全局的重大战略决策。随着《国家中长期科学和技术发展规划纲要（2006—2020年）》的认真实施，必将带来经济社会新的发展，这次大会也将成为我国科技发展史上的又一个里程碑。

5. 2012年7月6—7日

中共中央、国务院在北京举行了全国科技创新大会，胡锦涛、温家宝发表重要讲话，吴邦国、贾庆林、李长春、习近平、李克强、贺国强出席。胡锦涛在会上强调，建设创新型国家是全党全社会的共同任务。各级党委和政府务必提高认识、增强紧迫感，加强领导、狠抓落实。要加大科技投入，发挥政府在科技发展中的引导作用，加快形成多元化、多层次、多渠道的科技投入体系，实现2020年全社会研发经费占国内生产总值2.5%以上的目标。全国科技创新大会是中共中央、国务院在深化改革开放、加快转变经济发展方式、全面建设小康社会的关键时期召开的重要会议，是一次深化科技体制改革的动员大会。大会深刻分析我国科技工作面临的新形势、新任务，就贯彻落实中共中央、国务院《关于深化科技体制改革加快国家创新体系建设的意见》做出全面部署，这对于加快国家创新体系和创新型国家建设、推动科技事业又好又快发展具有重大指导意义。

资料来源：根据历次全国科学大会资料整理。

（二）全国科学大会后的一系列实践

以1978年“全国科学大会召开”为标志，中国在结束漫漫十年的“文革”以后迎来了“科学的春天”。

1.全面恢复科技体系（1978—1985年）

1982年全国科学技术奖励大会进一步明确了“经济建设必须依靠科学技术，科学技术必须面向经济建设”的指导方针，国家科委和国家计委把《八年科技规划》的主要内容进行了调整，选择农业、食品及轻纺消费品、能源开发及节能技术、地质和原材料、机械及电子设备、交通运输、新兴技术、社会发展等8个方面38个攻关项目、114个有重大经济意义和社会意义的科学技术课题，以《第六个五年计划科学技术攻关项目计划》（简称《六五科技攻关计划》）的形式予以实施，保证了规划的执行。《六五科技攻关计划》也是中国第一个被纳入国民经济和社会发展规划的国家科技计划，是中国综合性的科技计划从无到有的标志，成为中国科技计划体系发展的里程碑。此后，中国在这一时期又相继实施了多项国家计划，如国家技术改造计划（1982年）、国家重点科技攻关计划（1982年）、国家重点实验室建设计划（1984年）、国家重点工业性试验计划（1984年）等，一定程度上恢复了中华人民共和国成立后的科技体系及工业技术创新活动（郑巧英，2004）。

为了从宏观战略上领导全国科技工作，我国成立了国务院科技领导小组。从1980年开始至1985年，政府和有关部门制定了包括科技组织、人员管理、物资供应、档案工作和成果奖励等方面的科技法规几十项。例如，1983年出版的《技术政策蓝皮书》，是我国历史上第一次大规模同步制定了12个领域的国家技术政策，形成了一套技术政策体系。1981年国家科委的《汇报提纲》中提出新时期发展科技的新方针，强调科学技术必须为经济建设服务，实现科技与经济、社会协调发展。这是1949年以来第一个比较系统和完整的科技发展方针。为了更好地贯彻这一方针，1983年，编制了《1986年至2000年中国科学技术发展长远规划》。这个规划是新时期科技与经济社会协调发展的指导性文件。在此基础上，1984年制定了“七五”期间科技发展计划，把科技进步放在重要的战略地位。1986年第一次以《中国科学技术政策指南》的名义发布科技政策白皮书，集中记录和阐明了十一届三中全会以来各项主要科技政策的要义、依据和执行情况（王伟宜，2000；郑巧英，2004）。

这一时期中国的科技体制仍然沿用1949年以后实行的苏联计划模式，以科研机构为科技创新主体，政府主导控制创新活动，按计划配置科技资源，按计划调拨科研成果，但科技攻关方向进行了重大调整，从以国防为主调整到为经济建设服务。在此模式下，中国也取得了不少科技成果，但逐渐暴露了大量科技成果无法推广等问题。随着经济体制改革的不断深入，科技和经济的“两张皮”现象逐渐引起了广泛关注，加之国家财政出现了危机，中国在1985年开始启动改革开放后的第一次科技体制改革，实质是仅仅针对拨款制度的原有科技体制的改良。

专栏 4-3

科技与经济“两张皮”现象

科技与经济“两张皮”现象是指科学研究、技术创新工作与经济发展活动相互脱节的现象，主要表现为科学研究、技术开发成果不能应用到经济生产中去，科技机构人浮于事，经济发展中需要解决的科学技术问题也不能及时反映到科技研究单位中来等。1978年，中国国家领导人根据对国际国内主要矛盾的判断，即和平和发展的国际形势将在相当长一段时间内存在，国内的主要矛盾是人民日益增长的物质文化需要同落后的社会生产之间的矛盾，将国家发展战略调整为“以经济建设为中心”。为适应新形势要求，1982年，中共中央、国务院提出“经济建设必须依靠科学技术，科学技术工作必须面向经济建设”的科技发展方针，由于国家工作重心的转移，科技与经济的矛盾逐渐显现。究其原因，科技与经济“两张皮”的根源在于以下几个方面：

第一，科技体制的弊端。20世纪50年代，中国全面照搬苏联科研体制的模式。这种模式的主要特点是以科研机构为中心的科技体系，科研机构负责科学技术的研究开发，企业负责应用科研机构产生的科技成果生产产品，政府则作为科研机构的行政领导者，实行统一集中领导，给科研机构提供经费，并通过科技规划和计划对科研活动进行全面的引导和干预。其造成的直接后果就是，科技活动都是任务式的，具有明确的目标，加上行政集权领导，整个科研机构实际上是一个官僚体系，内部机构僵化、人浮于事就成为必然。同时在这种行政分工模式下，科研机构和企业是两个各自独立的行政体系，加上企业并无经营决策权力，仅仅只是政府的生产车间，因此科研机构和企业在科技创新上的联系并不密切。

第二，计划经济体制缺乏激励机制。计划经济体制下的企业只是一个工厂或车间，既不具备研发能力，也无开展技术创新及应用新技术或者向科研机构提供技术需求的动力；而科研院所在计划体制的官僚制度下，科技人员由国家统一分配，人才不能合理流动，科研成果与个人经济利益缺乏联系，没有向企业提供技术，或者了解企业技术需求的动力。

第三，历史路径依赖关系。中华人民共和国成立以后，在战备思想主导下，中央政府抽调了全国最优秀的科技人员和有限的科技资源，统一集中使用在以国防军事工业为主的国家重点项目上进行“攻关”活动，国防工业逐渐形成了从研发到生产的独立系统。而其他企业，除与军工关系密切的少数大型企业及少量从事新兴产业实验技术研究的企业外，企业内部的研发力量已基本不存在。这种特定的历史原因造成中国主要科技力量集中在科研教育及国防系统。虽然改革开放以后中国把工作重心转到经济建设上来，但长期计划体制下形成的国防工业、科研教育系统和企业之间已经形成了一道深深的鸿沟，使科研教育与经济建设脱节，科技人员和科研活动游离于企业与经济之外。

资料来源：彭纪生. 中国技术创新系统的历史沿革、改革历程和现状比较［J］. 研究与发展管理，2000，12（4）：4—7.

2. 科技体制改革完善（1985—1995年）

这一时期科技政策的主要任务是解决科技与经济相互脱节的“两张

皮”问题，以1985年《中共中央关于科学技术体制改革的决定》为标志，我国科技政策体系发展进入一个改革完善阶段。随后颁布了一系列有关体制改革的决定，使科技体制改革不断深入。为实现改革目标，先后实行了“星火计划”“燎原计划”“863计划”“火炬计划”“攀登计划”等，使改革目标逐步完成（王伟宜，2000）。

20世纪80年代中期，随着改革开放的进程不断推进和科技创新工作的不断开展，高度集中的计划科技体制的固有缺陷逐渐显露出来。例如，生产中急需解决的技术问题不能很快反映到研究课题中来，科研成果也不能很快推广应用到生产中。此外，在僵化的计划体制下，国家管得过多过死，科研人员的科研成果与个人经济利益不挂钩，科技人员缺乏积极性和创新精神，同时又不能合理流动，吃大锅饭现象严重。为了解决科研机构活力问题，在“依靠、面向”方针指引下，中国在改革开放后第一次实行科技体制改革，并且把这一工作提高到党和国家的重要议事日程，于1985年3月发布了《中共中央关于科学技术体制改革的决定》。在随后的几年里，一些配套改革措施逐步颁布和实施，科技体制改革工作在全国范围内普遍开展起来，对科技系统的分化和科技型创新企业的萌芽等方面产生了深远影响。与此同时，这一时期国家先后制定了《1986—2000年科学技术发展规划》《1991—2000年科学技术发展十年规划和“八五”计划纲要》，并实施了“星火计划”“863计划”等十几个专项科技计划，在不同程度上对技术成果推广、传统产业的技术改造和高新技术产业的发展都起到了重要推动作用。

这一时期的科技体制改革仍然是原有科技体制的自我改良，没有改变计划体制的基本特点，没有改变科研机构的创新主体地位，只是在改变拨款制度的基础上，促进科技与经济相结合，并推动技术成果转化。

3. 建设创新型国家的初步探索（1995—2006年）

经过改革开放后将近二十年的高速发展，中国经济实力大大增强，但经济粗放增长和粗放发展中的问题也逐渐暴露出来，而世界科技革命正在形成新的浪潮，科技实力成为国家综合国力强弱和国际地位高低的决定性因素。新的问题和新的竞争环境要求加快科技进步和技术创新，但科技体制自身并不适应这一要求。在中国1992年正式开始市场经济体制改革的大背景下，中共中央、国务院适时作出了加速科学技术进步的决定，并将“科教兴国”作为国家战略，同时发布《“九五”全国技术创新纲要》，提出以企业为创新主体的重大方针政策。这样在政策上就彻底改变了1949年以来计划经济体制以科研机构为创新主体的苏联模式。为了落实科教兴国发展战略和以企业为创新主体的基本要求，1996—2005年间，国家有关部门相继出台了国家重点基础研究发展计划（“973计划”）、国家大学科技园、西部开发科技专项行动、知识创新工程、社会发展科技计划、国家科技创新工程等十几项重大专项计划。在企业创新方面，国家从1996年就开始实施针对企业的“技术创新计划”，尤其是加大技术引进的力度，同时首次提出了促进民营科技企业发展的政策。这一时期，大量针对企业技术创新的财政、金融、税收政策开始出现。与此同时，国务院继续深化科技体制改革，科技部、财政部、中组部和人事部先后出台政策，打破科研机构僵化的用人体制和科研机制，支持和促进科研机构加快改革改制重组。经过这一时期大量的改革，企业的技术创新意识明显增强，创新活动明显增多，而许多科研机构也经过改制变成了以营利为目的的企业，在国家大量政策利益的引导下，整个国家的创新氛围得到大大增强。

进入21世纪，中国提出了全面建设小康社会的发展目标，但这一目标能否得到顺利实现，遇到了两个方面的挑战：①中国改革开放20多年来支撑发展的低成本要素比较优势和高投入、高消耗、高污染和低附加值的经济增长方式难以为继。劳动力成本显著上升、人口红利逐渐消失、土地成本大幅上升、环境破坏、资源浪费严重、能源效率低下等因素成为中国经济发展的重要障碍，转变经济增长方式日渐成为唯一的出路，因此，经济增长方式由要素驱动型向创新驱动型转变，科学发展、和谐发展是中国经济社会发展必然的战略选择。②21世纪科技竞争越来越激烈，科技实力和科技创新能力成为影响国家经济、国防安全和竞争优势的核心力量，知识产权、关键技术、核心技术已经成为决定国际产业分工地位和全球经济格局的关键因素。但相比之下，中国的科技创新态势明显适应不了国际竞争需要。相关研究报告显示，2004年在科技创新能力方面，中国在占世界国内生产总值92%的49个主要国家中仅排名第24位（初雪，2006）。此外，当时全世界86%的研发投入、90%以上的发明专利多掌握在发达国家手里。中国科技进步对经济增长的贡献率仅为39%，对外技术依存度高达50%，中国发明专利总量只占世界发明专利总量的1.8%，中国在美国获得的发明专利授权仅占非美国人授权发明专利的0.2%（陈克禄，2008）。在制造技术领域，中国的专利发明数量只有美国和日本的1/30，韩国的1/40（蔡立安，柳夏，2003）。而中国十几年的“市场换技术”的实践也证明，核心技术难以引进，同时关键技术和核心设备引进也给国家安全带来隐患。

在这种形势下，中国适时再一次召开了全国科学技术大会，贯彻落实科学发展观，发布了《国家中长期科学和技术发展规划纲要（2006—2020年）》，总结了“自主创新，重点跨越，支撑发展，引领未来”16字指导方针，全面实施自主创新、建设创新型国家战略。这次大会成为中国创新政策的一个新纪元。随后国务院在2006年2月26日迅速颁布了《实施国家中长期科学和技术发展规划纲要（2006—2020年）的若干配套政策》（以下简称《配套政策》），在科技投入、税收激励、金融支持、政府采购、引进消化吸收再创新、创造和保护知识产权、科技人才队伍建设、教育与科普、科技创新基地与平台、统筹协调等10个方面提出了60条相关政策。科技部、国家发改委、教育部等部门分工合作，研究制定了99条《配套政策》实施细则，改变了过去创新政策不配套、不衔接的问题，形成了相对完整的政策体系。2012年7月，中共中央召开了全国科技创新大会，再次强调要大力实施科教兴国战略和人才强国战略，坚持“自主创新、重点跨越、支撑发展、引领未来”的指导方针，全面落实国家中长期科学和技术发展规划纲要，以提高自主创新能力为核心，以促进科技与经济社会发展紧密结合为重点，进一步深化科技体制改革，着力解决制约科技创新的突出问题，充分发挥科技在转变经济发展方式和调整经济结构中的支撑引领作用，加快建设国家创新体系，为全面建成小康社会进而建设世界科技强国奠定坚实基础。随后在9月份以中共中央、国务院的名义印发了《关于深化科技体制改革加快国家创新体系建设的意见》（以下简称《意见》），再一次就科技体制改革给出相关政策。《意见》的突出政策特点就是将强化企业技术创新主体地位，促进科技与经济紧密结合放到了首要地位，首次规定要吸纳企业参与国家科技项目的决策，产业目标明确的国家重大科技项目由有条件的企业牵头组织实施，优先在具备条件的行业骨干企业布局国家级技术研发平台。

三、中国特色社会主义建设新时代

（一）十八大后对建设创新型国家的探索

自2006年胡锦涛同志在全国科技大会提出建设创新型国家战略方针以来，我国创新建设已经步入第8个年头，在创新领域的进步和发展有目共睹，得到世界的肯定。但与此同时，我们的创新发展也遇到了新的挑战，例如，企业自主创新能力不够强，科技体制机制与经济社会发展和国际竞争的要求不相适应，等等。如何突破创新瓶颈，以创新驱动实现我国经济快速稳定发展，是摆在我国新一届领导层面前的重要议题。为了击破这些难题，以习近平同志为核心的中国新领导集体，为我国创新发展指明了方向（詹正茂，2014）。

1. 创新型国家建设的意义：全面建成小康社会的必然要求

创新驱动发展战略是党的十八大提出的重大方针战略。以科技创新带动经济发展，以科技创新解决环境生态难题，以科技创新推动医疗教育等公共资源建设，稳定经济发展步伐，改善生态环境质量，提升公民身心健康和文化素养，从而实现全面建设小康社会的宏伟目标。因此，为了更快更好地建成小康社会，必须加快创新型国家建设，发挥企业、政府、高校及科研院所的创新主体能动性，改善创新环境，提升我国创新型国家建设体系的内部运转能力和外部竞争力。

2. 创新型国家建设的前提：坚持对外开放

2012年底，习近平在人民大会堂同在华工作的外国专家代表座谈时指出，我们的事业是向世界开放学习的事业，关起门来搞建设不可能成功，我们要坚持对外开放的基本国策不动摇、不封闭、不僵化，打开大门搞建设、办事业。在过去创新型国家建设的进程中，我国已经在专利申请、论文发表等方面取得了突破性进展。但我国仍是一个发展中国家，在创新型国家建设过程中还面临很多问题和困难，怎样提升企业创新能力，转变政府职能，提高高校及科研院所的科技成果转化水平，建设更好的创新环境，吸引优秀的创新人才，都是我们亟待解决的。在取得的成果和面对的新挑战面前，我们既不妄自菲薄，也不妄自尊大。我们要怀揣开放的态度，更加注重学习吸收世界各国人民创造的优秀文明成果，同世界各国相互借鉴、取长补短。

3. 创新型国家建设的根本：创新人才队伍建设

建设创新型国家，核心是创新，关键在人才，尤其是高端科技人才。2012年底习近平到广东调研时指出，国家的强盛，归根结底必须依靠人才。我国要走创新发展之路，必须高度重视创新人才的聚集，择天下英才而育之。他要求各级党委、政府继续完善凝聚人才、发挥人才作用的体制机制，强调空谈误国，实干才能兴邦，进一步调动优秀人才创新创业的积极性。建设国家创新人才高地必须着力加强创新团队和创新人才队伍建设，真正发挥人才在创新中的核心要素作用。一方面，积极推进教育体制改革，要创新本土人才成长任用的体制环境，从根本上改变传统的应试教育方式，不搞填鸭式教育，探索实施教学管理自主化和个性化，将学生的学习积极性调动起来，学习潜力、创造力激发出来；另一方面，以战略眼光和开放视野抢抓机遇，更加主动地利用国际国内两种人才资源，继续实施“千人计划”等人才引进工程，大力引进海外留学人才，吸引、培养和造就一批具有世界水平的顶尖科学家，为其提供良好的生活环境、工作环境、实践平台。

十八大明确提出：“科技创新是提高社会生产力和综合国力的战略支撑，必须摆在国家发展全局的核心位置。”强调要坚持走中国特色自主创新道路、实施创新驱动发展战略。这是我们党放眼世界、立足全局、面向未来作出的重大决策。

党的十八大以来，我国在实施创新驱动发展战略上取得显著成就，科技进步对经济增长的贡献率从2012年的52.2%提高到2016年的56.2%，有力推动了产业转型升级。高速铁路、水电装备、特高压输变电、杂交水稻、对地观测卫星、北斗导航、电动汽车等重大科技成果产业化取得突破，部分产业走在世界前列，持续提升我国经济发展的质量和效益，拓展了我国发展的新空间。

党的十八大以来，我国科技创新能力体系建设迈上新台阶。科技创新基地建设速度加快，综合性国家科学中心统筹推进，大型科研基础设施建设取得突破性进展。建成500米口径的世界最大球面射电望远镜（FAST）、超大型高超声速激波风洞等重大科技设施，布局国家重点实验室等创新平台。同时，推动科技基础条件平台开放共享，58个重大科研基础设施和5.8万台（套）大型科研仪器纳入统一的国家网络管理平台。一批大型综合性科研机构研究能力大幅度提升，在国际排名中不断前移。企业技术创新能力进一步增强，2016年企业在全社会研发经费支出中占比超过77.5%，涌现出一批具有国际影响力的科技创新型企业。

（二）十九大以来对创新发展理念的再认识

党的十九大报告提出，中国特色社会主义进入了新时代，社会主要矛盾已转化为人民日益增长的美好生活需要和不平衡不充分的发展之间的矛盾。为了解决这个主要矛盾，一定要坚持以人民为中心的创新发展理念，通过创新促进中国更加平衡、更加充分地发展，进而更好地满足人民日益增长的美好生活需求。

1. 创新是引领发展的第一动力

十九大报告指出，发展是解决我国一切问题的基础和关键，发展必须是科学发展，必须坚定不移贯彻创新、协调、绿色、开放、共享的发展理念。无论从理论层面还是实践层面，创新对经济社会发展的重要意义已不言而喻，世界各国也纷纷出台政策措施积极推进创新。但是，将创新的意义提升到“创新是引领发展的第一动力”这样的高度，中国则是独树一帜的。把创新作为引领发展的第一动力的核心动力观，是在中国现有的历史条件和基本国情下，对马克思主义政治经济学关于解放和发展社会生产力思想的具体应用和发展。

经过40多年改革开放，中国的生产力取得了巨大的发展。一个拥有十几亿人口的大国，保持了40多年经济高速增长，经济总量、人均国民收入得到了巨大的提高，重大基础设施建设成效显著，产业结构逐步升级，高精尖制造业等复杂性生产能力不断取得突破。中国成为世界第一的制造业产出和进出口货物贸易量大国。然而，中国的发展是不平衡不充分的，主要表现为：①区域发展不平衡，一些区域发展水平不充分。由于梯度发展战略，以及各个区域资源禀赋、工业发展基础差异等原因，中国的经济发展在不同地区并不平衡，总体上呈现出东部、中部和西部逐步降低的梯度差距。②产业发展结构不平衡，创新能力和高端产业发展不充分。在长期的低成本出口导向经济发展战略下，我国的自主创新能力还有待提升，产业结构高端化水平也仍显不够。③实体经济与虚拟经济发展不平衡，高质量实体经济供给不充分。在国民经济中，实体经济与虚拟经济所占的比例呈现“脱实向虚”的倾向。而在实体经济中，高品质、个性化、高复杂性、高附加值产品供给不足，制造业产品长期处于价值链的中低端，世界知名品牌较为欠缺。④发展速度与资源环境承载力不平衡，绿色经济发展不充分。目前，我国的资源环境尚难以承受如此迅速的大国工业化进程，而绿色经济的发展还有很大提升空间。这些发展不平衡不充分问题的关键原因是，中国的创新发展能力不足。因此，中国新时代经济发展的根本出路在于，通过全面创新解决中国发展不平衡不充分的问题，不断解放和发展社会生产力。

2. 创新是经济增长的驱动力

党的十九大提出：从十九大到二十大，是“两个一百年”奋斗目标的历史交汇期，我们既要全面建成小康社会、实现第一个百年奋斗目标，又要乘势而上开启全面建设社会主义现代化国家新征程，向第二个百年奋斗目标进军。建设社会主义现代化强国，需要贯彻新发展理念，也需要建设现代化经济体系。所谓现代化经济体系，是一个具有现代性的经济系统。当今时代，现代性的标准主要体现为：以创新作为经济增长的驱动力，具有集聚高水平要素和高效配置要素的体制机制，产业、区域、城乡各经济子系统相互协调，经济系统动态开放，实现高质量可持续经济发展目标。因此，现代化经济体系是一个具有创新力的体系，通过创新适应科技发展趋势，促进现代化产业体系发展，确保现代产业在经济体系中占据主导地位。当今世界正在步入新一轮科技革命和产业革命的阶段，这给我国提供了“弯道超车”的机会，因而更需要顺应世界发展和变革趋势，大力推进创新发展，通过创新驱动抓住这个千载难逢的历史机遇。

2015年5月，国务院颁布了《中国制造2025》战略。它着眼于国内外经济社会发展、产业变革的大趋势，制定了一个长期的战略性规划和高端产业、技术进步的路线图。该战略以应对新一轮科技革命和产业变革为重点，以促进制造业创新发展为主题，以提质增效为中心，以加快新一代信息技术与制造业融合为主线，以推进智能制造为主攻方向，以满足经济社会发展和国防建设对重大技术装备的需求为目标，坚持市场主导、政府引导原则，通过实施国家制造业创新中心建设、智能制造、工业强基、绿色制造、高端装备五大工程，促进产业转型升级，实现我国从工业大国向工业强国的转变。十九大报告指出，“建设现代化经济体系，必须把发展经济的着力点放在实体经济上，把提高供给体系质量作为主攻方向”。而制造业是实体经济的核心，这意味着《中国制造2025》是建设中国现代化经济体系的一个关键指引点。

3. 以人民为中心是创新发展的基本要求

十九大报告提出，中国特色社会主义新时代必须坚持以人民为中心的发展思想，不断促进人的全面发展、全体人民共同富裕。而创新发展作为五大新发展理念之首，必然是坚持以人民为中心。

一方面，从创新发展的主体看，十九大报告强调，人民是历史的创造者，是决定党和国家前途命运的根本力量，要依靠人民创造历史伟业。十八大以来，以习近平同志为核心的党中央一再强调，要激发创新创业活力，推动大众创业、万众创新，释放新需求，创造新供给，推动新技术、新产业、新业态蓬勃发展，加快实现发展动力转换；要充分尊重群众的首创精神，着眼于解放和发展生产力，放手支持群众大胆实践、大胆探索、大胆创新，及时发现、总结和推广群众创造的成功经验，把群众的积极性和创业精神引导好、保护好，充分发挥人民群众在改革开放和现代化建设中的主体作用。通过制度创新，努力全面调动人的积极性、主动性和创造性，为各行业各方面的劳动者、企业家、创新人才、各级干部创造发挥作用的舞台和环境。十九大报告专门提出，既要激发和保护企业家精神，又要弘扬劳模精神和工匠精神，正是以人民为创新发展主体的重要体现。

另一方面，从创新发展的目的看，创新发展的目标也正是满足人民日益增长的美好生活的需要。十九大报告指出，要把人民对美好生活的向往作为奋斗目标。按照新时代中国特色社会主义的战略部署，我国到2020年全面建成小康社会，到2035年基本实现现代化，到21世纪中叶全面建成社会主义现代化强国，人民生活将更加美好，将从全面小康生活向现代化生活发展。创新发展的成果理应由人民共享，使全体人民在发展中有更多获得感，发展成果普惠人民群众。创新发展搞得成功不成功，最终的判断标准是人民是不是享受到了创新发展成果。

4. 坚持创新发展理念的本质内涵

为什么人的问题，是哲学社会科学研究的根本性、原则性问题。习近平总书记指出："要坚持以人民为中心的发展思想，这是马克思主义政治经济学的根本立场。"这一重要论述揭示了马克思主义政治经济学的本质，为坚持和发展中国特色社会主义政治经济学指明了方向。十九大报告提出以人民为中心的创新发展理念，明确了创新发展为了人民，创新发展依靠人民，继承了马克思主义政治经济学的基本原理，同时结合了我国的现实国情，从根本上区别于西方经济学的创新发展理论，实现了发展观的新突破。

虽然我们从西方经济学某些学派的观点中也能够引申出一些关于强调创新发展依靠大众的思想，如创新生态系统理论强调创新主体的相互联系，新增长理论强调人力资本外溢、社会学习互动是经济增长的重要源泉等，但是最有影响的熊彼特的创新理论更多强调企业家是创新的主体，甚至将企业家精神等同于创新精神和冒险精神。而马克思主义政治经济学早就指出，虽然资本家为追求超额剩余价值不断努力"创新"，但工人在技术创新过程中发挥了重要作用，工人为了改善自身状况，在"干中学"，不断实现技术进步。这才是真正的创新。因此，马克思所指的创新主体更具有广泛性，尤其是工人和职业创新者等。十九大报告强调要激发和保护企业家精神，鼓励更多社会主体投身创新创业，建设知识型、技能型、创新型劳动者大军，弘扬劳模精神和工匠精神，无疑是对马克思创新理论的继承和发展。

5. 构建绿色制造体系的着力点

《中共中央关于制定国民经济和社会发展第十三个五年规划的建议》将"绿色发展"作为一大发展理念提出并在全文中一以贯之，不仅提出加快建设制造强国，实施《中国制造2025》，还具体要求"支持绿色清洁生产，推进传统制造业绿色改造，推动建立绿色低碳循环发展产业体系"。《中国制造2025》将绿色发展列入五大基本方针和五大重点工程。推进绿色制造体系建设将是“十三五”时期及更远的未来的重大任务。

绿色制造要求在保证产品的功能、质量的前提下，综合考虑环境影响和资源效率，通过开展技术创新及系统优化，将绿色设计、绿色技术和工艺、绿色生产、绿色管理、绿色供应链、绿色就业贯穿于产品全生命周期中，实现环境影响最小、资源能源利用率最高，获得经济效益、生态效益和社会效益协调优化。《中国制造2025》提出了构建绿色制造体系的一系列具体内容，包括，开发绿色产品，建设绿色工厂，发展绿色园区，打造绿色供应链，壮大绿色企业，强化绿色监管。改革开放以来，中国制造业发展取得了举世瞩目的巨大成就，已成为世界第一制造大国和第一货物贸易国，然而，以“高投入、高消耗、高污染、低质量、低效益、低产出”为特点的增长模式在较长时期内主导工业发展，导致资源浪费、环境恶化、结构失衡等问题突出。当前，在经济新常态下，我国进入工业化后期，制造业仍有广阔的市场空间，同时也面临新工业革命以及工业4.0时代新一轮全球竞争的挑战。后国际金融危机时代，发达国家倡导“低碳发展”的理念，推动绿色经济发展。在这种大的国际国内背景下，“十三五”时期大力发展绿色制造具有重大意义，不仅是新型工业化、推动中国制造由大转强的重要要求，而且是加快经济结构调整、转变发展方式的重要途径，同时也是应对全球低碳竞争的重要举措，是保障我国能源和资源安全的重要手段。

专栏 4-4

建成创新型国家的路线图

到2020年我国国家综合创新能力要进入世界前15位，迈进创新型国家行列；科技进步贡献率从55.3％提高到60%……国务院近日印发《“十三五”国家科技创新规划》（以下简称《规划》），描绘了未来

5年科技创新发展蓝图，确立了“十三五”科技创新总体目标。

构筑国家先发优势

据科技部战略规划司司长许倞介绍，《规划》是我国历次科技发展规划的文件名中第一次加入“创新”二字，以前大都是叫“科技发展规划”。“这说明国家不仅关注科学技术研究本身，而是更多面向国民经济的主战场，关注创新的全链条和各要素。比如以前规划中很少提到科技金融问题，此次规划不仅大篇幅提到科技金融，还提到如何支持各类风投机构的发展等。”

创新被摆在如此“显著”的位置，在清华大学文科资深教授薛澜看来，是一种必然选择。“世界上许多科技突破正在酝酿着一场新的产业革命，这是中国历史上第一次有机会参与甚至引领的产业革命，这个机会必须抓住。”他说，“我国经济发展进入新常态、供给侧结构性改革、生态文明建设等，都需要科技创新提供强大支撑。”

按照党中央和国务院的部署，我国到2020年迈入创新型国家行列。在2016年的“科技三会”上，习近平总书记提出，在我国发展新的历史起点上，把科技创新摆在更加重要位置，吹响建设世界科技强国的号角。

“这是我国迈入创新型国家行列的最后一个科技创新五年规划，也是吹响建设世界科技强国号角的第一个科技创新五年规划。因此，我们非常注重规划的前沿性和引领性，构筑先发优势、引领性发展。”许倞说，“比如重大科技项目的部署，无论是量子通信和量子计算机，还是国际上刚刚兴起的脑科学和类脑研究等，引领性都非常强。”

《规划》还要求构建具有国际竞争力的产业技术体系，突破产业转型升级和新兴产业培育的技术瓶颈，如智能制造、新一代信息技术等。同时，《规划》系统地提出了深海、深地、深空、深蓝等能够拓展国家战略利益领域的高技术部署。

强化创新源头供给

原始创新是最根本、最重要的一类创新，也是我国科技创新的短板和薄弱环节。《规划》提出，“十三五”时期我国将把着力提升原始创新能力作为重中之重，持续加强前瞻部署，强化创新源头供给，为经济社会长远发展提供持久动力。

“根据《规划》，我们将进一步加大对好奇心驱动基础研究的支持力度，引导科学家将学术兴趣与国家目标相结合，并切实加强对非共识、变革性创新研究的支持力度。”许倞说，面向基础研究领域和重大全球性问题，在充分的前期研究基础上力争发起和组织新的国家大科学计划和大科学工程。

同时，还将建设以国家实验室为引领的科技创新基地。《规划》提出，优先在具有明确国家目标和紧迫战略需求的重大领域，在有望引领未来战略的制高点，布局建设一批突破型、引领型、平台型一体的国家实验室。

创新少不了人才，《规划》提出要促进科学研究、工程技术、科技管理、科技创业人员和技能型人才等协调发展。为此，将赋予创新领军人才更大的人财物支配权、技术路线决策权；改革评价激励制度，健全人才流动机制，推进科研去行政化；实行以增加知识价值为导向的分配政策，提高科研人员成果转化收益分享比例。

融入全球创新网络

区域创新是国家创新发展的重要基石和有力支撑。“由于创新要素的布局和创新能力的差异，各地区的创新发展不可能齐步走。此次规划的一个重要特点就是，分层次地设计了一些区域创新举措。”时任国务院发展研究中心技术经济部部长的吕薇说。

《规划》针对区域创新作了四个方面的部署：支持北京、上海建设具有全球影响力的科技创新中心；进一步优化国家自主创新示范区和高新区的布局；推动东中西和东北地区一批省份率先进入创新型省份行列；

在部分地区深入开展系统性、整体性、协同性的全面创新改革试验。

在打造区域创新高地的同时，《规划》还体现出全球视野，要求打造“一带一路”协同创新共同体，全方位融入和布局全球创新网络，深度参与全球创新治理。“我们现在处于一个全球化的时代，任何一个创新体系都不能闭门造车，必须开放，这样才能保持知识和人才的全方位流动，才能使资源配置最有效。”薛澜表示。

薛澜指出，未来我国将完善科技创新开放机制，通过与科技发达国家建立创新战略伙伴、与周边国家建立创新共同体等方式，使中国企业更好地融入全球经济体系。在国家层面营造更好的环境和条件，吸引海外创新资源进入中国，进行技术移民。此外，还将积极参与知识产权、技术标准等领域一些重要的国际创新规则的制定。

资料来源：光明日报记者，建成创新型国家的路线图[N]. 光明日报，2016-08-09.

从党的十九大到党的二十大，是“两个一百年”奋斗目标的历史交汇期。只有着眼于解决工业化发展不平衡不充分问题，加快实现从高速度工业化向高质量工业化转变，才能为决胜全面建成小康社会和全面建设社会主义现代化强国提供强大动力支撑。

实现工业化动力从投资驱动向创新驱动转变。我国步入工业化后期，产业结构面临从资本密集型主导向技术密集型主导转变的客观需要。在新一轮科技革命的背景下，各国也在竞争高端产业主导权。无论是自身现代化进程还是国际经济环境都要求我国转变经济发展方式，建立健全工业化的创新驱动机制，实现工业化动力从投资驱动向创新驱动转变，促进产业高端化，进而形成创新驱动的现代化经济体系。

围绕提升实体经济供给质量推进工业化进程。快速工业化推动我国成为实体经济大国，但还不是实体经济强国，在产品、企业和产业等各个层面，我国实体经济供给质量都有待提高。因此，从高速度工业化向高质量工业化转变，必须把着力点放在提高实体经济供给质量上，以供给侧结构性改革为主线，加快建设实体经济、科技创新、现代金融、人力资源协同发展的产业体系，推进以制造业为主体的实体经济转型升级（黄群慧，2017）。

第五章

中国国家创新体系建设

构建符合科技创新和产业发展的规律性要求，同时又与本国的要素禀赋、发展水平甚至文化传统相适应的国家创新体系，是实现创新驱动发展的本质性要求。科学研究体系、产业创新体系和区域创新体系的发展具有不同的理论逻辑和制度属性，它们共同构成完整的国家创新体系。

一、科学研究体系

（一）科学研究体系的理论基础

Nelson和Arrow认为，大学研究与企业研究的区别在于，前者提供的知识产品是基础研究（basic research），而后者提供的是应用研究（applied research）。根据Nelson的定义，科学研究（scientific research，或基础研究）是指从事以下两项推进知识进步的活动：一是可重复试验的事实或者数据，二是事实之间的关系。从Nelson的论述中可以看出，科学研究强调的是知识的一般性，而应用研究强调的是知识的特定性，基础研究和应用研究的区别在于应用的范围。此外，基础研究较应用研究具有更高的不确定性，“从基础科学到应用科学是一个连续的图谱，一项科学知识越接近基础科学，其研究项目成功的不确定性程度越高”（Nelson，1959）。由于基础研究具有更广泛的应用性，因而有更大的社会价值，但同时，研究项目成功的不确定性又大大降低了基础研究的私人预期收益，私人收益和社会收益的不对称使得私人部门的基础研究投资严重不足，Nelson据此得出结论，基础研究应当由公共部门来承担。与Nelson 的视角不同，Arrow（1962）认为，基础研究的产出仅仅是其他发明活动的信息投入，而应用研究的信息产出是消费品生产的（直接）投入，基础研究和应用研究的区别在于该技术与最终消费品的技术距离，这里的技术距离指的是某项技术还需要多少后续技术或累积技术才能成为产品生产的直接投入。我们认为，Arrow对基础研究和应用研究的区分更为深刻，因为累积性技术真正使得知识产权即便被清晰界定也是难以保护的，所以是知识的累积性使得科学创新的私人收益和社会收益产生严重的差异。因此，是那些不能被产权保护而不是产出存在严重不确定性的知识供给应该由大学完成，而这些不能被产权保护的知识供给也不能由市场和企业完成。

大学和企业在知识生产体系中承担着不同的功能，制度的多元化是重要的。在国家创新体系中，由企业和市场完成的商业化创新模式主要包括三类，即以科学为基础的创新模式（knowledge-based innovation model）、基于使用者的创新模型（user-based innovation model）和协调导向的创新模型（coordination-oriented innovation model）——如基于标准和平台的创新（Foray，2004）。经济系统中存在一个前沿边界不断拓展而且具有公共产品性质的"知识库（knowledge stock）"，对于这三类商业化创新模式都是重要的：首先，以科学为基础的创新直接依赖于科学的进步；其次，基于使用者的创新涉及使用者和创新者的交流，协调导向的创新涉及集体创新者之间的协调，已经解码了的、一般化的知识是降低主体之间交流和协调成本的最有效的方式，科学作为最具一般性的知识有利于经济系统中主体的交流和协调。与这三种创新模型相对应，大学功能的理论内涵可以概括为提供公共前沿知识。大学提供具有前沿性和公共性的知识的功能具体表现为以下三个层面：①新知识生产。这里的新知识生产指的是解决了之前尚未解决的问题（可能是科学理论提出的问题，也可能是实践提出的问题）的知识生产。单纯地旨在解决科学理论问题本身的新知识生产在自然科学（最典型的如数学）和人文科学中相对表现得更为明显。②知识存储。这里的知识存储指的是根据那些非大学部门（如私人和企业）针对特定问题提供的特定解决方法，大学对这些特定的方法进行一般化，或者用Cowan的话说——解码（codification），即将变量之间的剔除了次要关系之后的基本关系以一种可复制（reproducible）的语言加以描述（Kahin，Foray，2006）。解码对于整个经济的意义在于，它使得所有经济主体的知识都变得可存储、可交流。知识存储在工程科学和社会科学研究中表现得最为突出。这里的知识存储可以与上面的新知识生产共同称为广义的前沿知识生产。③知识转移和转化（以公共产品的形式进行）。大学将知识产品以公共产品的方式提供给经济主体主要表现为三种形式：一是知识的公开化，如大学研究人员公开发表学术文章、公开演讲等；二是教育，教育除了"斯宾塞"意义上的信号作用外，更重要的，它使得企业可以以比内部培训低得多的价格获得企业经济活动所必需的通用性人力资本；三是通过与企业的合作，将知识进一步转化为商业性的技术。

以Merton为代表的科学社会学理论认为，大学制度的本质在于“基于优先权的报酬机制（priority-based reward system）”——那些首先公开创新知识的研究人员（即知识生产者）获得经济上的奖励（Merton，1957）。在此基础上，Partha和David（1994）将大学的制度特征归纳为“披露与优先权”，而将企业和市场的制度特征抽象为“专利与商业秘密”。保证大学独特的激励机制良好运转的制度基础是大学独特的治理结构。企业是一种层级制的组织形式，大学从某种程度上说也是一种层级制的组织形式。二者的区别在于，企业（私人）的最终决策权（权威）掌握在所有者手中，而大学的最终权威不在于某个或某几个个人，大学的最终决策权由一个基于民主决策程序的团体掌握。这是因为，对于私人所有的企业而言，所有者作为最终的监督者能够保证团队生产的效率，这也正是Demsetz和Alchain团队生产理论的要旨。而对于公共性质的大学而言，匿名的团体民主决策保证了：① 大学提供公共服务的元功能；② 避免了并不享有剩余收益权却掌握剩余控制权的决策者滥用决策权——如果大学的最终决策权由个别人（或者少数人）掌握，那么，并不享有剩余收益权的“权威”可能利用控制权谋取私利，而不是根据同行评议的结果进行学术资源的有效分配。因此，大学治理结构的本质是一个匿名的民主决策程序，从这个意义上看，大学的治理机制更接近于一个基于民主选举的政府，最高决策权的民主决策程序实际上是大学作为公共研究机构的一种承诺机制（Masten，2006）。

组织的制度特征决定了组织所能实现的社会功能。大学在知识生产体系中的功能是公共前沿知识供给，与此适应的制度属性包括：委托人绩效评价职能的独立化——同行评议；信号激励与研究成果的公开化；同行作为后续研究者的真实评价显示。以上三个方面的制度特征使得大学成为区别于市场和企业的一种特殊的知识生产的激励结构。这个结构对于公共前沿知识供给是有效的，但由于知识天然地保留于研究者身体里，因此这种激励结构又具有一定的脆弱性，一旦研究者继续参与学术自治团体的参与约束条件不能满足，研究者就总可以避免委托人的经济惩罚，而通过创业等商业化的方式将公共自治的知识转化为私人利润。因此，当我们考虑专利、产学合作等激励机制对知识转化的影响时，也必须考虑到这些衍生的激励机制对研究者知识供给的负面影响甚至破坏作用。理论上最优的激励机制是在不严重扭曲学术自治网络自身的激励结构，从而不严重影响大学公共前沿知识供给功能的前提下，加速公共前沿知识向市场和企业的转化。除非我们重新定义大学在社会和经济系统中的功能，否则大学的激励机制不应该发生重大的变化或受到其他激励机制的冲击。

（二）我国科学研究体系的过度商业化问题及其矫正

大学是驱动一国实现长期经济增长、占领科学技术制高点的重要力量。基础研究和教育，是大学促进经济社会发展的核心功能，是高等学校的基本功能。因此，在评估鼓励大学科技成果转化政策的合理性时，就不能只看到科技成果转化直接创造的经济效益，还要充分考虑科技成果转化对大学的基础研究和人才培养可能产生的负面影响。建立大学和产业间的合作关系，可以有效地把学术研究和产业需求结合起来，但绝不应该破坏大学的基本价值和使命。

近年来，在构建以企业为主体的创新体系、让科学研究更好地服务于产业发展需求的思路指导下，国家先后出台了《实施〈中华人民共和国促进科技成果转化法〉若干规定》《促进科技成果转移转化行动方案》等一系列旨在鼓励大学科技成果转化的文件，从加大上级主管部门对高校科技成果转化的考核和奖励力度、设立科技成果转化引导基金、允许大学教授获得公共财政支持的研发项目形成的知识产权的所有权、提高大学教授在专利转让和许可收入中的分配比例、鼓励高校采取更加灵活的教授聘用制度等各个方面，激发高校和科研人员将学术研究成果专利化、产业化的积极性。

然而，大学在国家创新体系中的功能是多元的。理论研究和实践经验都表明，大学的功能首先是通过教育提升人力资本和通过基础研究推进知识前沿，其次才是通过科技成果转化直接服务于企业应用技术的发展。需要特别强调的是，今天我国的科技成果转化是在大学的学术治理和评价机制还没有规范化的制度背景下推进的，这一点与20世纪80年代初期以美国《拜杜法案》颁布为标志的西方科技成果转化浪潮兴起时的制度条件完全不同——当时相当数量的研究型大学的校董会和教授自身对学术专利等方面的制度改革持谨慎、甚至批评的态度，从而促使政府和学校在推进科技成果转化的同时，也特别注意配套性制度建设的跟进，以将科技成果转化政策对大学学术研究功能的损害控制在最小。在政府、学术界和大学几乎一边倒地呼吁大学更多地投入应用研究、通过科技成果专利化和产业化直接服务企业需求的时候，对我国科技成果转化政策的合理性和科学性进行认真的反思和分析，显得尤为必要。

事实上，由于我国科技成果转化政策设计的不尽合理和政策实施过程中的走样，科技成果转化政策对大学科研人员形成的“过度商业化激励”已经初露端倪。根据统计，美国研究型大学中教授个人获得专利许可收入的平均比例是33%左右，且教授获得的专利许可收入中又有很大部分用于实验室和教授所在院系的建设，而不能作为教授个人收入；日本国立大学所获专利的收入为50%上缴国库、50%划归大学所有，且大学留存的专利收入主要列入大学的研究预算收入，而不是科研人员个人的收入。目前我国科技成果转化政策规定，高等学校、科研院所对科技成果转化中科技人员的奖励应不低于净收入的50%，在研究开发和科技成果转化中作出主要贡献的人员获得奖励的份额不低于奖励总额的50%。由于政策只设置了下限而没有设置上限，地方政府和高校在本来已经较高的分配比例上继续层层加码，某些大学规定的科研人员在专利许可收入中的分配比例甚至高达70%。过高专利收入分配比例的直接后果是出现高校过度专利化的倾向。据统计，目前美国大学专利占其全部专利的比重约为2.0%，而我国高校发明专利占全部有效发明专利的比重则高达20%左右，即便是实用新型专利，高校的比重都达到了4.3%。

在科技成果转化政策设计中忽视对高校基础研究功能的影响，还表现在高校对科研人员的非研究性、非教学性活动严重缺乏约束。国外的研究型大学几乎都会对教授在商业组织中的任职和提供商业服务的时间做出明确的规定，如麻省理工学院和斯坦福大学对教授提供商业性服务的时间规定为每周不能超过一个工作日，高校禁止教授和学生在对其提供研发经费的企业内持股，教授的学生不能在教授创办的企业中工作，教授不能担任企业的CEO，等等。这些限制的目的，就是要确保教授将主要的时间和精力投入基础研究和教学而不是商业性的活动。反观国内，由于缺乏对教授商业性活动的明确规定或者有规定而流于形式，教授将主要精力投入创办和管理企业、学生为教授创办的企业打工、甚至教授与企业进行利益输送等现象较为普遍地存在，这些已经对大学的基础研究功能和人才培养功能产生了不良影响。

随着我国技术水平不断逼近全球技术前沿，原始创新在技术赶超和产业赶超中的战略地位日益提升，基础研究对创新驱动的支撑作用将愈来愈重要。既有的研究表明，大学对企业技术创新产生促进作用的最主要的机制是企业研发人员阅读大学公开发表的学术成果，其次是企业与大学教授的非正式的、日常的交流，最后才是提供咨询服务、专利许可和合作研发等正式的、直接的科技成果转化活动。也就说，形成高质量的学术研究成果，才是大学促进企业技术创新的最重要的方式，尽管这样的促进作用是间接的。因此，如果以促进科技成果转化之名不恰当地给大学施加商业化的激励，进而破坏大学的基础研究功能，从长远的、全面的社会福利标准判断看是得不偿失的。这种负面影响具体表现为以下两个方面：

一是扭曲了高校科研人员研究方向的选择，诱使教师将过多的精力投入到可以在较短时间内直接创造经济利益的应用研究当中。大学教师与企业研发人员的本质区别在于，大学对科研人员的激励是以固定收入为主的“弱激励”（在经济学理论里，弱激励的含义并不是大学科研人员相对于企业研发人员的收入低，而是特指大学科研人员的收入以固定收入为主）；而企业研发人员的激励是以可变收入为主、与经济效益直接挂钩的“强激励”。当大学教授同时面临来自学术的弱激励和来自商业化的强激励时，其理性选择是在满足大学职称基本要求的前提下最大化自己的商业化收益。目前不少大学教师过度投入应用性研究、甚至开发性研究，而忽视基础研究，在完成学校对科研和教学的规定任务后将主要精力和时间用于办公司、申请专利等商业化活动，就是过度商业化激励扭曲效应的现实反映。突破性的科学发现常常需要很长的时间才能转化为工业产品。例如，早在20世纪50年代哥伦比亚大学的研究人员就发现了激光，但直到20年以后，激光技术才被应用于工业产品。如果对大学科研人员施加过度的商业化激励，科研人员就会放弃那些短期不能形成经济利益、长期却具有重大经济价值和社会价值的基础研究项目。

二是破坏学术研究的公共性和客观性，诱使科研人员过多地服务于为其提供经济利益的少数企业。麻省理工学院前任校长、美国著名教育家查尔斯·维斯特曾说：“大学过分地趋向功利主义，关于知识产权和新知识传播的错误政策有可能使重要的公开学术对话关闭。当我们发展与产业界的关系时，必须切记大学不能采取过分功利主义的态度。大学的成果应该公开共享，以促进人类发展。”保障大学学术研究成果共享和公共性的重要机制是学术的“优先发现权”制度，即谁先将学术研究成果公开发表，谁就可以享有同行的认可和学术声誉。而为了获得同行认可，教授在论文发表的时候总是尽可能地充分披露自己的研究发现；同时为了扩大自己的学术影响力，科研人员总是希望有尽可能多的其他研究人员使用和拓展自己的研究成果。相反，在专利等商业化激励制度下，研究人员总是尽可能少地披露自己的研究发现，并且只有通过专利许可和授权，其他的企业或个人才能够使用其研究成果。因此可以说，学术研究是公共性的，而企业研究是私有性的。相对于学术发表制度，专利制度不利于知识的扩散和应用。如果不加限制地激励大学科研人员使用专利来保护自己的研究成果，就会诱使科研人员隐藏或者推迟发表重要的学术发现，从而破坏学术自身的发展机制。

针对目前科技成果转化政策存在的过度商业化激励，及其可能形成的对大学学术研究功能的负面影响，未来旨在更合理地促进我国科技成果转化的政策设计应当特别注意：一是商业化激励与学术激励之间的最佳平衡。综合参考国外研究型大学的一般做法和我国高校的实际情况，在学校和教师之间对专利许可授权、转让获得的收益确定合理的分配比例，在提高教师科技成果转化积极性的同时，更好地发挥转化收益对科研的反哺作用。二是在大学和企业之间建立有效的隔离机制。构建基础研究和应用研究之间的界面，尽量减少商业性活动对教师基础研究的干扰。学习借鉴国外研究型大学成熟的科技成果转化管理方式，建立学校统一的科技成果转化管理机构，对专利的申请、管理和授权许可进行统一管理，减少事务性工作对科研的干扰。对大学教师及其指导学生在企业的任职、工作时间等进行明确的限制，保证教师主要时间和精力对学术研究和教育的投入。当然，防止科技成果转化政策对大学基本功能损害的根本，还是进一步完善大学自身的学术治理和评价体制，包括在大幅提高高校科研人员固定收入水平和比例的基础上，增加基础研究的资金扶持力度，鼓励教师将更多的资源和精力投入基础研究，对从事基础研究的老师实行长周期考核甚至免考核的政策，加强科研项目的同行评价和学术成果评价。

在鼓励大学科技成果转化的同时，我们始终不应忘记，大学的元功能是人才培养和基础研究，大学产生的科研成果应当首先是“公共物品”！

二、产业创新体系

（一）产业创新体系的理论基础

产业创新体系的理论基础是存在共性技术的市场失败。所谓的共性技术是工业应用性技术开发的技术基础，共性技术的功能在于以概念模型或实验室产品原型的形式为后续的、具有直接市场应用价值的工业开发提供技术上的可行性（Tassey，1997）。相对于知识系统中的科学和企业的专有技术（proprietary technology）等其他知识构件，共性技术的规定性主要表现在以下三个方面：①相对于科学，共性技术首先属于工业技术的范畴，即虽然共性技术以技术原理为基础，但共性技术具有明确的市场应用导向，因此，不同于科学生产过程的新奇驱动，共性技术研发具有鲜明的任务导向性（贺俊，2010）；②相对于企业的专有技术，共性技术具有更加广泛的应用性、更强的外部性——共性技术的社会价值远远高于创新者的私人价值，这要求共性技术要易于扩散，有利于技术扩散的一个重要条件是技术本身属于可解码知识，而专有技术则常常以“隐含知识”的形式存在于组织中；③共性技术具有预见性和未来性，共性技术是解决制约面向下一代工业应用技术开发的基础性技术，正因此，共性技术的主要物质载体是概念模型或产品原型，而不是可以直接商业化的、成熟的产品或工艺。可见，共性技术的应用性使其有别于科学，而公共性和未来性使其有别于一般的企业专有技术。这三方面的特点决定了，在一般的知识进步的线性模型中，共性技术处于科学和技术中间的位置，是科学向技术转化的一个重要阶段，它与科学和技术都会发生积极的互动和反馈。

共性技术，也称为技术平台，是一个国家工业竞争优势的基础，形成共性技术供给机制是国家可持续发展能力的重要内容。首先，共性技术是促进形成国家产业链优势的重要来源。共性技术不仅直接降低企业专有技术的研发风险、缩短企业专有技术的研发周期，促进企业的技术开发，从而为本地区直接创造更多的经济价值，而且可以通过“水平多元化效应”和“垂直应用效应”降低相关技术的研发成本和风险，带动相关技术和产业的发展，增强区域产业链的整体竞争优势。这方面的经典案例是20世纪80年代日本电子工业的发展。日本企业在掌握了动态随机存取存储共性技术后，一方面通过与其他半导体技术的融合带动了相关半导体设备的发展；另一方面，由于半导体技术和产品的开发和应用，又带动了日本

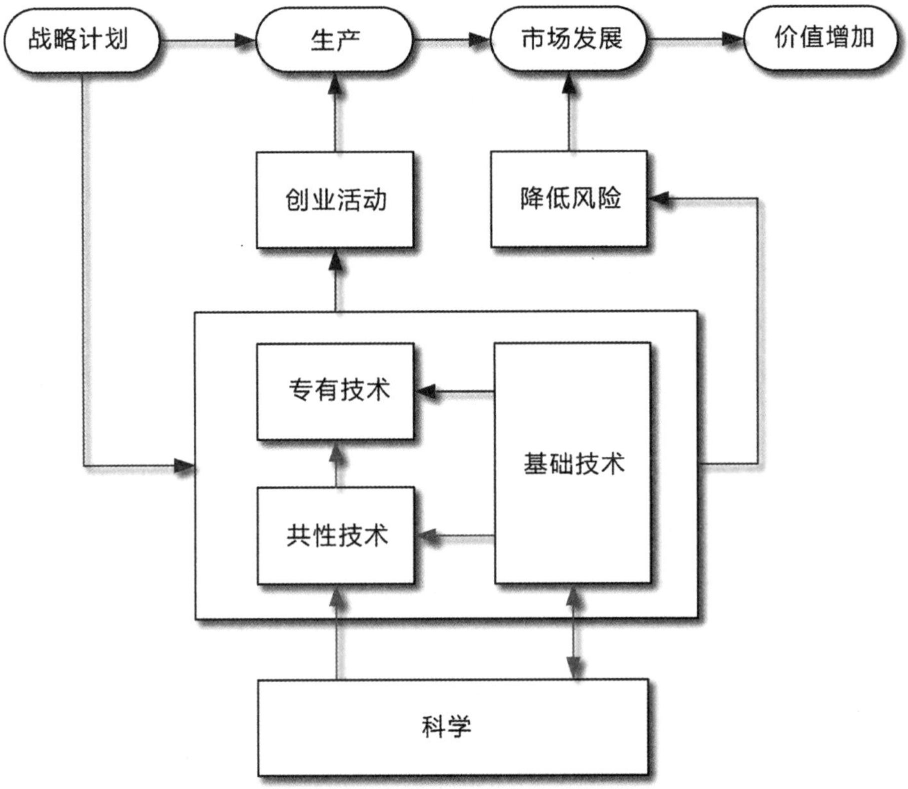

图5-1　工业知识体系（Tassey，2005）

消费电子等下游工业的发展。以共性技术创新能力提升为基础的新技术群和新产品群的开发促进形成了日本在电子产业链的整体优势，是日本在短时期内赶超美国成为电子强国的主要原因。其次，共性技术是一个国家技术能力持续发展的基础。由于国家企业之间的激励竞争，企业往往将有限的技术资源配置到解决当前产品生命周期内的技术问题研发上，对于下一代产品和技术的储备不足，因而可能出现国家作为一个群体被既有技术路径和轨道锁定的现象。共性技术是面向未来的技术基础，能够降低企业下一代技术开发的成本和风险，吸引更多的企业参与下一代技术开发，促进企业提高下一代产品开发的激励和研发强度，从而帮助企业把握技术生命周期更迭过程中出现的“机会窗口”，降低一个区域被既有技术锁定的可能性，提高区域内企业和区域作为整体的动态适应性。由于共性技术对于国家竞争优势和持续发展能力的基础性作用，加强国家的共性技术供给能力，推动共性技术在企业的扩散，促进共性技术和企业专有技术的融合，从而最大可能地发挥共性技术的规模经济效应和范围经济效应，对于国家、特别是高技术国家的发展具有重要的意义。

为什么国家自身应当掌握共性技术创新能力和协调能力，而不是主要通过从外部获取共性技术来满足本地的技术需求？这是因为：①从区域外部的大学和科研院所获取共性技术的信息成本和服务成本高，技术服务缺乏针对性和连续性，加之我国大学和科研院所在体制上的缺陷，其技术服务内容和服务方式常常不能很好满足企业的技术需求。根据世界银行对浙江和重庆等地工业企业的一项调研，对于高校或科学院所的技术合同执行情况，16.3%的企业认为很差或不太好，48.1%的企业认为还算可以，仅有33.5%的企业认为合同执行良好或优秀；对于高校或科研院所的技术服务质量，12.3%的企业认为很差或不太好，59.0%的企业认为还算可以，仅有28.5%的企业认为服务质量为良好或优秀（张春霖，2009）。②即便共性技术可以从区域外部的企业或科研院所有效引进和吸收，但共性技术能力是无法在区域间移植的，共性技术开发能力和协调能力是本地企业和公共研究机构在共性技术开发和互动过程中逐渐累积的，共性技术能力是嵌入在区域创新网络中的。③地理空间上的接近是影响技术应用和扩散效率的重要因素，由于地理接近大大降低了技术在区域主体间流动和交流的成本，因而一国内部主体间的技术消化和吸收要较区域间的技术消化和吸收更有效率。④为了更好地吸收外部的技术知识，区域内的创新主体也应当具备一定的内部研发能力，区域内部的共性技术研发能力与共性技术外部获取的效果是相互增强和战略互补的。⑤最重要的，在以中小企业为主体的区域中，由于中小企业很难直接接入国家层面的创新基础设施，以区域创新体系为依托的本地技术能力的形成显得尤为重要。这些因素决定了，国家必须发展出本地的共性技术供给能力和协调能力。

共性技术供给存在严重的市场失败。作为知识产品，共性技术与专有技术一样面临所谓的“披露困境（dilemma of disclosure）”问题，即当创新者准备将新技术出售时，潜在购买者对技术的估价依赖于他对技术知识的了解。若潜在购买者不了解新技术，相当于他甚至不知道自己将要购买的是何物，然而一旦创新者将技术知识告诉购买者，则由于知识消费的非排他性，获得了技术知识的购买者实际上已经无须支付（Arrow，1962）。“披露困境”会导致技术市场失败，因而损害企业的技术投资激励。除了一般知识产品共有的经济属性外，与企业专有技术相比，共性技术应用市场的未来性和研发过程的高度不确定性，决定了共性技术研发会面临更加严重的市场失败：首先，共性技术属于基础性技术，具有显著的系统性和复杂性，即共性技术研发往往涉及多科学和多技术的综合应用，单个企业很难掌握共性技术研发所需要的所有科学和技术能力，因而共性技术研发具有更高的技术不确定性；其次，与企业专有技术相比，将共性技术转化为可以直接在市场出售的产品或服务还需要后续的应用性研发投资和制造、营销、服务等互补性资产，这种情况降低了先动者成为最终市场成功者的概率，因而共性技术研发具有更高的市场不确定性；再次，共性技术研发具有“资本密集型”的特点，企业往往没有足够的资金实力进入如此大规模的沉没性研发投资；最后，共性技术是面向下一代产品的长期性研发投资，因而需要更加“耐心”的资本，绝大多数企业，特别是中小企业很难承担如此长的投资回收期，因而共性技术研发具有更高的融资成本。

综合以上理论，共性技术是重要的，而共性技术的供给又存在市场失败，因而，政府必须以适当的形式组织或协调共性技术供给。

（二）当前我国产业创新体系建设的基本思路

《中国制造2025》是我国工业领域第一个将完善制造业创新体系作为重要内容并进行详细论述的长期规划。《中国制造2025》提出要完善国家制造业创新体系的内容包括：①加强顶层设计，加快建立以创新中心为核心载体、以公共服务平台和工程数据中心为重要支撑的制造业创新网络，建立市场化的创新方向选择机制和鼓励创新的风险分担、利益共享机制。充分利用现有科技资源，围绕制造业重大共性需求，采取政府与社会合作、政产学研用产业创新战略联盟等新机制新模式，形成一批制造业创新中心（工业技术研究基地），开展关键共性重大技术研究和产业化应用示范。②建设一批促进制造业协同创新的公共服务平台，规范服务标准，开展技术研发、检验检测、技术评价、技术交易、质量认证、人才培训等专业化服务，促进科技成果转化和推广应用。③建设重点领域制造业工程数据中心，为企业提供创新知识和工程数据的开放共享服务。面向制造业关键共性技术，建设一批重大科学研究和实验设施，提高核心企业系统集成能力，促进向价值链高端延伸。可见，《中国制造2025》主要从共性技术供给、公共科技服务和工程数据库建设三个角度部署制造业产业创新体系，其中共性技术主要依托制造业创新中心，公共科技服务主要依托各类公益性和商业化服务机构，而工程数据库的建设机制并没有明确提出。

《中国制造2025》将制造业创新中心（工业技术研究基地）建设工程作为制造业产业创新体系建设的核心任务，即围绕重点行业转型升级和新一代信息技术、智能制造、增材制造、新材料、生物医药等领域创新发展的重大共性需求，形成一批制造业创新中心，重点开展行业基础和共性关键技术研发、成果产业化、人才培训等工作。制定完善制造业创新中心遴选、考核、管理的标准和程序，具体目标包括：2020年，重点形成15家左右制造业创新中心；2025年形成40家左右制造业创新中心。2016年工业和信息化部印发的《关于完善制造业创新体系，推进制造业创新中心建设的指导意见》进一步明确了制造业创新中心建设的具体机制——以企业为主体，产学研用相结合，采用企业法人等形式组建，探索并完善运行机制，形成内生发展动力。2017年12月，时任工业和信息化部副部长的罗文就推进制造业创新中心的建设提出四点意见，其中关于制造业创新中心运营机制的意见包括：创新中心要以“公司+联盟”的方式组建。创新中心要建设成完全市场化的研发机构，其股权结构要多元化，防止一股独大，这是创新中心取得成功的关键；关于创新中心的运行机制，创新中心要建立以企业为主体、产学研用深度融合的协同创新机制；创新中心要与金融机构紧密结合，一个行业只建立一家国家级创新中心，且该创新中心应具备很强的行业辐射带动作用，这是创新中心取得成功的重要标志；关于创新中心的商业模式，创新中心要形成自我造血、循环发展的可持续发展模式，这是创新中心取得成功的根本保障。然而，在实际操作中，不少创新中心仍然以高校或科研院所为主体进行创新中心建设。2016年6月30日，我国首个国家级制造业创新中心“国家动力电池创新中心”在北京成立。国家动力电池创新中心由国联汽车动力电池研究院有限责任公司组建，该机构由中国汽车工业协会倡导和组织、北京有色金属研究总院牵头发起，汇集天津力神、一汽、东风、长安、上汽、北汽、华晨、广汽等共同组建的产业技术协同创新平台。2017年1月，第二家国家级制造业创新平台“国家增材制造创新中心”由西安增材制造研究院有限公司筹建。接着，第三家国家级制造业创新中心“国家信息光电子创新中心”在武汉成立。2018年5月，国家集成电路、智能传感器创新中心在上海成立，两个中心分别由复旦大学和上海微技术工业研究院牵头建造。

国家制造业创新中心在制造业产业创新体系中的功能和作用包括：①开展产业前沿及共性关键技术研发。面向战略必争的重点领域，开展前沿技术研发及转化扩散，突破产业链关键技术屏障，支撑产业发展。面向优势产业发展需求，开展共性关键技术和跨行业融合性技术研发，突破产业发展的共性技术供给瓶颈，带动产业转型升级。②建立产学研协同创新机制。整合各类创新资源，依托现有或新组建的产业技术创新联盟，发挥行业骨干企业主导作用、中小企业协同配套作用、高校科研院所技术支撑基础作用、行业中介组织的保障服务作用，形成联合开发、优势互补、成果共享、风险共担的产学研协同创新机制。③加强知识产权保护运用。建立完善的知识产权管理制度，在制造业创新中心成员间形成知识产权协同创造、联合运营和收益共享。加强关键核心技术和基础共性技术知识产权战略储备，形成战略前瞻布局。加强知识保护，支撑和保障制造业创新发展。④促进科技成果商业化应用。建立以市场化机制为核心的成果转移扩散机制，通过孵化企业、种子项目融资等方式，推动科技成果首次商业化应用和产业化。探索采取股权、期权激励和奖励等多种方式，鼓励科技人员积极转化科技成果。⑤强化标准引领和保障作用。围绕重点领域组建标准推进联盟，研制对提升产业竞争力具有重要影响的关键技术标准，通过标准固化创新成果、推动创新成果应用、增强市场信心，促进标准与技术和产业发展的紧密结合。积极参加各类国际标准化活动，主导和参与国际标准制定，增加国际标准话语权，提升我国相关产业的国际竞争力。⑥服务大众创业、万众创新。建立众创空间、新型孵化器等各种形式的平台载体，利用“互联网+”，为企业提供信息服务，加速创意孵化和技术成果产业化。推动互联网企业构建制造业“双创”服务体系，培育“互联网+”制造新模式。加强与各类投资基金合作，拓展创新创业投融资渠道，为企业“双创”提供持续支持。⑦打造多层次人才队伍。集聚培养高水平领军人才与创新团队，开展人才引进、人才培养、人才培训、人才交流。建立和完善人才培训服务体系，加强专业技术人才和高技能人才队伍建设，把创新精神与企业家精神、工匠精神有机结合起来，为我国制造业发展提供多层次创新人才。⑧鼓励开展国际合作。加强国际科技创新信息的跟踪、收集、分析，通过人才引进、技术引进、参股并购、专利交叉许可等形式，促进行业共性技术水平提升和产业发展。与全球创新要素深度融合，通过建立联合研发中心或实验基地等，开展联合研发。

从《中国制造2025》有关制造业创新体系的相关部署以及实践操作可以看出，目前政府对于制造业创新体系建设的思路存在以下问题：一是由于部门分割的问题，国家实验室等重要科技基础设施在制造业创新体系中的作用和互动机制并未清晰刻画；二是制造业创新中心的运营机制强调以企业为主体，但实际操作中，多数创新中心都是由高校或科研院所牵头组织，同时有关政策也并未明确通过何种制度和体制保障制造业创新中心在共性技术供给和科技服务方面切实做到既具有效率性又具有公共性。

（三）我国产业创新体系存在的问题及完善思路

虽然近年来经济管理和科技部门逐渐意识到我国产业创新体系的薄弱问题，但总体上看，当前我国的制造业创新体系在共性技术和前沿技术供给、先进适用技术扩散服务等方面仍然存在明显的主体缺失和体制缺陷，制造业创新体系的结构性和功能性问题已经成为制约我国成为制造强国的瓶颈，需要得到有关部门的高度重视和政策跟进。

美国、德国、日本、韩国等国家的工业化历程表明，最优的产业政策实际上有一个动态的调整过程，并不存在普遍适用、一成不变的产业政策模式。在工业化早期，由于资本和技术的制约，这些国家都较为广泛地运用补贴、贸易保护等结构性的产业政策积极地干预市场，以促进幼稚产业的发展；而进入工业化后期，随着企业竞争能力的提升和资本、技术约束的放松，政府干预市场的强度和范围不断收缩，产业政策资源更多地导向了制造业创新体系建设，而且，即便是扶持性的产业政策也常常通过创新体系中的各类科研机构来实施，以灵活规避WTO或各类自由贸易协定对政府补贴等扶持性政策的制约。与扶持性产业政策主要通过财政性政策激励企业进入新兴产业和开展研发活动不同，制造业创新体系的功能主要是通过促进战略性技术、通用技术、共性技术的供给、扩散和应用，切实提升企业的技术创新能力。随着我国逐步进入由制造大国向制造强国转变的阶段，我国制造业产业结构的日渐完备以及企业资金实力提升和技术能力向国际先进水平的收敛，与制造业的增长方式和功能定位转换相适应，我国的产业政策在政策指向、政策措施和政策制定实施方面也必须适时进行调整，其中，核心是逐步将产业政策的重心由扶持性政策向制造业创新体系建设方面转变。

虽然各国公共服务体系的构成和结构不尽相同，但从发达工业国家的经验看，一个国家的制造业创新体系主要包括四类主体：国家实验室、制造业综合技术研发机构、行业共性技术研发组织和技术扩散服务机构。从我国的国情出发，同时积极吸收发达工业国家的成熟经验，从以上四个方面着力补齐我国制造业创新的短板，是未来深入推进制造强国战略的重要内容。

一是依托国家实验室的建设加强战略性前沿技术的开发研究。虽然国务院颁布的《"十三五"国家科技创新规划》充分强调了国家实验室的重要性，提出要聚焦国家目标和战略需求，优先在具有明确国家目标和紧迫战略需求的重大领域，在有望引领未来发展的战略制高点，面向未来，统筹部署，布局建设一批突破型、引领型、平台型一体的国家实验室，并明确提出国家实验室属于战略综合类的国家科研基地平台，但国家实验室在实际运行中的定位不清和治理效率低下的问题并未得到应有的关注和有效解决。在国家创新体系中，国家实验室开展的战略性前沿技术与研究型大学从事的基础科学研究和企业自身的前沿技术研究是错位互补的。国家实验室开展的战略性前沿技术研究主要是针对能源、健康、国防等公共需求领域以及企业不愿意从事的投资规模大、投资回收周期长的技术开发项目。同时，国家实验室开展的战略性前沿技术研究项目都是任务导向的，具有明确的达到特定技术绩效条件的技术开发和工程化应用的目标，而研究型大学的科学研究本质上是科学家新奇驱动的，以探索和发现科学规律和推进学科发展为目标。然而，目前我国已经获批或筹建中的国家实验室主要是依托大学设立的，2000年以来已经获批或筹建的16家国家实验室中有9家是依托或主要依托大学组建。这种主要依托大学组建国家实验室模式的缺陷在于，由于大学的首要功能是教学和科学研究，高校教师的主要激励是推进理论创新和学科建设，以及发表高质量的学术文章，因此高校的基本功能以及高校教师的主要激励与国家实验室任务导向的战略性前沿技术研究存在内在冲突。此外，部分国家实验室依托多家科研机构组建，如新近获批的青岛海洋国家实验室就同时依托了中国海洋大学、中科院海洋所、国家海洋局一所、农业部水科院黄海所、国土部青岛海洋地质研究所这5家科研机构，而由于同一领域的科研机构之间存在学术竞争甚至市场竞争关系，依托多家科研机构的国家实验室在资源共享和合作机制方面还面临机构间的协调困难问题。因此，在我国国家创新体系中，承担战略性前沿技术研究的国家实验室创新主体实际上是缺位的。解决高校国家实验室“多任务委托”和多方主体协调困境的办法就是放弃依托既有机构的“重建”模式，转而采取设立独立国家实验室实体的“新建”模式。而事实上，无论是德国的国家实验室亥姆霍兹研究中心还是美国国家能源局、NASA等部门下属的国家实验室都是独立的研究实体。其中，德国亥姆霍兹研究中心由政府直接经营管理，而美国的国家实验室则多采取“政府所有+合同制管理”的运营模式，即政府投资并拥有国家实验室的土地、建筑和实验设施，但实验室以合同的方式委托大学或其他非营利机构进行管理。如美国能源部下属的阿贡国家实验室由芝加哥大学代为管理，2006年以后芝加哥大学又成立了专门的阿贡有限责任公司对阿贡国家实验室进行管理和运营。每5年能源部对实验室进行评估，决定合同是否续签或变更。尽管国家实验室和所依托大学之间具有紧密的互动合作关系，如国家实验室为大学提供先进的科研设施，而大学为国家实验室提供尖端的人才和基础科学研究支持，但在战略使命、组织结构和运营机制方面二者都是独立的，最主要的，大学的研究人员和国家实验室的研究人员都是独立的。只有保证国家实验室在资产、管理和人员方面的独立性，辅之与国家实验室功能定位相匹配的公共科研机构治理体制和人力资源评价激励机制，才能使我国的国家实验室真正发挥战略性前沿技术的开发功能，才能切实提升公共科技资源对企业前沿技术创新突破的支撑和服务功能。

二是高端定位和加快推进我国制造业综合性技术研发机构建设。制造业综合性技术研发机构是围绕战略性产业和重大技术领域的前沿技术开展研究开发的主体。国家实验室和制造业综合性技术研发机构的区别在于：首先，前者除了直接服务于产业发展，还服务于国防、信息安全等国家战略性需求，后者则直接服务于产业发展；其次，前者的科学和技术开发常常需要漫长的技术开发和产业化周期（美国定义为20年以上的开发周期），技术风险和市场风险更大，而后者的技术开发周期相对较短，技术的市场前景相对明朗。制造业综合性技术研发机构的成功案例有德国的弗劳恩霍夫应用研究促进协会和韩国的科学技术研究院。我国国家层面的制造业综合性技术研发机构长期处于空白状态，高水平建设中国工业技术研究院应当成为未来我国制造业创新体系建设的关键。我国已经成为全球最大的制造业经济体，随着企业整体技术能力的提升，制造业对前沿技术和竞争前技术的需求日益强烈。由于中科院侧重于科学研究，而工程院并不是研发实体，因此很遗憾，我国实际上并没有国家层面的制造业综合性技术研发机构。建议借鉴德国和韩国的成熟经验，吸收海内外高层次人才，建设中国工业技术研究院。研究院采取"公私合作"的运营模式，运营经费大约三分之一来自国家财政，三分之一来自各级政府的竞争性采购，三分之一来自市场。在治理机制方面，由技术专家、政府官员、企业家代表和学者共同组成专业委员会作为最高决策机构，研究院最高管理者（主席）采取市场化公开招聘的方式，通过专业委员会和管理社会化减少政府的行政干预，保证研究院的高效运营和专业管理；研究院每年向社会发布翔实的年度运营报告，用于披露研究院的财务收支和业务活动，形成社会监督的机制。研究院的机构设置按照产业发展需求而不是学科体系设置，研究人员的考评以对产业发展的贡献而不是纯粹的学术成果为主，以此保证中国工业技术研究院研究成果的应用服务功能。

三是鼓励多样化的行业共性技术研发组织的发展。行业共性技术研发组织的功能主要是为重点行业提供共性技术（也称为竞争前技术）。共性技术由于既不属于典型的科学，也不属于典型的技术，因此常常成为科学向技术转化的"死亡之谷"，共性技术服务机构的功能正是解决竞争前技术的供给不足问题。行业共性技术的组织方式可以是专门的研发机构，也可能是产业或技术联盟，如日本的超大规模集成电路技术研发合作产业联盟（VLSI consortium）是这方面的典型成功案例。目前我国的行业共性技术研发机构的体制机制不能有效支撑共性技术供给的功能。在鼓励多样化竞争的基础上完善行业共性技术研发机构体制和组织方式，是未来完善我国产业创新体系的重点。自20世纪90年代末、特别是1999年4月和2000年5月多部委联合发布的《关于国家经贸委管理的10个国家局所属科研机构管理体制改革的实施意见》和《关于深化科研机构管理体制改革的实施意见》两个文件出台以后，经过企业化改制的科研院所实际上失去了提供产业共性技术研发的功能。近年来，虽然国家和各级地方政府都在建设行业共性技术平台方面投入了大量资源，但整体上看，这些机构的服务水平和质量并不高，表现为既有共性技术研发机构提供的科技服务大都停留于检验检测或者设备共享，真正能够提供共性技术（共性技术的本质是竞争前技术）的能力和机制都没有形成。究其原因，由政府直接或间接运营的共性技术研发机构的科研人员激励机制不到位，以产业联盟或技术联盟为依托的共性技术研发组织很难协调各方主体共同高效率的投入，依托大企业建设的共性技术研发平台又缺乏为整个行业或地区提供竞争前技术的真正动力。相对于中国工业技术研究院，行业共性技术研发机构可以采取更加多样化的治理机制。可以根据行业的市场化程度和企业性质，采取美国的会员制形式或者德国、我国台湾地区的公私合作形式，也可以考虑采取产业联盟的形式。特别是鼓励一些市场化程度较高、私营企业竞争力较强的行业借鉴美国制造业创新中心的市场化模式建设行业共性技术服务机构。

四是加快先进适用技术扩散应用服务机构的建设。如果说以上三类机构的功能主要是为制造业创造“新”的技术，技术扩散服务机构的功能则主要是将相对成熟的先进适用技术向广大企业、重点是中小企业进行扩散和应用。日本政府认证的技术咨询师机制是促进先进适用工艺技术向广大中小微企业扩散的专门机制，而美国则主要依托由大学、协会、科研院所共同组成的“制造业扩展合作计划”网络来促进先进适用技术的采用。目前我国的产业政策和创新体系建设主要聚焦于鼓励和促进前沿技术的突破，而忽视了先进适用技术在广大企业、特别是中小企业中的应用，也是近年来我国工业生产效率出现下降的重要原因。根据我国的实际情况，建议以美国的“制造业拓展伙伴计划”为蓝本，制定我国的“制造业技术扩展网络”，由政府、企业、大学和科研院所共同合作，为中小企业提供技术开发、工艺流程优化、生产管理、员工技能提升等方面的技术和管理支持，在工信部设立办公室，通过在各区设立服务中心，形成服务网络。国家财政对服务中心提供大约60%的经费，其他经费通过市场化的方式获得，由独立的第三方机构每年对服务中心进行评估，从而确保服务的质量和效率。同时也可以考虑借鉴日本的经验，设立国家认证的技术咨询师机制，或者吸收来自大企业和高校、科研院所的专家作为中小企业科技服务的志愿者，为中小企业提供产品研发和工艺方面的咨询服务。

三、区域创新体系

（一）区域创新体系的理论基础

产业集群是产业空间组织最主要的形态，而共性技术供给不足是产业集群被技术锁定的重要原因。共性技术特殊的技术属性决定了，共性技术创新和扩散所面临的市场失灵和区域创新系统失灵要较一般的技术创新更加严重，因而制度设计的复杂性也更高。优势企业供给、集群企业技术联盟、区域共性技术平台供给和外部获取是产业集群共性技术供给最常见的四种机制。在不同的机制下，创新网络的结构、主体的功能和相应的制度设计都存在显著的差异。从有利于共性技术创新和扩散的效率标准判断，并没有绝对占优的共性技术供给机制，最优的共性技术供给机制受到产业集群市场结构和共性技术的技术范式的影响。

由于在空间、规模和技术等方面的特点，以中小企业为主的产业集群作为一个区域创新体系，其共性技术供给不足的问题往往更为突出：①我国“潮涌式”的产业进入方式形成了大量竞争战略相仿、技术水平接近的中小企业，这些企业更倾向于将有限的资金和技术资源配置到更加紧迫的、改进型的技术创新项目，而不是面向未来的突破性创新——即便是相对于企业自身原有技术水平的突破式创新。②产业集群的地理接近特点强化了技术人员流动、产品模仿和设备跟进等有利于技术扩散的因素的作用，快速的技术扩散大大降低了集群中企业技术创新的可收益性，损害了企业进行技术创新的激励。③中小企业的生产规模小，而研发投资又具有沉没性，在这种情况下，如果企业只能通过内部生产来商业化新技术，而无法通过技术许可等技术交易方式利用其他企业的生产能力和营销能力，则无论是工艺创新还是产品创新，中小企业都无法享受到研发规模经济的好处。④由于中小企业的业务范围和产品线窄，掌握的核心技术少，既有技术与新技术形成互补作用的可能性小，因此研发投资的范围经济效应不显著。⑤由于知识资产具有不可抵押性，且中小企业缺乏其他可抵押资产，因此中小企业通过外部融资解决研发融资难题的成本高，加之中小企业能够用于研发投资的内部资金有限，而技术投资的不可分性使得技术投资具有不同程度的“门槛”效应，因此中小企业往往缺乏能够支持有效研发的必要金融资源。⑥中小企业很难像大企业那样通过大规模的研发投资和构建技术组合来降低新技术研发的风险。⑦由于绝大多数的中小企业发展时间短，其累积的技术资产少，技术创新能力弱，技术创新的预期成功概率低。⑧共性技术正式研发往往需要大规模的、正式的投资活动支持，而中小企业往往倾向于采用人力资源管理、团队工作、外部技术获取和合作创新等“管理活动”来替代正式的内部研发活动（Rammer，2009）。

导致产业集群中共性技术供给不足的原因，既有新古典经济学意义上由于激励不足和信息不对称导致的“市场失灵（market failure）”问题，更有结构性和制度性的“创新系统失灵（innovation system failure）”问题。按照Woolthuis等学者系统失灵的归纳（Woolthuis，Lankhuizen，Gilsing，2005），导致产业集群中共性技术供给不足的系统失灵因素包括：①基础设施失灵。由于共性技术研发的正外部性强、投资规模大、建设周期长，企业预期的投资回报率较低，私人部门通常对这些领域投资不足，需要政府行使公共服务职能直接进行共性技术的生产、甚至供给。②制度失灵。产业集群中可能存在各种正式或非正式的制度阻碍共性技术的投资。正式的制度因素如知识产权保护的不力，非正式制度因素如企业的创业意识不强、创新精神不足等。③交互失灵。包括负交互失灵和正交互失灵。前者是指产业集群中的企业形成了局部小团体，内部交互过强且缺乏与外界的知识、技术、信息交流，造成集群内企业的集体短视或对团体内主导合作伙伴过分依赖而满足现状，缺乏技术创新的动力，形成既有技术路径的锁定；后者是指产业集群内的企业互动不足，阻碍了主体间通过交互式学习获得新技术和互补性知识。④能力失灵。指集群企业在设计、研发、检测、技术诊断等技术创新关键环节不具备自主实现的能力，导致“锁定”在原有的技术水平上而无法跃迁至新的技术轨道。

针对导致产业集群共性技术供给不足的市场失灵和系统失灵因素，可能有不同的制度安排作为解决机制。例如，可以由产业集群中的主导企业作为共性技术的生产者和供给者，可以由产业集群中的部分企业组成技术联盟共同进行共性技术的生产和供给，可以由政府组织专门的、公共性的共性技术平台直接进行共性技术生产和供给，也可以委托研发或者购买集群外部科技机构（科研院所或企业）研发的技术成果。这些制度安排中，有的更靠近市场机制，如区域技术联盟方式；有的更靠近行政机制，如公共性技术平台方式。但无论哪种制度安排，由于存在市场失灵和系统失灵，一定都需要不同形式的地方政府参与。因而共性技术供给问题实际上是一个地方政府、集群企业和中介组织之间的博弈问题。对共性技术供给机制进行比较分析就是研究给定某种制度安排的条件下，存在委托代理关系的博弈主体如何影响共性技术的研发和扩散。

1. 优势企业供给型

由产业集群中的某个具有较好技术基础和相对技术优势的企业进行共性技术研发是目前我国大多数产业集群中普遍存在的共性技术供给方式。该企业不仅技术水平领先，而且通常也是产业集群中规模最大、管理水平最高的企业。规模最大决定了该企业具有技术创新的规模经济优势，管理水平最高意味着该企业具有较强的将新技术工程化和商业化的能力，因而能够将技术创新收益尽可能内部化。正因此，优势企业供给型的共性技术供给机制在寡头型市场结构的产业集群中更为常见。在这种模式下，集群创新政策的功能主要是解决优势企业创新激励不足的问题。政府在这种制度安排下的首要功能是通过资金支持增强优势企业的共性技术投资激励。作为资金支持者，地方政府必须首先决定最优的激励强度问题。需要强调的是，并不是所有的共性技术研发都需要政府的资金支持或其他形式的政策优惠。如果集群中的优势企业基于市场经济效益的考虑已经愿意对共性技术进行投资，则集群政府就无须对优势企业提供额外的资金支持。集群政府对优势企业进行资金支持的充分必要条件是：①共性技术研发的私人经济收益率低于共性技术研发投资的成本；②共性技术给集群整体带来的收益率高于共性技术研发投资的成本。这意味着，如果优势企业进行共性技术研发的私人收益率足够高，或者优势企业实现共性技术创新但共性技术并没有在集群内形成足够的扩散，则地方政府不应当对优势企业提供额外的优惠和支持。

2. 技术联盟型

当产业集群的市场结构为垄断竞争型且优势企业间的技术能力较为对称时，由某个优势企业单独进行共性技术的生产和供给就会缺乏经济上的合理性。这时，由集群内具有技术优势的企业组成共性技术联盟、合作进行共性技术研发会呈现出诸多良好的经济学特征：①可以利用企业之间技术知识、设备和非技术能力之间的互补性，实现创新的范围经济；②技术创新的风险可以在联盟内的成员企业间分担，从而降低每个企业的创新成本；③由于有足够数量的企业直接参与了共性技术的研发过程，避免了事后企业为吸收共性技术进行投资的成本，因而技术扩散变得更有效率。在共性技术供给的技术联盟模式下，地方政府的首要功能仍然是资金支持。相对而言，作为竞争前技术的共性技术联盟较一般的竞争性技术联盟更容易形成，原因是由共性技术转化为可以工程化、商业化的应用技术还需要大量的后续研发，还面临高度的市场不确定性，因此联盟成员间不存在直接的、短期的竞争关系。此外，如果企业不加入技术联盟，则很可能在未来的技术竞争中处于落后，在这种情况下，企业的个体理性很容易形成“俱乐部”的集体理性。正因此，技术联盟形成的激励性障碍是比较容易克服的。然而，中国产业集群共性技术供给的事实是，集群共性技术联盟并不是一种常见的制度安排形式。一个可能的原因是，由于多主体的参与，技术联盟内部的交易成本大大降低了联盟的运行效率。技术联盟高昂的交易成本很自然地引出地方政府的另一个功能，即协调联盟成员形成一致的创新活动。

3. 公共技术平台

当集群企业没有能力进行共性技术研发或者集群企业虽然具有研发能力但合作成本太高时，由地方政府出资成立公共技术平台直接进行共性技术的研发和供给成为一种可能的替代性制度安排。在以公共平台为核心的产业集群共性技术创新网络结构中，公共技术平台是共性技术的生产者和促进共性技术在集群内扩散的加速器。公共技术平台的制度特定性体现在，由于共性技术是面向未来的、不能够直接商业化的技术，共性技术平台的制度设计具有一般公共研究机构制度设计的两方面制度特定性：一是弱激励。公共技术平台中对研发人员的激励是一种“基于优先权的报酬机制（priority-based reward system）”——首先成功发明并公开创新成果的研究人员获得经济上的奖励，后来者由于没有创造任何知识增量因而也不能获得经济报酬（Partha，David，1994）。在研发竞赛过程中，共性技术研究人员承担了巨大的风险，但又没有有效的机制来分散风险，因此，最优的研究人员报酬结构只能由固定报酬和与研究绩效挂钩的可变报酬共同构成，且固定支付应当在共性技术研发人员的总报酬中占到足够高的比重（Partha，David，1994）。也就是说，与企业等商业性机构相比，与共性技术的技术特征相适应，公共技术平台内部制度设计的一个重要特征是

"弱激励"。二是专家评价。产业集群的共性技术是一种高度异质的知识产品，这意味着不可能存在像技术市场一样的共性技术市场对共性技术进行有效定价。由于既没有直接的知识标准又没有可以间接显示知识价值的市场机制，因此共性技术成果作为一种"中间性"的产品，只有处于同一研究领域的同行专家才能更好地判断该领域内的某项共性技术成果的价值，为共性技术的研发绩效提供价值参考。

4. 外部获取型

当产业集群中企业或公共技术平台都没有能力从事共性技术研发或者技术联盟和公共技术平台的制度成本都太高而无法组织时，产业集群的共性技术通常从集群外部的科研院所或企业直接购买。在这种情况下，集群中的某种非企业组织（通常是地方行业协会或商会，也可能是地方政府）成为本地企业与外部共性技术供给者的"中介"。中介的本质功能是帮助本地创新系统接入国家创新系统，帮助集群内的中小企业利用国家的科学技术基础设施，从而获得国家或产业层面的公共技术服务，并实现技术扩展（technology extension）。Seaton和Cordey-Hayes将中介组织在创新网络中的作用归纳为搜索和认知、交流和吸收、应用（Seaton，Cordey-Hayes，1993）；Hargadon和Sutton将中介作用归纳为接入、获取、存储、检索和生产（Hargadon，Sutton，1997）。我们在借鉴这些研究成果的基础上，将外部购买型的共性技术供给模式下的中介功能概括为：①桥梁（bridge）或界面（interface）功能，包括对潜在的共性技术供给者的技术能力和信用水平进行评估，从而降低跨区域合作的信息不对称和不确定性。中介的活动主要是搜索外部的创新主体和技术信息，为了提高信息甄别的能力，中介组织自身不仅要积累必要的技术信息，而且需要具备一定的技术能力，从而尽可能降低搜寻成本。在对潜在合作者信用水平的判断中，中介组织更多地依赖非正式的私人网络来获得影响决策的信息，这时，正式网络与非正式网络、集群网络与私人网络的相互补充尤为重要。②经纪人（brokerage）功能，包括促进合同的签订和监督合同的执行。事前促成本地企业与外部科研院所的交流，增进双方对技术需求和技术能力的了解，并与本地企业一起确定共性技术获取的策略——委托研发、技术许可或技术购买。事后，监督和控制技术合同的执行情况，当遇到合同中没有事前设定的情况时，协调并参与合同方的再谈判。因此，中介的经纪人功能主要是降低讨价还价成本以及共性技术外部获取的其他交易成本。③服务功能，包括技术转移和技术改进两个层次。通常，技术越接近前沿，知识的隐含性越强，通过人员的流动促进技术扩散就越重要（Yusuf，2008）。因此，集群共性技术的推广往往要求技术人员在外部科研院所、中介和集群企业之间的频繁流动和合作。中介的第二个服务功能是独立或者组织集群企业共同对共性技术进行本地适应性的技术改进，从而降低技术推广、应用的技术壁垒。总体上看，当共性技术涉及更高的隐含知识转移时，获得共性技术的搜寻成本和交易费用会更高，因而中介的作用也更突出。

（二）我国区域创新体系的现状和问题

目前，工信部、科技部等经济管理部门分别从各自的管理范围出发对产业集群的创新体系提出了不同的思路和政策。其中，工信部的政策更加强调区域性制造业创新中心对区域产业创新体系的中心作用。2016年工信部印发的《关于完善制造业创新体系，推进制造业创新中心建设的指导意见》提出，按照《中国制造2025分省市指南》布局要求，重点产业集聚的省市可选择优势领域建设省级制造业创新中心，打造区域制造业创新平台。省级制造业创新中心应汇聚区域创新资源，探索多种产学研协同组建模式，其牵头组建单位一般应是具有业界影响力的企业，以资本为纽带，联合具有较强研发能力的高校、具有行业领先地位的科研院所或能够整合区域服务的产业园区平台共同组建。省级制造业创新中心应围绕区域性重大技术需求，探索实现多元化投资、多样化模式和市场化运作，打造新型研发机构。相对于工信部，科技部的区域创新体系政策思路更加强调科技服务建设。例如，《创新型产业集群建设工程实施方案》在有关创新型产业集群的政策中特别强调要完善科技服务体系。建立健全与集群产业链相配套的专业孵化器等企业培育载体，吸引大学院所等进驻设立研发中心或技术转移机构，加强公共技术服务和科技金融服务等平台建设，形成科技型企业快速成长和集群化发展的环境。

在实际操作中，目前国内的区域创新体系建设主要存在以下两类问题：

一是重技术创新，而忽视公共服务机构促进先进适用技术向广大企业、特别是中小微企业的扩散应用。而从国际经验看，除了技术创新功能外，共性技术平台的一个重要功能恰恰是促进共性技术在集群内的有效扩散。共性技术平台可以在共性技术研发获得成功时，通过以下方法促进共性技术在集群内的推广和应用：①提高共性技术的价值。即尽可能提高研发成果的水平，为集群中的企业提供高质量的、能够创造足够预期效益的新技术，从而从根本上提升企业采用新技术的意愿。②加强宣传和集群内部企业之间的交流，帮助企业充分了解新技术的技术和经济信息。③降低企业采用新技术的直接成本（为购买新技术而发生的货币性支出），在条件允许的情况下，以免费甚至补贴的形式鼓励企业采用新技术。此外，在共性技术的选择上，尽可能选择适用于本地企业技术水平的项目，提高技术的适用性，避免因新技术与企业既有技术能力差距过大而形成太高的技术壁垒，在技术推广过程中，进一步通过培训、技术指导和咨询等服务降低企业采用新技术的学习成本，降低企业采用新技术的间接成本。④在对共性技术项目进行选择时，尽可能选择适用于集群中大多数企业的技术，从而提高技术的规模经济性。⑤为新的技术提供更完善的配套公共服务，例如，为集群中的企业提供采用新技术所需要的技术人才、零部件的市场信息和技术服务等。总体上看，由于集群技术平台的公共性，如果对平台的监督和考核机制得当，平台具有较强的推广技术的动力，同时，由于集群技术平台可以动用以上列示的政策性工具，因而可以比较有效地促进共性技术的扩散。

二是过度依赖大企业和产业联盟的共性技术供给机制，前者导致共性技术服务缺乏公益性，而后一种模式则导致我国共性技术服务缺乏连续性和可持续性。优势企业供给、集群企业技术联盟、区域共性技术平台供给和外部获取是产业集群共性技术供给最常见的四种机制。在不同的机制下，创新网络的结构、主体的功能和相应的制度设计都存在显著的差异。从有利于共性技术创新和扩散的效率标准判断，并没有绝对占优的共性技术供给机制，最优的共性技术供给机制受到产业集群市场结构和共性技术的技术范式的影响。例如，对于类似晋江这样的鞋服产业集群，其市场结构特征为大企业优势明显、同时又存在大量技术能力较为落后的中小企业，大企业主导型的供给模式比较有效；对于河北保定地区大量中小企业共生的传统产业集群，如毛巾产业集群，企业整体技术能力有限，采用外部获取型比较恰当；对于类似北京中关村这样的信息产业集群，大中小企业共生，且企业整体技术实力雄厚，产业技术范式具有鲜明的科学驱动型特征，在政府供给型模式下直接建设共性技术平台更加适用和有效；而对于上海的装备产业集群，企业的技术关联性弱，且企业多为大型国有企业，采用联盟型供给模式更加合理。然而，虽然各种共性技术供给模式各有优劣，但也必须看到，目前国内产业集群普遍采用的是优势企业供给型和外部获取型的共性技术供给方式，虽然符合中国产业集群市场结构相对分散、多数企业技术研发水平落后的现状，因而具有经济上的合理性，但是从多维度的经济效率判断，这两种模式存在诸多效率上的损失——在前一种模式下，优势企业在项目选择上更倾向于企业自身私人收益而不是集群社会收益的最大化，共性技术研发过程缺乏集群企业的充分交流和互动，共性技术扩散受到优势的策略性阻碍；在后一种模式下，由于缺乏技术投资的连续性和制度的持续性，产业集群创新能力的培育和提升受到制约。因此，无论从共性技术创新还是从共性技术扩散的角度看，优势企业供给型和外部获取型都存在严重的缺陷，我国产业集群的共性技术供给策略需要根据竞争环境的要求逐渐向适合自身条件的技术联盟型或公共技术平台型模式转变。

针对目前我国区域创新建设存在的不足，未来进一步完善我国区域创新体系的具体思路和措施是（叶振宇，2016）：

一是打造一批综合实力强、创新体系完善、产学研用结合紧密的创新利益共同体。围绕《中国制造2015》明确的重点领域，有关地区或机构共同组建创新联合体、区域创新共同体或产业创新联盟，建立协同创新的机制，突破体制机制障碍，通过区域创新体系社会网络动员各类创新资源共同参与，利用较短时间实现突破性创新。

二是支持构建超地域的新一代区域创新体系。随着互联网技术的应用普及和跨地区或跨国的技术创新交流日益增多，地方政府构建区域创新体系时要突破传统的地域思维，规划建设连接全国乃至全球创新节点的信息网络平台，与国内外先进的科技创新中心实现互联互通，促进地方化社会创新网络向外延伸，从中获取外部创新知识和新兴技术信息。

三是实施区域创新体系与新一代信息技术的融合发展战略。随着新一代信息技术日新月异和组织方式的变革，地方政府推动区域创新体系建设要有互联网思维，推动传统区域创新社会网络与移动互联网、物联网、大数据、云计算等新一代信息技术融合发展，把各创新主体的数据资源打通、串联起来，建立共建共享机制，让数据成为突破新兴技术的“种子”。另外，探索网络化的平台发展模式，将各类创新主体、中介组织、创新平台、孵化空间、产业化载体等连接起来，形成一个不同主体的互动、共享、合作的平台网络。

四是实施精准的差别化、导向性的创新支持政策。无论是中央政府科技主管部门还是地方政府负责部门，都应加强调研，找准新兴技术突破的薄弱环节，特别是基础研究、研发投入、试验、中试、风险投资筹措等环节，要完善区域创新体系，使之平稳运行起来，有的放矢地出台针对性政策，确保创新主体能够顺利地渡过难关，走出创新的“死亡之谷”。

五是探索市场化的区域创新体系发展模式。各级政府要清醒地认识到市场力量推动区域创新体系发展的重要作用，允许企业或民间的中介组织主导构建新型的区域创新体系，由创新体系的受益者支付必要的费用。同时，地方政府也要采取政府购买服务方式支付创新主体的相应费用，同时在创新基础设施、科技平台建设、科技专项攻关等方面给予适当倾斜或经费支持。

第六章
中国国家创新战略规划

为顺利推进创新型国家建设，中共中央、国务院制定发布了一系列创新战略规划，如《国家创新驱动发展战略纲要》《“十三五”国家科技创新规划》《中国制造2025》等，这些发展规划宣示了我国加快推进国家创新驱动发展战略的坚定决心与意志，表明创新驱动将成为我国未来经济社会发展的最强音。

一、《国家创新驱动发展战略纲要》

2016年5月19日，中共中央、国务院印发的《国家创新驱动发展战略纲要》（以下简称《纲要》）全文发布。作为国家实施创新驱动发展战略的一个顶层设计的文件，《纲要》对今后一个时期实施好创新驱动战略进行了系统谋划和全面部署，是落实战略的总体方案和路线图。《纲要》提出推动产业技术体系创新、创造发展新优势等五大战略任务，并“点将”十大产业技术体系创新，再次宣示了我国加快推进国家创新驱动发展战略的坚定决心和意志，表明创新驱动将成为我国未来经济社会发展的最强音。

（一）科技创新强国“三步走”战略目标

《国家创新驱动发展战略纲要》，明确我国到2050年建成世界科技创新强国“三步走”的战略目标：

第一步，到2020年进入创新型国家行列，基本建成中国特色国家创新体系，有力支撑全面建成小康社会目标的实现。

第二步，到2030年跻身创新型国家前列，发展驱动力实现根本转换，经济社会发展水平和国际竞争力大幅提升，为建成经济强国和共同富裕社会奠定坚实基础。

第三步，到2050年建成世界科技创新强国，成为世界主要科学中心和创新高地，为我国建成富强民主文明和谐的社会主义现代化国家、实现中华民族伟大复兴的中国梦提供强大支撑。

（二）基本原则

一是紧扣发展。坚持问题导向，面向世界科技前沿、面向国家重大需求、面向国民经济主战场，明确我国创新发展的主攻方向，在关键领域尽快实现突破，力争形成更多竞争优势。

二是深化改革。坚持科技体制改革和经济社会领域改革同步发力，强化科技与经济对接，遵循社会主义市场经济规律和科技创新规律，破除一切制约创新的思想障碍和制度藩篱，构建支撑创新驱动发展的良好环境。

三是强化激励。坚持创新驱动实质是人才驱动，落实以人为本，尊重创新创造的价值，激发各类人才的积极性和创造性，加快汇聚一支规模宏大、结构合理、素质优良的创新型人才队伍。

四是扩大开放。坚持以全球视野谋划和推动创新，最大限度用好全球创新资源，全面提升我国在全球创新格局中的位势，力争成为若干重要领域的引领者和重要规则制定的参与者。

（三）重点领域技术发展方向

①新一代信息网络技术。加强人工智能、自然交互与虚拟现实、微电子与光电子等技术研究，推动宽带移动互联网、云计算、物联网、大数据、高性能计算、移动智能终端等技术研发和综合应用，加大集成电路、工业控制等自主软硬件产品和网络安全技术攻关和推广力度，为我国经济转型升级和维护国家网络安全提供保障。

②智能、绿色制造技术。重塑制造业的技术体系、生产模式、产业形态和价值链，推动制造业由大到强转变。发展智能制造装备等技术，加快网络化制造技术、云计算、大数据等在制造业中的深度应用，推动制造业向自动化、智能化、服务化转变。对传统制造业全面进行绿色改造，由粗放型制造向集约型制造转变。加强产业技术基础能力和试验平台建设，提升基础材料、基础零部件、基础工艺、基础软件等共性关键技术水平。发展大飞机、航空发动机、核电、高铁、海洋工程装备和高技术船舶、特高压输变电等高端装备和产品。

③生态绿色、高效安全的现代农业技术。以实现种业自主为核心，转变农业发展方式，突破人多、地少、水缺的瓶颈约束，走产出高效、产品安全、资源节约、环境友好的现代农业发展道路。系统加强动植物育种和高端农业装备研发，大面积推广粮食丰产、中低产田改造等技术，深入开展节水农业、循环农业、有机农业和生物肥料等技术研发，开发标准化、规模化的现代养殖技术，促进农业提质增效和可持续发展。推广农业面源污染和重金属污染防治的低成本技术和模式，发展全产业链食品安全保障

技术、质量安全控制技术和安全溯源技术，建设安全环境、清洁生产、生态储运全覆盖的食品安全技术体系。推动农业向一二三产业融合，实现向全链条增值和品牌化发展转型。

④安全、清洁、高效的现代能源技术。以优化能源结构、提升能源利用效率为重点，推动能源应用向清洁、低碳转型。突破煤炭、石油、天然气等化石能源的清洁高效利用技术瓶颈，开发深海、深地等复杂条件下的油气矿产资源勘探开采技术，开展页岩气等非常规油气勘探开发综合技术示范。加快核能、太阳能、风能、生物质能等清洁能源和新能源技术开发、装备研制及大规模应用，攻克大规模供需互动、储能和并网关键技术。推广节能新技术和节能新产品，加快钢铁、石化、建材、有色金属等高耗能行业的节能技术改造，推动新能源汽车、智能电网等技术的研发应用。

⑤资源高效利用和生态环保技术。采用系统化的技术方案和产业化路径，发展污染治理和资源循环利用的技术与产业。建立大气重污染天气预警分析技术体系，发展高精度监控预测技术。建立现代水资源综合利用体系，开展地球深部矿产资源勘探开发与综合利用，发展绿色再制造和资源循环利用产业，建立城镇生活垃圾资源化利用、再生资源回收利用、工业固体废物综合利用等技术体系。完善环境技术管理体系，加强水、大气和土壤污染防治及危险废物处理处置、环境检测与环境应急技术研发应用，提高环境承载能力。

⑥海洋和空间先进适用技术。开发海洋资源高效可持续利用适用技术，加快发展海洋工程装备，构建立体同步的海洋观测体系，推进我国海洋战略实施和蓝色经济发展。大力提升空间进入、利用的技术能力，完善空间基础设施，推进卫星遥感、卫星通信、导航和位置服务等技术开发应用，完善卫星应用创新链和产业链。

⑦智慧城市和数字社会技术。依靠新技术和管理创新支撑新型城镇化、现代城市发展和公共服务，创新社会治理方法和手段，加快社会治安

综合治理信息化进程，推进平安中国建设。发展交通、电力、通信、地下管网等市政基础设施的标准化、数字化、智能化技术，推动绿色建筑、智慧城市、生态城市等领域关键技术大规模应用。加强重大灾害、公共安全等应急避险领域重大技术和产品攻关。

⑧先进有效、安全便捷的健康技术。促进生命科学、中西医药、生物工程等多领域技术融合，提升重大疾病防控、公共卫生、生殖健康等技术保障能力。研发创新药物、新型疫苗、先进医疗装备和生物治疗技术。推进中华传统医药现代化。促进和规范健康医疗大数据研究，发展精准医学，研发遗传基因和慢性病易感基因筛查技术，提高心脑血管疾病、恶性肿瘤、慢性呼吸性疾病、糖尿病等重大疾病的诊疗技术水平。开发数字化医疗、远程医疗技术，推进预防、医疗、康复、保健、养老等社会服务网络化、定制化，发展一体化健康服务新模式，显著提高人口健康保障能力，有力支撑健康中国建设。

⑨支撑商业模式创新的现代服务技术。以新一代信息和网络技术为支撑，积极发展现代服务业技术基础设施，拓展数字消费、电子商务、现代物流、互联网金融、网络教育等新兴服务业，促进技术创新和商业模式创新融合。加快推进工业设计、文化创意和相关产业融合发展，提升我国重点产业的创新设计能力。

⑩引领产业变革的颠覆性技术。高度关注可能引起现有投资、人才、技术、产业、规则“归零”的颠覆性技术，前瞻布局新兴产业前沿技术研发，力争实现“弯道超车”。开发移动互联技术、量子信息技术、空天技术，推动增材制造装备、智能机器人、无人驾驶汽车等发展，重视基因组、干细胞、合成生物、再生医学等技术对生命科学、生物育种、工业生物领域的深刻影响，开发氢能、燃料电池等新一代能源技术，发挥纳米、石墨烯等技术对新材料产业发展的引领作用。

（四）相关领域专家对《纲要》的解读

1. 当前和长远、改革和发展、全面部署和重点任务三大结合

当前和长远结合。科技创新能力应该与现代化建设进程同步甚至要超前发展，才能起到支撑引领的作用。《纲要》既体现了产业技术体系创新、企业创新以及大众创业、万众创新等当前重点举措，也有几十年内工作的远景式规划。

改革和发展结合。《纲要》既明确了改革的总体目标、原则，同时又对发展的任务做了全面部署。比如在发展方面，任务规定非常全面，涵盖了产业技术创新、原始创新、区域创新、各种创新主体等；同时提出了在改革创新治理体系、增加创新投入、开放创新等方面的改革保障举措。

全面部署和重点任务安排结合。比如在部署科技发展任务时，除了对各个学科的发展做了全面的方向性安排外，又具体提出了面向2030年在航空发动机及燃气轮机、量子通信等领域，部署一批体现国家战略意图的重大科技项目和工程（时任科技部火炬中心党委书记翟立新）。

2. 重视原始创新

《纲要》提出，强化原始创新，增强源头供给。加强面向国家战略需求的基础前沿和高技术研究。围绕涉及长远发展和国家安全的“卡脖子”问题，加强基础研究前瞻布局。大力支持自由探索的基础研究。促进学科均衡协调发展，加强学科交叉与融合。建设一批支撑高水平创新的基础设施和平台。中国科学院院士朱道本认为，21世纪科学技术发展的最大特点之一就是学科的交叉融合。许多重大的科技突破往往产生于学科融合的过程中。《纲要》支持自由探索，讲求学科平衡、交叉融合的做法，对我国今后前沿科学的发展将起到很重要的推动作用。《纲要》提出增强源头供给。所谓“供给”，就是要促进战略性新兴产业的发展。人类历史上几次工业革命都是建立在科技上的根本性突破。发展战略性新兴产业，不能仅仅局限于跟踪、消化、吸收，必须依靠原始创新（中国科学院院士朱道本）。

3. 倡导企业家精神

《纲要》中对企业家有如下表述：发挥企业家在创新创业中的重要作用，大力倡导企业家精神，依法保护企业家的创新收益和财产权，培养造就一大批勇于创新、敢于冒险的创新型企业家，建设专业化的职业经理人队伍。

根据熊彼特创新理论，创新就是将各种要素形成一种新的组合，带到生产体系中，变成实实在在的生产力。在这个过程中，企业家是一个非常重要的要素。国务院特殊津贴专家吕薇认为，在创新活动中，企业家发挥着非常重要的组织者作用。过去讲科技创新，总是把它限制在科技的领域里，围绕科技体制改革以及大学、科研院所创新等。实际上，创新政策极具综合性，不仅仅局限于科技，有效的创新是在市场上获得成功的创新，需要企业家这一推动创新的主要力量。只有企业家才能够把科技和资本、市场、管理等要素有机整合，真正让好的技术变成好的产品和收益（国务院特殊津贴专家吕薇）。

二、《“十三五”国家科技创新规划》

经李克强总理签批，国务院于2016年8月8日印发《“十三五”国家科技创新规划》（以下简称《规划》），明确提出了未来五年国家科技创新的指导思想、总体要求、战略任务和改革举措。《规划》依据《中华人民共和国国民经济和社会发展第十三个五年规划纲要》《国家创新驱动发展战略纲要》和《国家中长期科学和技术发展规划纲要（2006—2020年）》编制，主要明确“十三五”时期科技创新的总体思路、发展目标、主要任务和重大举措，是国家在科技创新领域的重点专项规划，是我国迈进创新型国家行列的行动指南，共分8篇27章，从创新主体、创新基地、创新空间、创新网络、创新治理、创新生态六个方面提出建设国家创新体系的要求，并从构筑国家先发优势、增强原始创新能力、拓展创新发展空间、推进大众创业万众创新、全面深化科技体制改革、加强科普和创新文化建设这六个方面进行了系统部署。

（一）基本原则

坚持把支撑国家重大需求作为战略任务。聚焦国家战略和经济社会发展重大需求，明确主攻方向和突破口；加强关键核心共性技术研发和转化应用；充分发挥科技创新在培育发展战略性新兴产业、促进经济提质增效升级、塑造引领型发展和维护国家安全中的重要作用。

坚持把加速赶超引领作为发展重点。把握世界科技前沿发展态势，在关系长远发展的基础前沿领域，超前规划布局，实施非对称战略，强化原始创新，加强基础研究，在独创独有上下功夫，全面增强自主创新能力，在重要科技领域实现跨越发展，跟上甚至引领世界科技发展新方向，掌握新一轮全球科技竞争的战略主动。

坚持把科技为民作为根本宗旨。紧紧围绕人民切身利益和紧迫需求，把科技创新与改善民生福祉相结合，发挥科技创新在提高人民生活水平、增强全民科学文化素质和健康素质、促进高质量就业创业、扶贫脱贫、建设资源节约型和环境友好型社会中的重要作用，让更多创新成果由人民共享，提升民众获得感。

坚持把深化改革作为强大动力。坚持科技体制改革和经济社会领域改革同步发力，充分发挥市场配置创新资源的决定性作用和更好发挥政府作用，强化技术创新的市场导向机制，破除科技与经济深度融合的体制机制障碍，激励原创突破和成果转化，切实提高科技投入效率，形成充满活力的科技管理和运行机制，为创新发展提供持续动力。

坚持把人才驱动作为本质要求。落实人才优先发展战略，把人才资源开发摆在科技创新最优先的位置，在创新实践中发现人才，在创新活动中培养人才，在创新事业中凝聚人才，改革人才培养使用机制，培育造就规模宏大、结构合理、素质优良的人才队伍。

坚持把全球视野作为重要导向。主动融入布局全球创新网络，在全球范围内优化配置创新资源，把科技创新与国家外交战略相结合，推动建立广泛的创新共同体，在更高水平上开展科技创新合作，力争成为若干重要领域的引领者和重要规则的贡献者，提高在全球创新治理中的话语权。

（二）发展目标

“十三五”科技创新的总体目标是：国家科技实力和创新能力大幅跃升，创新驱动发展成效显著，国家综合创新能力世界排名进入前15位，迈进创新型国家行列，有力支撑全面建成小康社会目标实现。

自主创新能力全面提升。基础研究和战略高新技术取得重大突破，原始创新能力和国际竞争力显著提升，整体水平由跟跑为主向并行、领跑为主转变。研究与试验发展经费投入强度达到2.5%，基础研究占全社会研发投入比例大幅提高，规模以上工业企业研发经费支出与主营业务收入之比达到1.1%；国际科技论文被引次数达到世界第二；每万人口发明专利拥有量达到12件，通过《专利合作条约》（PCT）途径提交的专利申请量比2015年翻一番。

科技创新支撑引领作用显著增强。科技创新作为经济工作的重要方面，在促进经济平衡性、包容性和可持续性发展中的作用更加突出，科技进步贡献率达到60%。高新技术企业营业收入达到34万亿元，知识密集型服务业增加值占国内生产总值（GDP）的比例达到20%，全国技术合同成交金额达到2万亿元；成长起一批世界领先的创新型企业、品牌和标准，若干企业进入世界创新百强，形成一批具有强大辐射带动作用的区域创新增长极，新产业、新经济成为创造国民财富和高质量就业的新动力，创新成果更多为人民共享。

创新型人才规模质量同步提升。规模宏大、结构合理、素质优良的创新型科技人才队伍初步形成，涌现一批战略科技人才、科技领军人才、创新型企业家和高技能人才，青年科技人才队伍进一步壮大，人力资源结构和就业结构显著改善，每万名就业人员中研发人员达到每年60人。人才评价、流动、激励机制更加完善，各类人才创新活力充分激发。

有利于创新的体制机制更加成熟定型。科技创新基础制度和政策体系基本形成，科技创新管理的法治化水平明显提高，创新治理能力建设取得重大进展。以企业为主体、市场为导向的技术创新体系更加健全，高等学校、科研院所治理结构和发展机制更加科学，军民融合创新机制更加完善，国家创新体系整体效能显著提升。

创新创业生态更加优化。科技创新政策法规不断完善，知识产权得到有效保护。科技与金融的结合更加紧密，创新创业服务更加高效便捷。人才、技术、资本等创新要素流动更加顺畅，科技创新全方位开放格局初步形成。科学精神进一步弘扬，创新创业文化氛围更加浓厚，全社会科学文化素质明显提高，公民具备科学素质的比例超过10%。

表6-1　“十三五”科技创新主要指标

	指标	2015年指标值	2020年目标值
1	国家综合创新能力世界排名（位）	18	15
2	科技进步贡献率（%）	55.3	60
3	研究与试验发展经费投入强度（%）	2.1	2.5
4	每万名就业人员中研发人员（人/年）	48.5	60
5	高新技术企业营业收入（万亿元）	22.2	34
6	知识密集型服务业增加值占国内生产总值的比例（%）	15.6	20
7	规模以上工业企业研发经费支出与主营业务收入之比（%）	0.9	1.1
8	国际科技论文被引次数世界排名	4	2
9	PCT专利申请量（万件）	3.05	翻一番
10	每万人口发明专利拥有量（件）	6.3	12
11	全国技术合同成交金额（亿元）	9835	20000
12	公民具备科学素质的比例（%）	6.2	10

（三）总体部署

一是围绕构筑国家先发优势，加强兼顾当前和长远的重大战略布局。加快实施国家科技重大专项，启动“科技创新2030重大项目”；构建具有国际竞争力的产业技术体系，加强现代农业、新一代信息技术、智能制造、能源等领域一体化部署，推进颠覆性技术创新，加速引领产业变革；健全支撑民生改善和可持续发展的技术体系，突破资源环境、人口健康、公共安全等领域的瓶颈制约；建立保障国家安全和战略利益的技术体系，发展深海、深地、深空、深蓝等领域的战略高技术。

二是围绕增强原始创新能力，培育重要战略创新力量。持续加强基础研究，全面布局，前瞻部署，聚焦重大科学问题，提出并牵头组织国际大科学计划和大科学工程，力争在更多基础前沿领域引领世界科学发展方向，在更多战略性领域实现率先突破；完善以国家实验室为引领的创新基地建设，按功能定位分类推进科研基地的优化整合。培育造就一批世界水平的科学家、科技领军人才、高技能人才和高水平创新团队，支持青年科技人才脱颖而出，壮大创新型企业家队伍。

三是围绕拓展创新发展空间，统筹国内国际两个大局。支持北京、上海建设具有全球影响力的科技创新中心，建设一批具有重大带动作用的创新型省市和区域创新中心，推动国家自主创新示范区和高新区创新发展，系统推进全面创新改革试验；完善区域协同创新机制，加大科技扶贫力度，激发基层创新活力；打造“一带一路”协同创新共同体，提高全球配置创新资源的能力，深度参与全球创新治理，促进创新资源双向开放和流动。

四是围绕推进大众创业、万众创新，构建良好创新创业生态。大力发展科技服务业，建立统一开放的技术交易市场体系，提升面向创新全链条的服务能力；加强创新创业综合载体建设，发展众创空间，支持众创众包众扶众筹，服务实体经济转型升级；深入实施知识产权和技术标准战略。完善科技与金融结合机制，大力发展创业投资和多层次资本市场。

五是围绕破除束缚创新和成果转化的制度障碍，全面深化科技体制改革。加快中央财政科技计划（专项、基金等）管理改革，强化科技资源的统筹协调；深入实施国家技术创新工程，建设国家技术创新中心，提高企业创新能力；推动健全现代大学制度和科研院所制度，培育面向市场的新型研发机构，构建更加高效的科研组织体系；实施促进科技成果转移转化行动，完善科技成果转移转化机制，大力推进军民融合科技创新。

六是围绕夯实创新的群众和社会基础，加强科普和创新文化建设。深入实施全民科学素质行动，全面推进全民科学素质整体水平的提升；加强科普基础设施建设，大力推动科普信息化，培育发展科普产业；推动高等学校、科研院所和企业的各类科研设施向社会公众开放；弘扬科学精神，加强科研诚信建设，增强与公众的互动交流，培育尊重知识、崇尚创造、追求卓越的企业家精神和创新文化。

（四）持续加强基础研究

《“十三五”国家科技创新规划》提出，面向我国经济社会发展中的关键科学问题、国际科学研究发展前沿领域以及未来可能产生变革性技术的科学基础，统筹优势科研队伍、国家科研基地平台和重大科技基础设施，超前投入、强化部署目标导向的基础研究和前沿技术研究。面向国家重大需求、面向国民经济主战场，针对事关国计民生、产业核心竞争力的重大战略任务，凝练现代农业、人口健康、资源环境和生态保护、产业转型升级、节能环保和新能源、新型城镇化等领域的关键科学问题，促进基础研究与经济社会发展需求紧密结合，为创新驱动发展提供源头供给。

专栏 6-1

面向国家重大战略任务重点部署的基础研究

1. 农业生物遗传改良和可持续发展。

2. 能源高效洁净利用与转化的物理化学基础。

3. 面向未来人机物融合的信息科学。

4. 地球系统过程与资源、环境和灾害效应。

5. 新材料设计与制备新原理和新方法。

6. 极端环境条件下的制造。

7. 重大工程复杂系统的灾变形成及预测。

8. 航空航天重大力学问题。

9. 医学免疫学问题。

资料来源：《“十三五”国家科技创新规划》。

面向世界科学前沿和未来科技发展趋势，选择对提升持续创新能力带动作用强、研究基础和人才储备较好的战略性前瞻性重大科学问题，强化以原始创新和系统布局为特点的大科学研究组织模式，部署基础研究重点专项，实现重大科学突破、抢占世界科学发展制高点。以实现重点科技领域的战略领先为目标，面向未来有望引领人类生活和工业生产实现跨越式发展的前沿方向，建立变革性技术科学基础的培育机制，加强部署基因编辑、材料素化、神经芯片、超构材料、精准介观测量等方面的基础研究和超前探索，通过科学研究的创新和突破带动变革性技术的出现和发展，为未来我国产业变革和经济社会可持续发展提供科学储备。

专栏 6-2

战略性前瞻性重大科学问题

1. 纳米科技。

2. 量子调控与量子信息。

3. 蛋白质机器与生命过程调控。

4. 干细胞及转化。

5. 依托大科学装置的前沿研究。

6. 全球变化及应对。

7. 发育的遗传与环境调控。

8. 合成生物学。

9. 基因编辑。

10. 深海、深地、深空、深蓝科学研究。

11. 物质深层次结构和宇宙大尺度物理研究。

12. 核心数学及应用数学。

13. 磁约束核聚变能发展。

资料来源：《“十三五”国家科技创新规划》。

（五）相关领域专家对《规划》的解读

1. 从“科技规划”到“科技创新规划”

近些年，国家陆续发布了多个涉及科学技术的规划，但与以往国家科技规划不同，《“十三五”国家科技创新规划》是国家首次以“科技创新规划”命名，将“科技创新”作为一个整体进行顶层规划。

国务院特殊津贴专家吕薇：以前科技部主持的规划大部分叫“科技规划”，这次的“科技创新规划”，体现了科技与经济的结合，科技与创新的结合，突出整个创新链条全过程的相互衔接，即从研究、开发到产业化，再到市场。正因“规划”体现了创新链条的衔接，从而突出了整体的协调性和系统性，以及国家战略布局，并把握产业发展趋势，体现了经济发展的前瞻性。同时，在政策措施上，体现了改革的针对性。把科技创新与产业发展趋势结合，既有整体性，又有针对性。针对创新链条各个环节和问题，进行改革，出台相关措施和政策。

中国工程院院士刘德培：《规划》按照十八届五中全会精神和部署要

求，在国家科教领导小组领导下开展了编制工作，从前期规划的实施评估到面向2030重大任务的论证，再到规划的框架形成、草案形成，直到最后形成规划，一步一步推进，体现了创新驱动和需求驱动的紧密结合，并特别强调了供给侧改革，进一步确立了迈向创新型国家，建设科技强国的整体思路，突出顶层设计，坚持有序推进，充分体现了需求驱动和创新驱动的紧密结合，特别强调实施创新驱动发展战略，支撑供给侧结构性改革这条主线，进一步确立了为迈向创新型国家和建设世界科技强国奠定坚实基础的总体目标，进而部署主要任务和重大举措。

科技部战略规划司司长许倞：《规划》最显著的特征，首先是关注点不仅仅为科学技术研究本身的改革和发展，更加关乎国民经济主战场，关乎面向科技前沿，关乎面向重大需求，是从创新的全链条进行的一次整体规划。其次，《规划》更加注重科技的超前引领性，更加关注依靠创新构建先发优势。再次，《规划》非常关注经济新常态、产业转型升级方面的问题。最后，《规划》体现国家战略意图和重大部署，比较体系化地提出在深海、深蓝、深空、深地等能够拓展国家战略利益、保证国家战略优势的领域的考虑部署。例如在深空方面，继续实施现有的探月工程，部署启动首次火星探测，推进深空探测；在深海方面，启动深海空间站建设，加强深海探测、深海装备的关键技术研发；在深地方面，加强地球深部探测、城市空间安全利用、深部矿产勘探等方面；在深蓝方面（指网络空间、信息技术、人工智能领域的战略高科技），继续部署超级计算机，形成能力，启动量子计算机研发。

科技部副部长李萌："十三五"是全面建成小康社会和进入创新型国家行列的决胜阶段。《规划》提出了12项指标，包括科技进步贡献率从55.3%提高到60%，知识密集型服务业增加值占国内生产总值的比例由15.6%提高到20%。这是衡量产业向价值链高端攀升的重要指标。《规划》以深入实施创新驱动发展战略、支撑供给侧结构性改革为主线，围绕塑造更多依靠创新驱动、更多发挥先发优势的引领型发展。从培育充满活力的创新主体、系统布局高水平创新基地、打造高端引领的创新增长极、构建开放协同的创新网络、建立现代创新治理结构、营造良好创新生态等六个方面，提出建设高效协同国家创新体系的要求。

清华大学文科资深教授薛澜：现在各个国家和产业领域都高度关注科技创新，积极探索，由此带来很多新的创新模式以及技术应用领域，出现了很多新现象。比如以互联网为基础的新经济模式，科技虽然为其提供了重要支撑，但其核心创新点往往不在于科技本身的成功，而是商业模式的创新。这些因素使得我们创新的局面更加丰富多元，对《规划》制定提出了挑战。《规划》之所以围绕创新链系统部署，从根本上在于我国当前科技创新发展的新形势。自国家中长期科技发展规划实施以来，我国科技实力大大增强，令人鼓舞。然而，我国科技发展还有不平衡状况，在一些领域处于领跑状态，比如新能源，但在有些领域依然面临激烈竞争，甚至相对落后。我国经济社会发展到今天，不管是供给侧结构性改革、产业结构调整，还是环境资源问题的解决，从根本上就是要依靠创新，包括科技创新和体制机制创新。新时期，人们对科技发展的期待越来越高，对创新的需求越来越多，《规划》回应了这种需求和期待。

2. 从立足眼前到兼顾当前和长远

《规划》作了六项总体部署。前两项要求围绕构筑国家先发优势，加强兼顾当前和长远的重大战略布局；围绕增强原始创新能力，培育重要战略创新力量。《规划》第4章提出“十三五”期间，要在实施好已有国家科技重大专项的基础上，面向2030年再部署一批体现国家战略意图的重大科技项目。新部署的15个“科技创新2030—重大项目”包括量子通信、脑科学、深空探测等6个重大科技项目，以及大数据、智能制造和机器人、智能电网等9项重大工程。

李萌：《规划》在编制过程中始终贯彻“创新是引领发展的第一动力”这一思想，力争做一个高起点的规划。在深入实施重大专项的基础上，面向2030年部署了15个科技创新重大项目；围绕现代农业等十大领域构建现代产业技术体系；围绕生态环保等五大领域构建支撑民生改善和可持续发展的技术体系；围绕深空、深海、深地、深蓝发展保障国家安全和战略利益的技术体系。

刘德培：《规划》高度关注颠覆性技术和基础研究。国家对颠覆性技术要有预判、预警和预置，以此保证在未来竞争中把握主动权和拥有竞争力。

许倞：重大专项对于提升国家在相关领域的技术进步、解决国家面临的重要问题发挥了突出作用。我国科技发展已经从长期跟踪进入领跑、并跑、跟跑“三跑并行”新阶段（据科技部组织的8000多位科学家对我国技术发展状况的评估显示，在13个重要技术领域的1350项技术中，有17%达到了国际领先水平，31%处于并行水平，52%处于跟跑阶段），这15个“科技创新2030—重大项目”是面向2030年的战略部署，在论证过程中的指导思想就是这两类项目要形成远近结合、梯次接续的格局。新的科技革命方兴未艾，生物、信息技术催生出新的业态和新的产业。瞄准未来新挑战，再部署一批体现国家重大战略意图的重大项目，既是对总结前面重大专项基础上的再发展，也是面向未来的一个新布局。因此，《规划》更加注重前沿性、引领性，更加关注颠覆性技术对产业变革的影响。比如重大项目中，部署了量子通信、量子计算、脑科学和类脑研究等超前技术。

吕薇：《规划》体现了协调性和统筹性。科技创新，从基础研究、应用研究，再到成果转化，进而进行产业化和市场开拓。《规划》中的创新不仅仅是科技的概念，更重要的是经济概念。研究开发只是创新的一个环节，《规划》中的创新政策，不仅仅是科技政策，还包括经济政策、财税政策、贸易政策、金融政策、知识产权和标准制定等一系列政策。实际上，《规划》是一个政策包。如果政策之间没有协调性，会导致政策之间产生矛盾或效益的互相抵消。此外，《规划》还体现了法制保障，在改革体系上很完整，强化了法制建设。

3. 从局部示范到多层次推进

《规划》在第11章提到充分发挥地方在区域创新中的主体作用，提出打造区域创新高地，支持北京、上海建设具有全球影响力的科技创新中心，推动国家自主创新示范区和高新区创新发展；建设带动性强的创新型省市和区域创新中心，依托北京、上海、安徽等大科学装置集中的地区建设国家综合性科学中心；在京津冀、上海、安徽、广东、四川、沈阳、武汉、西安等区域开展系统性、整体性、协同性的全面创新改革试验。优化发展布局，创新体制机制，集成优势创新资源，着力打造区域创新高地，引领带动区域创新水平整体跃升。

吕薇：《规划》亮点之一是突出区域创新。中国各地区域发展不均衡，要素布局、创新能力相差大，不可能齐步走，因此必须因地制宜营造有利于创新的环境，打造各具特色的区域创新体系。经济全球化形势下，创新也在全球化。其中的一个重要特征就是，创新要素在全球流动。哪里环境好，创新要素就流向哪里。所以各地都在努力营造创新环境，来吸引国内外的创新要素。目前国内已经形成了各具特色的区域创新体系，比如以北京为核心的京津冀创新区，以上海为中心的长三角创新区，以广州、深圳为核心的珠三角创新区。在这种情况下，《规划》分层次地进行布局，体现了因地制宜。《规划》提出拓展创新发展的新空间，强调打造区域创新发展高地和促进区域创新协调发展。这是一个分四个层次的系统部署：第一，北京、上海要建设具有国际影响力的科技创新中心；第二，推动国家自主创新示范区和高新区创新发展；第三，建设带动性强的创新型省、市和区域创新中心；第四，系统推进全面创新改革试点。

4. 从被动应对到主动融入世界

《规划》在第8章提出坚持鼓励自由探索和目标导向相结合，增强创新驱动源头供给，显著提升我国的科学地位和国际影响力。在第14章提出坚持以全球视野谋划和推动创新，实施科技创新国际化战略，积极融入和主动布局全球创新网络，深度参与全球创新治理，全方位提升科技创新的国际化水平。

刘德培：自由探索和目标导向的基础研究两个应该相辅相成。颠覆性技术需要源头创新和自由探索，自由探索、学科交叉渗透会产生全新的动力，例如DNA双螺旋结构的发现就是自由探索的结果。源头创新可能经历多次失败，甚至被反复争论，最终创新的思维在碰撞中产生，这样的研究属于自由探索。自由探索的成果可能会催生新的学科，从而产生新的应用领域，推动科学研究和经济社会发展。此外，目标导向的基础研究，一般都是需求推动的，通过创新研究以后，所得成果就可能更快地转化为现实生产力。因此，自由探索和目标导向的基础研究应该相辅相成。

李萌：从被动应对到主动融入全球创新网络，说明创新自信增强了。中国很多创新型企业在海外设立研发机构。中国科技创新能力的进步正深刻改变全球创新版图、全球产业分工和经济格局。我们强调在关键核心技术上自主可控，提高自主创新能力，同时又强调坚持以全球视野来谋划创新，积极主动地融入布局全球网络，积极主动参与全球创新治理，促进国内国外创新资源的双向流动，全方位提高我们国家科技创新的国际化水平。

薛澜：全球化时代，任何一个创新体系都不能闭门造车。只有开放，才能保证新的知识、新的人才全方位的流动，使得资源有效配置。中国科技创新的发展与改革开放密切相关，走进去和引进来，对丰富创新生态起了重要作用。未来，中国将营造更好的环境和条件，吸引海外资源，探索试行技术移民；还应更多参与国际规则制定，在全球科技共同体中发挥应有作用。对于参与全球创新治理，一是完善开放机制，全方位引导资源流动和有效配置；二是在国家层面营造更好的环境和条件，包括吸引海外资源到中国建设创新中心，制定技术移民政策，加强科技合作，等等；三是在全球科技创新治理，包括创新规则制定、知识产权保护、技术标准制定等方面，中国等发展中国家要发出自己的声音，确保拥有公平参与的机会；四是中国科学家要主动参与到国际科技创新和交流活动中。

5. 构筑国家先发优势

《规划》提出构筑国家先发优势，面向2030年再部署一批体现国家战略意图的重大科技项目，发展引领产业变革的颠覆性技术，重点开发移动互联、量子信息、人工智能等技术，推动增材制造、智能机器人、无人驾驶汽车等技术的发展。同时，围绕增加创新的源头供给，持续加强基础研究，加强自由探索与学科体系建设，强化目标导向的基础研究和前沿技术研究。

许倞：在整个国际科技竞争中，我国在有些领域已经走到了前列，为了让这些领域能够走得更快更好，针对新形势，《规划》更加注重科技创新的前沿性、引领性。如果说制定实施中长期科技发展规划时更多处于一种赶超追踪局面的话，《规划》则面向以我国科技发展步入领跑、并跑、跟跑并行的新阶段，更注重构筑先发优势，更加注重颠覆性技术对产业变革的影响。

刘德培：颠覆性技术是一种全新的技术，对产业和国民经济发展具有重要作用。我们对颠覆性技术的产生和发展要有深入研究，要有预测、预警机制。要对颠覆性技术对传统技术的换代拐点有一个正确判断，再针对预判采取预先的行动，及时部署攻关新兴产业和关键技术。只有对颠覆性技术有积极主动的配置，才能把握国际竞争力和主动权。

薛澜：历史上，许多科技重大突破酝酿了科技革命和产业变革。前几次，中国由于各种各样的原因都错过了。当前，新一轮科技革命和产业变革加速推进，国与国之间的竞争归根到底就是科技创新能力的竞争。中国在历史上第一次有机会参与甚至引领，历史不允许我们错过，必须得抓住机会。

6. 涵盖整个创新链条

《规划》用大量篇幅阐述了如何发挥科技创新在新常态下推动产业迈向中高端、增添发展新动能、拓展发展新空间、提高发展质量和效益中的核心引领作用。

李萌：《规划》彰显时代特点。不是“象牙塔”里面的规划，而是体现科技和经济结合、体现支撑国家由大到强转变的创新规划。它强调支撑国家重大战略需求，把重大科技项目、国家实验室、国际大科学计划和大科学工程作为重点任务。从上游的基础研究原始创新到中游的技术创新，再到下游的技术推广和产业化，进行全链条设计。

吕薇：创新是把技术和发明转化为生产力和社会财富的过程。创新不仅仅是一个科技概念，更是一个经济概念。创新是综合性作用的结果，研究和开发只是创新的一个环节。本次规划从创新全链条出发，体现了整体性、协调性，突出了顶层设计，系统思维和战略思维，不仅包含科技政策，还包含经济、财税、贸易、产业、金融、知识产权和标准等方面的政策。正因为是一个政策包，所以在落实执行过程中必须要加强各部门之间的协调，要形成政策合力。如果不加强协调，有可能导致政策之间出现矛盾，甚至互相抵消。

许倞：在过去的科技规划中，很少提到科技金融方面的内容。这次规划不但提到了科技金融，还谈到了大众创业、万众创新，谈到如何支持发展各类风投、中介机构和服务机构，特别重视在新常态下发展新经济，用现代科技改造传统产业。这次规划关注的不仅仅是科学技术研究本身，而是更加面向国民经济主战场，面向科技前沿和重大需求，从创新的全链条着手，发起了向科技强国进军的号角。

7. 注重培养创新文化

《规划》第24章提出营造崇尚创新的文化环境，加快科学精神和创新价值的传播塑造，动员全社会更好理解和投身科技创新。营造鼓励探索、宽容失败和尊重人才、尊重创造的氛围，加强科研诚信、科研道德、科研伦理建设和社会监督，培育尊重知识、崇尚创造、追求卓越的创新文化。

薛澜：现代科技发展速度非常快，许多新的技术应用存在不确定性甚至风险，而公众对这些风险的认识往往不足或不全面，这就需要科技界和公众加强有效对话，化解潜在风险。公众也要树立科学精神，正确认识科学发展过程中的不确定性。

吕薇：创新文化是创新生态环境的重要因素。深圳的企业创新氛围浓厚，跟创新文化有密切关系，深圳的很多创业者都是放弃了原本安逸的生活环境而奋力打拼的，他们都不惧怕失败。创新是有风险的，创新文化的一个核心就是敢为人先、宽容失败。在创新的过程中，大家要学会宽容失败，创新文化是潜移默化的，而文化是很难复制的。

三、《中国制造2025》

中华人民共和国成立尤其是改革开放以来，我国制造业持续快速发展，建成了门类齐全、独立完整的产业体系，有力推动工业化和现代化进程，显著增强综合国力，支撑世界大国地位。然而，与世界先进水平相比，中国制造业仍然大而不强，在自主创新能力、资源利用效率、产业结构水平、信息化程度、质量效益等方面差距明显，转型升级和跨越发展的任务紧迫而艰巨。当前，新一轮科技革命和产业变革与我国加快转变经济发展方式形成历史性交汇，国际产业分工格局正在重塑。必须紧紧抓住这一重大历史机遇，按照“四个全面”战略布局要求，实施制造强国战略，加强统筹规划和前瞻部署，力争通过3个10年的努力，到中华人民共和国成立100年时，把我国建设成为引领世界制造业发展的制造强国，为实现中华民族伟大复兴的中国梦打下坚实基础。在此背景下，2014年12月，“中国制造2025”这一概念被首次提出。2015年3月5日，李克强总理在全国两会上作《政府工作报告》时首次提出“中国制造2025”的宏大计划。2015年3月25日，李克强总理组织召开国务院常务会议，部署加快推进实施“中国制造2025”，实现制造业升级。也正是这次国务院常务会议，审议通过了《中国制造2025》。2015年5月19日，国务院正式印发《中国制造2025》。

《中国制造2025》的主要内容可以用“一二三四五五十”来概括：“一”，就是从制造业大国向制造业强国转变，最终实现制造业强国的一个目标。“二”，就是通过两化融合发展来实现这一目标。党的十八大提出了用信息化和工业化两化深度融合来引领和带动整个制造业的发展，这也是我国制造业所要占据的一个制高点。“三”，就是要通过“三步走”的一个战略，大体上每一步用10年左右的时间来实现我国从制造业大国向制造业强国转变的目标。“四”，就是确定了四项原则。第一项原则是市场主导、政府引导；第二项原则是既立足当前，又着眼长远；第三项原则是全面推进、重点突破；第四项原则是自主发展和合作共赢。“五五”，就是有两个“五”。第一个“五”就是有五条方针，即创新驱动、质量为先、绿色发展、结构优化和人才为本；第二个“五”就是实行五大工程，包括制造业创新中心建设工程、智能制造工程、工业强基工程、绿色制造工程和高端装备创新工程。“十”，指十个领域。包括新一代信息技术产业、高档数控机床和机器人、航空航天装备、海洋工程装备及高技术船舶、先进轨道交通装备、节能与新能源汽车、电力装备、农机装备、新材料、生物医药及高性能医疗器械这十个重点领域。

专栏 6-3

《中国制造2025》“五大工程”与“十大领域”

五大工程

1. 制造业创新中心（工业技术研究基地）建设工程

围绕重点行业转型升级和新一代信息技术、智能制造、增材制造、新材料、生物医药等领域创新发展的重大共性需求，形成一批制造业创新中心，重点开展行业基础和共性关键技术研发、成果产业化、人才培训等工作。制定完善制造业创新中心遴选、考核、管理的标准和程序。

到2020年，重点形成15家左右制造业创新中心，力争到2025年形成40家左右制造业创新中心。

2. 智能制造工程

紧密围绕重点制造领域关键环节，开展新一代信息技术与制造装备融合的集成创新和工程应用。支持政产学研用联合攻关，开发智能产品和自主可控的智能装置并实现产业化。依托优势企业，紧扣关键工序智能化、关键岗位机器人替代、生产过程智能优化控制、供应链优化，建设重点领域智能工厂/数字化车间。在基础条件好、需求迫切的重点地区、行业和企业中，分类实施流程制造、离散制造、智能装备和产品、新业态新模式、智能化管理、智能化服务等试点示范及应用推广。建立智能制造标准体系和信息安全保障系统，搭建智能制造网络系统平台。

到2020年，制造业重点领域智能化水平显著提升，试点示范项目运营成本降低30%，产品生产周期缩短30%，不良品率降低30%。到2025年，制造业重点领域全面实现智能化，试点示范项目运营成本降低50%，产品生产周期缩短50%，不良品率降低50%。

3. 工业强基工程

开展示范应用，建立奖励和风险补偿机制，支持核心基础零部件（元器件）、先进基础工艺、关键基础材料的首批次或跨领域应用。组织重点突破，针对重大工程和重点装备的关键技术和产品急需，支持优势企业开展政产学研用联合攻关，突破关键基础材料、核心基础零部件的工程化、产业化瓶颈。强化平台支撑，布局和组建一批“四基”研究中心，创建一批公共服务平台，完善重点产业技术基础体系。

到2020年，40%的核心基础零部件、关键基础材料实现自主保障，受制于人的局面逐步缓解，航天装备、通信装备、发电与输变电设备、工程机械、轨道交通装备、家用电器等产业急需的核心基础零部件（元器件）和关键基础材料的先进制造工艺得到推广应用。到2025年，70%的核心基础零部件、关键基础材料实现自主保障，80种标志性先进工艺得到推广应用，部分达到国际领先水平，建成较为完善的产业技术基础服务体系，逐步形成整机牵引和基础支撑协调互动的产业创新发展格局。

4. 绿色制造工程

组织实施传统制造业能效提升、清洁生产、节水治污、循环利用等专项技术改造。开展重大节能环保、资源综合利用、再制造、低碳技术产业化示范。实施重点区域、流域、行业清洁生产水平提升计划，扎实推进大气、水、土壤污染源头防治专项。制定绿色产品、绿色工厂、绿色园区、绿色企业标准体系，开展绿色评价。

到2020年，建成千家绿色示范工厂和百家绿色示范园区，部分重化工行业能源资源消耗出现拐点，重点行业主要污染物排放强度下降20%。到2025年，制造业绿色发展和主要产品单耗达到世界先进水平，绿色制造体系基本建立。

5. 高端装备创新工程

组织实施大型飞机、航空发动机及燃气轮机、民用航天、智能绿色列车、节能与新能源汽车、海洋工程装备及高技术船舶、智能电网成套装备、高档数控机床、核电装备、高端诊疗设备等一批创新和产业化专项、重大工程。开发一批标志性、带动性强的重点产品和重大装备，提升自主设计水平和系统集成能力，突破共性关键技术与工程化、产业化瓶颈，组织开展应用试点和示范，提高创新发展能力和国际竞争力，抢占竞争制高点。

到2020年，上述领域实现自主研制及应用。到2025年，自主知识产权高端装备市场占有率大幅提升，核心技术对外依存度明显下降，基础配套能力显著增强，重要领域装备达到国际领先水平。

十大领域

1. 新一代信息技术产业

集成电路及专用装备。着力提升集成电路设计水平，不断丰富知识产权（IP）核和设计工具，突破关系国家信息与网络安全及电子整机产业发展的核心通用芯片，提升国产芯片的应用适配能力。掌握高密度封装及三维（3D）微组装技术，提升封装产业和测试的自主发展能力。形成关键制造装备供货能力。

信息通信设备。掌握新型计算、高速互联、先进存储、体系化安全保障等核心技术，全面突破第五代移动通信（5G）技术、核心路由交换技术、超高速大容量智能光传输技术、“未来网络”核心技术和体系架构，积极推动量子计算、神经网络等发展。研发高端服务器、大容量存储、新型路由交换、新型智能终端、新一代基站、网络安全等设备，推动核心信息通信设备体系化发展与规模化应用。

操作系统及工业软件。开发安全领域操作系统等工业基础软件。突破智能设计与仿真及其工具、制造物联与服务、工业大数据处理等高端工业软件核心技术，开发自主可控的高端工业平台软件和重点领域应用软件，建立完善工业软件集成标准与安全测评体系。推进自主工业软件体系化发展和产业化应用。

2. 高档数控机床和机器人

高档数控机床。开发一批精密、高速、高效、柔性数控机床与基础制造装备及集成制造系统。加快高档数控机床、增材制造等前沿技术和装备的研发。以提升可靠性、精度保持性为重点，开发高档数控系统、伺服电机、轴承、光栅等主要功能部件及关键应用软件，加快实现产业化。加强用户工艺验证能力建设。

机器人。围绕汽车、机械、电子、危险品制造、国防军工、化工、轻工等工业机器人、特种机器人，以及医疗健康、家庭服务、教育娱乐等服务机器人应用需求，积极研发新产品，促进机器人标准化、模块化发展，扩大市场应用。突破机器人本体、减速器、伺服电机、控制器、传感器与驱动器等关键零部件及系统集成设计制造等技术瓶颈。

3. 航空航天装备

航空装备。加快大型飞机研制，适时启动宽体客机研制，鼓励国际合作研制重型直升机；推进干支线飞机、直升机、无人机和通用飞机产业化。突破高推重比、先进涡桨（轴）发动机及大涵道比涡扇发动机技术，建立发动机自主发展工业体系。开发先进机载设备及系统，形成自主完整的航空产业链。

航天装备。发展新一代运载火箭、重型运载器，提升进入空间能力。加快推进国家民用空间基础设施建设，发展新型卫星等空间平台与有效载荷、空天地宽带互联网系统，形成长期持续稳定的卫星遥感、通信、导航等空间信息服务能力。推动载人航天、月球探测工程，适度发展深空探测。推进航天技术转化与空间技术应用。

4. 海洋工程装备及高技术船舶

大力发展深海探测、资源开发利用、海上作业保障装备及其关键系统和专用设备。推动深海空间站、大型浮式结构物的开发和工程化。形成海洋工程装备综合试验、检测与鉴定能力，提高海洋开发利用水平。突破豪华邮轮设计建造技术，全面提升液化天然气船等高技术船舶国际竞争力，掌握重点配套设备集成化、智能化、模块化设计制造核心技术。

5. 先进轨道交通装备

加快新材料、新技术和新工艺的应用，重点突破体系化安全保障、节能环保、数字化智能化网络化技术，研制先进可靠适用的产品和轻量化、模块化、谱系化产品。研发新一代绿色智能、高速重载轨道交通装备系统，围绕系统全寿命周期，向用户提供整体解决方案，建立世界领先的现代轨道交通产业体系。

6. 节能与新能源汽车

继续支持电动汽车、燃料电池汽车发展，掌握汽车低碳化、信息化、智能化核心技术，提升动力电池、驱动电机、高效内燃机、先进变速器、轻量化材料、智能控制等核心技术的工程化和产业化能力，形成从关键零部件到整车的完整工业体系和创新体系，推动自主品牌节能与新能源汽车同国际先进水平接轨。

7. 电力装备

推动大型高效超净排放煤电机组产业化和示范应用，进一步提高超大容量水电机组、核电机组、重型燃气轮机制造水平。推进新能源和可再生能源装备、先进储能装置、智能电网用输变电及用户端设备发展。突破大功率电力电子器件、高温超导材料等关键元器件和材料的制造及应用技术，形成产业化能力。

8. 农机装备

重点发展粮、棉、油、糖等大宗粮食和战略性经济作物育、耕、种、管、收、运、贮等主要生产过程使用的先进农机装备，加快发展大型拖拉机及其复式作业机具、大型高效联合收割机等高端农业装备及关键核心零部件。提高农机装备信息收集、智能决策和精准作业能力，推进形成面向农业生产的信息化整体解决方案。

9. 新材料

以特种金属功能材料、高性能结构材料、功能性高分子材料、特种无机非金属材料和先进复合材料为发展重点，加快研发先进熔炼、凝固成型、气相沉积、型材加工、高效合成等新材料制备关键技术和装备，加强基础研究和体系建设，突破产业化制备瓶颈。积极发展军民共用特种新材料，加快技术双向转移转化，促进新材料产业军民融合发展。高度关注颠覆性新材料对传统材料的影响，做好超导材料、纳米材料、石墨烯、生物基材料等战略前沿材料提前布局和研制。加快基础材料升级换代。

10.生物医药及高性能医疗器械

发展针对重大疾病的化学药、中药、生物技术药物新产品，重点包括新机制和新靶点化学药、抗体药物、抗体偶联药物、全新结构蛋白及多肽药物、新型疫苗、临床优势突出的创新中药及个性化治疗药物。提高医疗器械的创新能力和产业化水平，重点发展影像设备、医用机器人等高性能诊疗设备，全降解血管支架等高值医用耗材，可穿戴、远程诊疗等移动医疗产品。实现生物3D打印、诱导多能干细胞等新技术的突破和应用。

资料来源：国务院关于印发《中国制造2025》的通知（国发〔2015〕28号）。

（一）基本原则

1. 坚持市场主导和政府引导相结合

《中国制造2025》明确提出市场主导和政府引导的原则，无论是政府制定的"1+X"规划体系，还是十大重点领域技术路线图，政府发挥的都是引导的作用。全面实施制造强国战略，政府工作的着力点应该更多地放在培育科技创新生态系统上，放在培育有利于创新发展的公平市场竞争环境上，要围绕大力发展先进制造业在市场准入、要素配置和降低成本方面营造良好环境。要注重发挥行业协会的作用，要充分发挥企业和企业家在技术创新上的主体作用。要充分发挥竞争政策在制造强国建设中的基础作用，全面实施公平竞争审查制度，全面清理和废止不利于全国统一市场建设的政策措施。针对切实的前沿技术、新兴技术和中小企业的创新领域可以采用补贴、税收优惠等形式的扶持性产业政策。

2. 坚持十大重点领域突破发展与传统产业升级改造相结合

一方面，要瞄准新一代信息技术、高端装备、新材料等十大战略重点领域，引导社会各类资源集聚，寻求突破发展，为整个制造业高端化奠定技术、材料和装备的产业基础；另一方面，要重视新一轮工业革命背景下，由新一代信息技术为代表的新技术及其引起的新产业、新模式、新业态的快速发展对传统产业的影响，加快应用新技术、新模式改造传统产业，尤其是利用互联网技术促进传统产业升级改造。要将《中国制造2025》、"互联网+"和"创新创业"三大政策体系紧密结合起来，积极推进传统制造业与互联网的深度融合，以智能制造为主攻方向，促进中国经济新旧动能平稳接续和快速转换。

3. 坚持各类制造企业共生共荣、协调发展

在制造强国建设过程中，我们需要建立一个大中小制造企业共生共荣、各类所有制企业协调发展的生态系统。尤其值得强调的是，以提高智能制造的水平为主攻方向推进实施制造强国战略，不仅仅需要大型企业集团支撑，还需要培育一大批智能制造应用水平比较高的中小企业，因此创造有利环境促进中小企业的智能制造水平提升十分重要。

4. 坚持激发企业家精神与弘扬工匠精神相结合

持续创新、不畏风险是企业家精神的重要内涵，精益求精、专心致志是工匠精神的重要要义。制造强国战略建设，既需要持续创新的企业家精神——这种持续创新的企业家精神是制造业高端化、绿色化和智能化发展的保证，也需要精益求精的工匠精神——这种精益求精的工匠精神是制造业质量和信誉的保证。一个制造强国，既要有一大批具有创新精神、专注制造业发展的企业家，也要有一大批精益求精、不断创新工业改进产品质量的现代产业工人。一种精神或文化的培育，往往要经历社会文化环境与经济法律制度相互作用的复杂漫长的过程，需要改善社会文化环境与完善激励制度相协同。当务之急是，一方面要切实解决“脱实向虚”导致的“虚实失衡”结构问题，使作为实体经济主体的制造业发展环境不断优化；另一方面要建立和完善有利于企业家创新和现代产业工人精益求精的制度设计，这既包括保护知识产权、促进公平竞争等能够激励企业家将精力和资源集中到制造业创新发展上的体制机制，又包括职业培训体系、职业社会保障、薪酬和奖励制度等在内的激励现代产业工人精益求精、专心致志的制度体系。

（二）发展目标

坚持“创新驱动、质量为先、绿色发展、结构优化、人才为本”的基本方针；坚持“市场主导、政府引导；立足当前、着眼长远；整体推进、重点突破；自主发展、开放合作”的基本原则，通过三步走实现制造强国

的战略目标。

第一步：力争用10年时间，迈入制造强国行列。到2020年，基本实现工业化，制造业大国地位进一步巩固，制造业信息化水平大幅提升。掌握一批重点领域关键核心技术，优势领域竞争力进一步增强，产品质量有较大提高。制造业数字化、网络化、智能化取得明显进展。重点行业单位工业增加值能耗、物耗及污染物排放明显下降。到2025年，制造业整体素质大幅提升，创新能力显著增强，全员劳动生产率明显提高，两化（工业化和信息化）融合迈上新台阶。重点行业单位工业增加值能耗、物耗及污染物排放达到世界先进水平。形成一批具有较强国际竞争力的跨国公司和产业集群，在全球产业分工和价值链中的地位明显提升。

第二步：到2035年，我国制造业整体达到世界制造强国阵营中等水平。创新能力大幅提升，重点领域发展取得重大突破，整体竞争力明显增强，优势行业形成全球创新引领能力，全面实现工业化。

第三步：中华人民共和国成立100年时，制造业大国地位更加巩固，综合实力进入世界制造强国前列。制造业主要领域具有创新引领能力和明显竞争优势，建成全球领先的技术体系和产业体系。

（三）主要衡量指标及其内涵

1. 指标选取的总体考虑

《中国制造2025》指标体系的设立，综合考虑了以下几方面因素：

第一，能够体现制造强国的主要特征。指标的选取，既要能够反映雄厚的产业规模、优化的产业结构、良好的质量效益、持续的发展能力等制造强国的主要特征，又要借鉴参考国外的评价指标，形成与国际之间具有可比性的指标体系。

第二，能够体现新型工业化的根本要求。党的十八大提出到2020年要基本实现工业化，新型工业化是实现工业化的必由之路。指标的选取，要充分体现创新驱动、资源节约、环境友好、质量效益、两化深度融合的根本要求。

第三，指标数据具有可获得性和可比较性。指标的设立考虑了历史数据的可获得性和可量化性，如制造业增加值、劳动生产率、R&D投入、专利、能耗等指标，能够实现与历史数据的对比及与国外发展情况的比较。

第四，体现系统性和全面性相结合。指标的设立要能够满足系统评价制造强国的需要，同时还要体现制造业当前发展情况、国际竞争力、发展潜力等各方面的综合实力，体现系统性和全面性的良好结合。

综合考虑上述因素，经研究，《中国制造2025》采用了创新能力、质量效益、两化融合、绿色发展4大类共12项指标。

2. 主要规划目标

（1）体现创新能力的指标

加强自主创新能力是实现由工业大国向工业强国转变的核心，是实现我国价值链低端向高端跃升，加快推动增长动力向创新驱动转变的重要举措。《中国制造2025》提出，到2020年掌握一批重点领域的关键核心技术，优势领域竞争力进一步增强，到2025年创新能力显著增强，在全球产业分工和价值链中的地位明显提升。从定量指标看，确定了两个目标任务：

一是规模以上制造业研发经费内部支出占主营业务收入比重。为与国际具有可比性，该指标的预测，使用OECD的统计数据。未来10年，以OECD统计的1999—2012年我国制造业研发投入强度年均增速5.9%进行测算，2020年和2025年指标将分别达到1.26%和1.68%。

二是规模以上制造业每亿元主营业务收入有效发明专利数。据统计，2006—2013年，我国规模以上制造业每亿元主营业务收入有效发明专利数从0.16件增加到0.36件，年均增长12.4%，平均每年增加约0.029件。未来10年，按照12.4%的年均增速测算，2020年和2025年指标分别达到0.83件和1.48件；按照年均增加0.029件测算，2020年和2025年分别达到0.57件和0.71件。为提高指标预测的准确性，取两者均值，2020年和2025年指标分别达到0.70件和1.10件。

（2）体现质量效益的指标

工业发展质量效益指标主要包括制造业质量竞争力指数、制造业增加值率和制造业全员劳动生产率增速三个指标。

一是制造业质量竞争力指数。该指标为国内独创，是反映我国制造业质量整体水平的经济技术综合指标，由质量水平和发展能力两个方面6个维度12项具体指标计算得出。未来10年，预计国际市场需求不足的局面难有根本改观，传统低端产业竞争优势走弱不可避免，质量竞争力将继续保持中低增长速度，为此以年均增长0.19分（2010—2013年平均增长0.19分）计算，2020年和2025年分别达到84.5分和85.5分。

二是制造业增加值率。受世界金融及经济危机影响，我国制造业增加值率2008—2011年下降速度较快，近两年来开始止跌回稳。从2012年情况看，发达国家一般在35%以上，美国、德国、日本甚至超过45%，我国仅为其一半左右。未来10年，我国制造业结构调整和产业升级步伐加快，重化工业和加工贸易比重降低，制造业将逐步向价值链高端提升，预计“十三五”期间制造业增加值率将走出低谷期，2020年比2015年提高2%，到2025年恢复到金融危机前的水平，比2015年提高4%。

三是制造业全员劳动生产率增速。我国制造业全员劳动生产率与发达国家存在较大差距，但增速远远高于仅为0.5%~2%的美、日、德等发达经济体。未来10年，随着我国工业经济进入新常态，制造业增加值增速将逐步放缓，而制造业就业人口规模将相对稳定并突出结构优化，制造业全员劳动生产率与制造业增加值变化正相关并略高于后者增长速度。预计“十三五”和“十四五”期间，制造业全员劳动生产率年均增速分别为7.5%和6.5%左右。

（3）体现两化融合的指标

未来10年，制造业信息化水平大幅提升，制造业数字化、网络化、智能化取得明显进展，两化融合迈上新台阶，宽带基础设施更加完善，数字化研发设计工具、关键工序制造装备数控化在规模以上企业得到广泛应用。

首先，宽带用户数。“十三五”期间，根据国务院颁布的《“宽带中国”战略及实施方案》发展目标，2020年我国固定宽带接入用户将达到4亿户，其中家庭宽带用户约3.3亿户，固定宽带家庭普及率将超过70%。“十四五”期间，我国固定宽带发展将进入缓慢增长的饱和阶段，预计宽带用户年均净增规模在1100万，据此估算2025年我国固定宽带接入用户将达到4.8亿户，其中家庭宽带用户将达到3.9亿户，固定宽带家庭普及率达到82%，达到发达国家当前的平均发展水平。

其次，数字化研发设计工具普及率。参照2011—2014年数字化研发设计工具普及率年均增加3.1%，并遵循指标超过60%增速将放缓的普遍规律，预计“十三五”期间，数字化研发设计工具普及率年均增加2.7%，“十四五”期间，数字化研发设计工具普及率年均增加2.4%，2020年和2025年指标将分别达到72%和84%。

表6-2 数字化研发设计工具普及率及其增长情况

指标	2011年	2012年	2013年	2014年	2017年	2018年	2020年（预计）	2025年（预计）
数字化研发设计工具普及率	45.9%	48.8%	51.9%	55.1%	63.3%	67.8%	72%	84%
同比增加	–	2.9%	3.1%	3.2%	–	4.5%	2.7%（五年年均）	2.4%（五年年均）

再次，关键工序数控化率。参考2011—2014年关键工序数控化率增长趋势，预计“十三五”期间指标年均增加3.3%，2020年指标将达到50%。“十四五”期间，遵循指标超过60%增速将放缓的普遍规模，关键工序数控化率年均增加2.8%，到2025年指标将达到64%。

表6-3　关键工序数控化率及其增长情况

指标	2011年	2012年	2013年	2014年	2017年	2018年	2020年（预计）	2025年（预计）
关键工序数控化率	22.3%	24.6%	27.0%	30.1%	46.4%	48.5%	50%	64%
同比增加	–	2.3%	2.4%	3.1%	–	2.1%	3.3%（五年年均）	2.8%（五年年均）

（4）体现绿色发展的指标

我国实现可持续发展的重点在工业，难点也在工业。由于工业能耗占全社会能耗的70%以上，工业排放污染是我国污染的主要来源。《中国制造2025》提出，到2025年重点行业单位工业增加值能耗、物耗及污染物排放达到世界先进水平。《中国制造2025》还确定了4个定量指标，即规模以上单位工业增加值能耗2020年和2025年分别较“十二五”末降低18%和34%；单位工业增加值二氧化碳排放量分别下降22%和40%；单位工业增加值用水量分别降低23%和41%；工业固体废物综合利用率由“十二五”末的65%分别提高到73%和79%。

（四）对制造强国建设的思考

制造强国建设已成为我国的重大国策，无论是在“十三五”规划内容中，还是在供给侧结构改革战略部署里，制造强国建设都占据重要地位。2015年5月我国推出的《中国制造2025》，提出了制造强国建设的目标、阶段、行动纲领和实现路线图。《中国制造2025》作为一项重大产业政策，其推进方式和机制的本质是产业政策实施的问题。在我国日益成熟的社会主义市场经济体制下，实施产业政策推进制造强国建设，应切实把握好产业政策的实施力度，既要发挥好产业政策的扶持、引导和推动作用，又要避免落入政府大包大揽、急功近利的强选择性产业政策窠臼。一般而言，按照政府作用强度和方式，可以把产业政策分为功能性产业政策和选择性产业政策，前者重点是政府通过人力资源培训、研发补贴、市场服务等形式完善整体产业发展基础功能进而提高产业竞争力，一般不针对具体产业；而后者重点是政府通过补贴、税收、法规等形式直接支持、扶持、保护或者限制某些产业的发展，以加快产业结构转型升级、实现经济赶超。作为后发赶超的社会主义大国，一直以来，我国总体上偏重于使用选择性产业政策，政策具有覆盖面过广、直接干预市场、选择性强等特征。从实施效果看，总体上对我国快速推进工业化进程、实现经济赶超发挥了重要作用，但是也存在干预市场和影响市场机制形成的问题，甚至经常产生产业政策实施结果与初衷相反的“事与愿违”的情况。

《中国制造2025》针对我国产业共性关键技术和前沿技术缺乏、技术转移扩散和商业化应用不够提出“制造业创新中心建设工程”，针对我国在核心基础零部件、关键基础材料、先进基础工艺和产业共性基础技术存在的巨大差距提出了“工业强基工程”，针对适应绿色制造、智能制造和高端制造的未来发展趋势提出了“绿色制造工程”“智能制造工程”和“高端制造工程”，并明确了我国制造业发展的十大重点领域。这些工程项目的本质是为了解决表现为关键核心技术受制于人、高端产业发展不足的我国制造业大而不强的问题。而制造业大而不强问题的根源在于创新能力不强，因此落实《中国制造2025》的关键，在于培育和提升制造业的创新能力，实现从“跟随创新”向“领先创新”的转变。也就是说，制造强国建设的核心是技术创新能力的提升。相比具体产业而言，创新能力是动态的、可持续的和根本的。相对于选择性产业政策更注重于有针对性地补贴具体的产业而言，功能性产业政策更强调建设产业发展的广义基础设施建设（包括物质性基础设施、社会性基础设施和制度性基础设施），推动和促进技术创新和人力资本投资，维护公平竞争，降低社会交易成本，创造有效率的市场环境，从而完善技术创新生态系统，进而提升整个产业和国家的创新能力。因此，功能性产业政策更符合《中国制造2025》的目标。

功能性产业政策要求政府在推动制造强国建设的过程中，避免急功近利地将工作重心放在大力扶持发展某些具体产业上，而应有长期战略视野，把工作重点放在完善培育制造业创新生态系统和基础性创新环境建设上。具体而言，一是着重于促进人力资源培育，发展多种形式的应用型职业教育；二是实行普惠政策，广泛减轻企业负担，特别是注重改善小微企业经营环境；三是激励创新行为，促进产学研结合，加强对企业知识产权的法律保护；四是针对前沿技术、新兴技术和中小企业的创新领域中由市场无法较好解决的技术或具体产业，可以采用补贴、税收优惠、贴息等形式的扶持性政策，统筹解决新兴技术和前沿技术的研发、工程化和商业化问题。政府部门要对被补贴方采用严格的资金使用和项目过程评估，确保资金的使用效率和透明度。政府扶持资金规模不应过大，应主要发挥对企业或社会资金投入的带动作用。

第七章 中国创新政策体系

围绕创新驱动战略，中共中央、国务院制定发布了一系列旨在鼓励创新、激励创新的政策，涉及人才政策、知识产权保护政策、高科技企业政策等，其总体目标是通过深化改革，加快建立适应科技创新规律、统筹协调、职责清晰、科学规范、公开透明、监管有力的创新政策体系，为实施创新驱动发展战略提供有力保障。

一、科研政策

《国家中长期科学和技术发展规划纲要（2006—2020年）》实施以来，我国财政科技投入快速增长，科研项目和资金管理不断改进，为科技事业发展提供了有力支撑。但也存在项目安排分散重复、管理不够科学透明、资金使用效益亟待提高等突出问题，必须切实加以解决。为深入贯彻党的十八大和十八届二中、三中全会精神，落实创新驱动发展战略，促进科技与经济紧密结合，国务院就改进加强中央财政科研项目和资金管理问题制定了相关政策，即《国务院关于改进加强中央财政科研项目和资金管理的若干意见》（国发〔2014〕11号，简称《意见》）。

《意见》共8个部分29条，体现4个方面的特点：其一，坚持激励导向。实施分类管理，优化管理流程，减轻人员负担，完善支出政策，促进成果转化和收入分配改革。其二，坚持问题导向。把破解科研项目和自己管理中反映强烈的突出问题作为改革的着力点。其三，坚持简政放权。加快职能转变，完善激励政策，营造创新环境。其四，坚持监管与服务并重。把监管寓于服务之中，构建服务型监管体系，充分发挥各级管理部门和法人单位作用，奖优罚劣，对违纪行为零容忍。

总体目标是通过深化改革，加快建立适应科技创新规律、统筹协调、职责清晰、科学规范、公开透明、监管有力的科研项目和资金管理机制，使科研项目和资金配置更加聚焦国家经济社会发展重大需求，基础前沿研究、战略高科技研究、社会公益研究和重大共性关键技术研究显著加强，财政资金使用效益明显提升，科研人员的积极性和创造性充分发挥，科技对经济社会发展的支撑引领作用不断增强，为实施创新驱动发展战略提供有力保障。

（一）解决科技资源重复分散问题

1. 建立健全统筹协调与决策机制

针对科技资源重复分散、碎片化的问题，《意见》提出科技行政主管部门会同有关部门要充分发挥科技工作重大问题会商与沟通机制的作用，按照国民经济和社会发展规划的部署，加强科技发展优先领域、重点任务、重大项目等的统筹协调，形成年度科技计划（专项、基金等）重点工作安排和部门分工，经国家科技体制改革和创新体系建设领导小组审议通过后，分工落实、协同推进。财政部门要加强科技预算安排的统筹，做好各类科技计划（专项、基金等）年度预算方案的综合平衡。涉及国民经济、社会发展和国家安全的重大科技事项，按程序报国务院决策。

2. 提出健全绩效评估、动态调整和终止机制

针对部分中央各部门管理的科技计划（专项、基金等）定位不清、重复交叉、实施效果不好的问题，《意见》提出应当根据国家战略需求和科技发展需要，按照政府职能转变和中央与地方合理划分事权的要求，明确各自功能定位、目标和时限。建立各类科技计划（专项、基金等）的绩效评估、动态调整和终止机制。优化整合中央各部门管理的科技计划（专项、基金等），对定位不清、重复交叉、实施效果不好的，要通过撤、并、转等方式进行必要调整和优化。项目主管部门要按照各自职责，围绕科技计划（专项、基金等）功能定位，科学组织安排科研项目，提升项目层次和质量，合理控制项目数量。

3. 建设国家科技管理信息系统

科技行政主管部门、财政部门会同有关部门和地方在现有各类科技计划（专项、基金等）科研项目数据库基础上，按照统一的数据结构、接口标准和信息安全规范，在2014年年底前基本建成中央财政科研项目数据库；2015年年底前基本实现与地方科研项目数据资源的互联互通，建成统一的国家科技管理信息系统，并向社会开放服务。

（二）科研项目分类管理及其政策导向

1. 基础前沿科研项目突出创新导向

立足原始创新，充分尊重专家意见，通过同行评议、公开择优的方式确定研究任务和承担者，激发科研人员的积极性和创造性。引导支持企

业增加基础研究投入，与科研院所、高等学校联合开展基础研究，推动基础研究与应用研究的紧密结合。对优秀人才和团队给予持续支持，加大对青年科研人员的支持力度。项目主管部门要减少项目执行中的检查评价，发挥好学术咨询机构、协会、学会的咨询作用，营造“鼓励探索、宽容失败”的实施环境。

2. 公益性科研项目聚焦重大需求

公益性科研项目要重点解决制约公益性行业发展的重大科技问题，强化需求导向和应用导向。行业主管部门应当充分发挥组织协调作用，提高项目的系统性、针对性和实用性，及时协调解决项目实施中存在的问题，保证项目成果服务社会公益事业发展。加强对基础数据、基础标准、种质资源等工作的稳定支持，为科研提供基础性支撑。

3. 市场导向类项目突出企业主体

明晰政府与市场的边界，充分发挥市场对技术研发方向、路线选择、要素价格、各类创新要素配置的导向作用，政府主要通过制定政策、营造环境，引导企业成为技术创新决策、投入、组织和成果转化的主体。对于政府支持企业开展的产业重大共性关键技术研究等公共科技活动，在立项时要加强对企业资质、研发能力的审核，鼓励产学研协同攻关。对于政府引导企业开展的科研项目，主要由企业提出需求、先行投入和组织研发，政府采用“后补助”及间接投入等方式给予支持，形成主要由市场决定技术创新项目和资金分配、评价成果的机制以及企业主导项目组织实施的机制。

4. 重大项目突出国家目标导向

对于事关国家战略需求和长远发展的重大科研项目，应当集中力量办大事，聚焦攻关重点，设定明确的项目目标和关键节点目标，并在任务书中明确考核指标。项目主管部门主要采取定向择优方式遴选优势单位承担项目，鼓励产学研协同创新，加强项目实施全过程的管理和节点目标考核，探索实行项目专员制和监理制；项目承担单位上级主管部门要切实履行在项目推荐、组织实施和验收等环节的相应职责；项目承担单位要强化主体责任，组织有关单位协同创新，保证项目目标的实现。

（三）科研项目管理改革

1. 改革项目指南形成机制

针对项目指南编制时间偏短、参与指南编写的专家范围和技术专业领域相对有限的问题，《意见》提出要扩大项目指南编制工作的参与范围，项目指南发布前要充分征求科研单位、企业、相关部门、地方、协会、学会等有关方面意见，并建立由各方参与的项目指南论证机制，特别是市场导向类项目，要充分征求产业界专家的意见，反映产业需求。

针对项目指南发布时间不固定，导致科研人员错过申报时间的问题，《意见》提出项目主管部门每年固定时间发布项目指南，并通过多种方式扩大项目指南知晓范围，鼓励符合条件的科研人员申报项目，自指南发布日到项目申报受理截止日不少于50天，以保证科研人员有充足时间申报项目。

2. 规范项目立项程序和要求

针对立项不够公开透明的问题，《意见》提出要明示项目审批流程，规范评审专家行为，提高项目评审质量，推行网络评审和视频答辩评审，视频与会议答辩评审应当录音录像，实现立项过程“可申诉、可查询、可追溯”；同时要向申报单位及时反馈评审结果和意见，提高科研人员的满意度。

针对一题多报或重复资助、项目打包以及“拉郎配”，《意见》提出要规范立项审查行为，健全立项管理的内部控制制度，对项目申请者及其合作方的资质、科研能力等进行重点审核，加强项目查重。项目主管部门要完善公平竞争的项目遴选机制，通过公开择优、定向择优等方式确定项目承担者；要规范立项审查行为，健全立项管理的内部控制制度。

针对立项程序复杂、周期长的问题，《意见》提出简化立项流程，压缩评审时间，从手里项目申请到反馈立项结果，原则上不超过120个工作日。

3. 完善过程管理

针对项目过程管理的质量和效率不高的问题，《意见》提出加强对各类项目执行中间环节的把控，针对不同项目开展巡检或不定期抽查，对大项目，加强过程管理和服务，协调解决实施中的问题；对一般项目，减少项目执行中的检查评价，为科研人员营造宽松的环境。

针对验收质量不高、验收走过场的问题，《意见》提出根据不同类型项目，可以采取同行评议、第三方评估、用户测评等方式，依据项目任务书组织验收，将项目验收结果纳入国家科技报告。探索开展重大项目决策、实施、成果转化的后评价。

（四）改进科研项目资金管理

针对预算管理过细过严、结余经费政策有待改进、间接费用和绩效支出政策落实不到位等问题，《意见》提出了一系列的改进举措：

1. 规范项目预算编制和评估评审工作

《意见》提出项目申请单位应当按规定科学合理、实事求是地编制项目预算，并对仪器设备购置、合作单位资质及拟外拨资金进行重点说明。相关部门要改进预算编制方法，完善预算编制指南和评估评审工作细则，健全预算评估评审的沟通反馈机制。评估评审工作的重点是项目预算的目标相关性、政策相符性、经济合理性，在评估评审中不得简单按比例核减预算。另外，《意见》首次明确，对非定额补助项目，在项目指南中不再先行设定预算控制额度，这也体现了项目预算管理理念的重大变化。

2. 及时拨付项目资金

《意见》提出项目主管部门要合理控制项目和预算评估评审时间，加强项目立项和预算下达的衔接，及时批复项目和预算。相关部门和单位要按照财政国库管理制度相关规定，结合项目实施和资金使用进度，及时合规办理资金支付。实行部门预算批复前项目资金预拨制度，保证科研任务顺利实施。对于有明确目标的重大项目，按照关键节点任务完成情况进行拨款。

3. 规范直接费用支出管理

《意见》提出科学界定与项目研究直接相关的支出范围，各类科技计划（专项、基金等）的支出科目和标准原则上应保持一致。调整劳务费开支范围，将项目临时聘用人员的社会保险补助纳入劳务费科目中列支。对于项目预算管理过细过严的问题，《意见》提出将进一步下放预算调整审批权限，同时严格控制会议费、差旅费、国际合作与交流费，项目实施中发生的三项支出之间可以调剂使用，但不得突破三项支出预算总额。

4. 完善间接费用和管理费用管理

《意见》提出对实行间接费用管理的项目，间接费用的核定与项目承担单位信用等级挂钩，由项目主管部门直接拨付到项目承担单位。间接费用用于补偿项目承担单位为项目实施所发生的间接成本和绩效支出，项目承担单位应当建立健全间接费用的内部管理办法，合规合理使用间接费用，结合一线科研人员实际贡献公开公正安排绩效支出，体现科研人员价值，充分发挥绩效支出的激励作用。项目承担单位不得在核定的间接费用或管理费用以外再以任何名义在项目资金中重复提取、列支相关费用。

5. 改进项目结转结余资金管理方式

《意见》提出项目完成任务目标并通过验收，且承担单位信用评价好的，项目结余资金按规定在一定期限内由单位统筹安排用于科研活动的直接支出，并将使用情况报项目主管部门；未通过验收和整改后通过验收的项目，或承担单位信用评价差的，结余资金按原渠道收回。这种管理方式将有效解决项目单位突击花钱的问题，也将进一步促进科研人员精打细算、科学规范地使用科研经费。《意见》还明确规定，项目在研期间，年度剩余资金可以结转下一年度继续使用。此外，为保障科研项目资金专款专用，防止单位挤占挪用科研资金，《意见》强调了完善单位预算管理的有关内容，财政部门要合理安排科研院所和高等学校等事业单位预算，科研院所和高等学校等事业单位要按照国家规定合理安排人员经费和公用经费，保障单位正常运转，确保科研项目资金的独立性。

（五）加强科研项目的资金监管

1. 强化项目承担单位法人作用

《意见》指出项目承担单位是科研项目实施和资金管理使用的责任主体，要切实履行在项目申请、组织实施、验收和资金使用等方面的管理职责，加强支撑服务条件建设，提高对科研人员的服务水平，同时建立常态化的自查自纠机制，严肃处理本单位出现的违规行为。项目承担单位要建立健全科研和财务管理等相结合的内部控制制度，规范项目资金管理，在职责范围内及时审批项目预算调整事项。

2. 进一步规范资金使用行为

《意见》明确了科研项目资金管理使用中的五项明令禁止行为，包括不得擅自调整外拨资金，不得利用虚假票据套取资金，不得通过编造虚假合同、虚构人员名单等方式虚报冒领劳务费和专家咨询费，不得通过虚构测试化验内容、提高测试化验支出标准等方式违规开支测试化验加工费，不得随意调账变动支出、随意修改记账凭证、以表代账应付财务审计和检查。科研院所、高等学校等事业单位承担项目所发生的会议费、差旅费、小额材料费和测试化验加工费等，要按规定实行“公务卡”结算，对设备费、大宗材料费和测试化验加工费、劳务费、专家咨询费等支出，原则上应当通过银行转账方式结算。

3. 加大对违规行为的处罚力度

强调国家对于严重违规违法问题“零容忍”的态度，针对当前违规行为惩处力度不足、违规成本低的情况，《意见》规定了通报批评、暂停项目拨款、终止项目执行、追回已拨项目资金、取消项目承担者一定期限内项目申报资格等五项惩罚措施，涉及违法的移交司法机关处理，并将有关结果向社会公开。针对出现的问题，倒查项目主管部门相关人员的履职尽责和廉洁自律情况，经查实存在问题的依法依规严肃处理。

（六）加强制度建设与构建长效机制

1. 推行信用管理

随着财政科技投入的大幅增加，科研项目和资金管理呈现量大、面广、线长的特点，创新管理方式，提高监管效果，成为当前的一项重要任务。《意见》要求，建立覆盖指南编制、项目申请、评估评审、立项、执行、验收全过程的科研信用记录制度，由项目主管部门委托专业机构对项目承担单位和科研人员、评估评审专家、中介机构等参与主体进行信用评级，并按信用评级实行分类管理，表现良好的承担单位和科研人员可在一定时期内“免检”，严重不良信用记录者则记入“黑名单”，阶段性或永久取消其申请中央财政资助项目或参与项目管理的资格。

2. 完善信息公开制度

《意见》要求项目主管部门应当按规定向社会公开科研项目的立项信息、验收结果和资金安排情况等，接受社会监督。项目承担单位应当在单位内部公开项目立项、主要研究人员、资金使用、大型仪器设备购置以及项目研究成果等情况，接受内部监督。

3. 建立国家科技报告制度

国家科技报告制度是向全社会公开财政支持科研项目实施情况和成果公示的重要制度，《意见》要求科技行政主管部门要会同有关部门制定科技报告的标准和规范，建立国家科技报告共享服务平台，实现国家科技资源持续积累、完整保存和开放共享。目前，科技部已制定公布了《关于加快建立国家科技报告制度的指导意见》，国家科技报告服务系统也已上线运行，下一步将继续按计划推进科技报告的公开工作。

4. 改进专家遴选制度

《意见》规定，评估评审专家中一线科研人员的比例应当达到75%左右。建立专家数据库，实行评估评审专家轮换、调整机制和回避制度。对采用视频或会议方式评审的，公布专家名单，强化专家自律，接受同行质询和社会监督；对采用通信方式评审的，评审前专家名单严格保密，保证评审公正性。

5. 建立逐级考核问责和倒查机制

《意见》要求建立完善覆盖项目决策、管理、实施主体的逐级考核问责机制。有关部门要加强科研项目和资金监管工作，严肃处理违规行为，按规定采取通报批评、暂停项目拨款、终止项目执行、追回已拨项目资金、取消项目承担者一定期限内项目申报资格等措施，涉及违法的移交司法机关处理，并将有关结果向社会公开。建立责任倒查制度，针对出现的问题倒查项目主管部门相关人员的履职尽责和廉洁自律情况，经查实存在问题的依法依规严肃处理。

（七）激发科研人员的创造活力

目前科研人员智力价值得不到应有体现的问题反映较多，普遍认为当前政策规定的工资水平与科研人员实际贡献不相匹配，绩效工资制度尚未建立，个人收入的主渠道保障不足。就项目单位而言，部分单位稳定队伍、吸引人才的资金压力较大，存在通过科研项目经费解决科研人员待遇问题的情况。《意见》提出：

1. 推动完善科研人员收入分配政策

建立健全与科研人员岗位职责、工作业绩、实际贡献紧密相连的分配激励机制，《意见》明确了要按照国家规定合理安排人员经费和公用经费，保障单位正常运转。

2. 健全政策机制

《意见》提出要健全科技人才流动、成果转化、知识产权运用和保护等的政策机制。鼓励科研院所、高校和企业人才的双向交流，完善兼职兼薪管理政策，推进事业单位科技成果的使用、处置和收益管理改革，完善落实促进科研人员进行成果转化的收益分配政策，落实激励科技创新税收政策，充分调动科研单位和科研人员的积极性和创造性。

专栏 7-1

党的十八大以来出台的国家科技政策

2013年3月4日，《国务院关于印发国家重大科技基础设施建设中长期规划（2012—2030年）的通知》（国发〔2013〕8号）。

2014年3月12日，《国务院关于改进加强中央财政科研项目和资金管理的若干意见》（国发〔2014〕11号）。

2014年9月10日，《国务院办公厅转发科技部关于加快建立国家科技报告制度指导意见的通知》（国办发〔2014〕43号）。

2014年10月14日，《财政部、科技部、国家知识产权局关于开展深化中央级事业单位科技成果使用、处置和收益管理改革试点的通知》（财教〔2014〕233号），简称“三权下放”。

2014年10月28日，《国务院关于加快科技服务业发展的若干意见》（国发〔2014〕49号）。

2014年10月28日，《关于加强中国特色新型智库建设的意见》。

2014年12月，《自然科学基金项目资助经费管理办法（征求意见稿）》。

2014年12月3日，《国务院印发关于深化中央财政科技计划（专项、基金等）管理改革的方案的通知》（国发〔2014〕64号）。

2014年12月10日，《国务院办公厅关于转发知识产权局等单位深入实施国家知识产权战略行动计划（2014—2020年）的通知》（国办发〔2014〕64号）。

2014年12月31日，《国务院关于国家重大科研基础设施和大型科研仪器向社会开放的意见》（国发〔2014〕70号）。

2015年1月14日，国务院常务会议审议通过《设立国家新兴产业创业投资引导基金的决定》。

2015年3月5日，第十二届全国人大常委会第十三次会议初次审议了《促进科技成果转化法修正案（草案）》。

2015年3月23日，中共中央、国务院发布《关于深化体制机制改革，加快实施创新驱动发展战略的若干意见》。

资料来源：根据国务院及有关部门出台的政策整理。

同时，《“十三五”国家科技创新规划》也提出，面向2030年，选择一批体现国家战略意图的重大科技项目，力争有所突破。从更长远的战略需求出发，坚持有所为、有所不为，力争在航空发动机及燃气轮机、深海空间站、量子通信与量子计算、脑科学与类脑研究、国家网络空间安全、深空探测及空间飞行器在轨服务与维护系统、种业自主创新、煤炭清洁高效利用、智能电网、天地一体化信息网络、大数据、智能制造和机器人、重点新材料研发及应用、京津冀环境综合治理、健康保障等重点方向率先突破。按照“成熟一项、启动一项”的原则，分批次有序启动实施。“科技创新2030—重大项目”与国家科技重大专项，形成远近结合、梯次接续的系统布局。在电子信息领域，形成涵盖高端芯片及核心软硬件研制、前沿技术突破和信息能力构建的整体布局；在先进制造领域，形成涵盖基础材料、关键技术、重大战略产品和装备研发的整体布局；在能源领域，形成涵盖能源多元供给、高效清洁利用和前沿技术突破的整体布局；在环境领域，形成由单一污染治理转向区域综合治理的系统技术解决方案；在农业领域，形成兼顾前沿技术突破和解决种业发展基本问题的整体布局；在生物和健康领域，形成涵盖重大疾病防治、基础健康保障服务和前沿医疗技术突破的整体布局；在太空海洋开发利用领域，形成涵盖空间、海洋探测利用技术的整体布局。

专栏 7-2

“科技创新2030—重大项目”（《“十三五”国家科技创新规划》）

1. 重大科技项目

航空发动机及燃气轮机。开展材料、制造工艺、试验测试等共性基础技术和交叉学科研究，攻克总体设计等关键技术。

深海空间站。开展深海探测与作业前沿共性技术及通用与专用型、移动与固定式深海空间站核心关键技术研究。

量子通信与量子计算机。研发城域、城际、自由空间量子通信技术，研制通用量子计算原型机和实用化量子模拟机。

脑科学与类脑研究。以脑认知原理为主体，以类脑计算与脑机智能、脑重大疾病诊治为两翼，搭建关键技术平台，抢占脑科学前沿研究制高点。

国家网络空间安全。发展涵盖信息和网络两个层面的网络空间安全技术体系，提升信息保护、网络防御等技术能力。

深空探测及空间飞行器在轨服务与维护系统。重点突破在轨服务维护技术，提高我国空间资产使用效益，保障飞行器在轨安全可靠运行。

2. 重大工程

种业自主创新。以农业植物、动物、林木、微生物四大种业领域为重点，重点突破杂种优势利用、分子设计育种等现代种业关键技术，为国家粮食安全战略提供支撑。

煤炭清洁高效利用。加快煤炭绿色开发、煤炭高效发电、煤炭清洁转化、煤炭污染控制、碳捕集利用与封存等核心关键技术研发，示范推广一批先进适用技术，燃煤发电及超低排放技术实现整体领先，现代煤化工和多联产技术实现重大突破。

智能电网。聚焦部署大规模可再生能源并网调控、大电网柔性互联、多元用户供需互动用电、智能电网基础支撑技术等重点任务，实现智能电网技术装备与系统全面国产化，提升电力装备全球市场占有率。

天地一体化信息网络。推进天基信息网、未来互联网、移动通信网的全面融合，形成覆盖全球的天地一体化信息网络。

大数据。突破大数据共性关键技术，建成全国范围内数据开放共享的标准体系和交换平台，形成面向典型应用的共识性应用模式和技术方案，形成具有全球竞争优势的大数据产业集群。

智能制造和机器人。以智能、高效、协同、绿色、安全发展为总目标，构建网络协同制造平台，研发智能机器人、高端成套装备、三维（3D）打印等装备，夯实制造基础保障能力。

重点新材料研发及应用。重点研制碳纤维及其复合材料、高温合金、先进半导体材料、新型显示及其材料、高端装备用特种合金、稀土新材料、军用新材料等，突破制备、评价、应用等核心关键技术。

京津冀环境综合治理。构建水—土—气协同治理、工—农—城资源协同循环、区域环境协同管控的核心技术、产业装备、规范政策体系。建成一批综合示范工程，形成区域环境综合治理系统解决方案。

健康保障。围绕健康中国建设需求，加强精准医学等技术研发，部署慢性非传染性疾病、常见多发病等疾病防控，生殖健康及出生缺陷防控研究，加快技术成果转移转化，推进惠民示范服务。

建立重大项目动态调整机制，综合把握国际科技前沿趋势和国家经济社会发展紧迫需求，在地球深部探测、人工智能等方面遴选重大任务，适时充实完善重大项目布局。

资料来源：《“十三五”国家科技创新规划》。

二、人才政策

综合国力竞争说到底是人才竞争，人才是经济社会发展的第一资源。人才发展体制机制改革是全面深化改革的重要组成部分，是党的建设制度改革的重要内容。协调推进“四个全面”战略布局，贯彻落实创新、协调、绿色、开放、共享的发展理念，必须深化人才发展体制机制改革，着力破除体制机制障碍，向用人主体放权，为人才松绑，让人才创新创造的活力充分迸发，使各方面人才各得其所、尽展其长。

2016年3月，中共中央印发了《关于深化人才发展体制机制改革的意见》（中发〔2016〕9号，以下简称《意见》），共9个部分30条内容，目标是到2020年，在人才发展体制机制的重要领域和关键环节上取得突破性进展，人才管理体制更加科学高效，人才评价、流动、激励机制更加完善，全社会识才、爱才、敬才、用才氛围更加浓厚，形成与社会主义市场经济体制相适应、人人皆可成才、人人尽展其才的政策法律体系和社会环境。《意见》的颁布实施，对于加快建设人才强国，最大限度激发人才创新创造创业活力，把各方面优秀人才集聚到党和国家事业中来，为实现“两个一百年”奋斗目标提供有力人才支撑，具有十分重要的战略意义和现实意义。

（一）人才政策总体原则

一是加强总体谋划。把人才发展体制机制改革放到协调推进“四个全面”战略布局中进行谋划，树立全球视野和战略眼光，注重统筹开发利用国内国际人才资源，突出为创新驱动发展提供人才和智力支撑。

二是遵循“两个规律”。遵循社会主义市场经济规律和人才成长规律，充分发挥市场在人才资源配置中的决定性作用和更好发挥政府作用，推动人才管理部门简政放权，落实用人单位自主权。

三是突出问题导向。针对束缚人才发展的体制机制障碍，找准突破口和切入点，打破条条框框限制，克服利益格局掣肘，提出改革的思路和办法。

四是坚持积极稳妥。从我国国情和人才实际出发，注意策略方法，既抓住关键大胆突破，又注意统筹兼顾、协调推进。一些改革举措强调试点先行、由点及面、有序推开，鼓励支持基层探索创新。

《意见》共分9个部分30条，主要内容包括：第一部分，指导思想、基本原则和主要目标；第二部分，推进人才管理体制改革；第三部分，改进人才培养支持机制；第四部分，创新人才评价机制；第五部分，健全人才顺畅流动机制；第六部分，强化人才创新创业激励机制；第七部分，构建具有国际竞争力的引才用才机制；第八部分，建立人才优先发展保障机制；第九部分，加强对人才工作的领导。《意见》的结尾还对抓好贯彻落实提出明确要求。

（二）发挥人才评价指挥棒作用

如何让广大人才通过更科学合理的评价机制脱颖而出，关系人才成长和作用发挥。广大人才对改革人才评价机制的呼声很高。无论是从人才发展考虑，还是为事业发展着想，深化人才评价机制改革迫在眉睫。《意见》提出创新人才评价机制，着重从三个方面作了强调。

第一，制定分类推进人才评价机制改革的指导意见，突出品德、能力和业绩评价。坚持德才兼备，注重凭能力、实绩和贡献评价人才，克服唯学历、唯职称、唯论文等倾向。不将论文等作为评价应用型人才的限制性条件。建立符合中小学教师、全科医生等岗位特点的人才评价机制。

第二，发挥政府、市场、专业组织、用人单位等多元评价主体作用，改进人才评价考核方式，加快建立科学化、社会化、市场化的人才评价制度。注重引入国际同行评价。加强评审专家数据库建设，建立评价责任和信誉制度。适当延长基础研究人才评价考核周期。

第三，制定深化职称制度改革意见，突出用人主体在职称评审中的主导作用，合理界定和下放职称评审权限，推动高校、科研院所和国有企业自主评审。对职称外语和计算机应用能力考试不作统一要求。《意见》指出，清理减少准入类职业资格并严格管理，推进水平类职业资格评价市场化、社会化。放宽急需紧缺人才职业资格准入。

（三）改革人才激励机制

人才是财富和价值的直接创造者，应当通过收入分配制度改革，让财富的创造者成为财富的拥有者。对高层次人才来说，荣誉比报酬、福利往往更能体现人生价值。《意见》贯彻落实习近平总书记重要指示精神，提出建立有效的激励机制，充分发挥经济利益和社会荣誉价值的双重激励作用，使人才在创新创造中有收益、有荣誉、有地位，让人才切实感受到知识创造的价值。在强化人才创新创业激励机制方面，《意见》从三个方面作出部署。

一是加强创新成果知识产权保护，通过完善知识产权保护制度，加快出台职务发明条例，研究制定创新成果保护办法。完善知识产权质押融资等金融服务机制，为人才创新创业提供支持。

二是允许科技成果通过协议定价、在技术市场挂牌交易、拍卖等方式转让转化，加大创新人才激励力度。完善科研人员收入分配政策，依法赋予创新领军人才更大的人财物支配权、技术路线决定权，实行以增加知识价值为导向的激励机制。研究制定国有企事业单位人才股权期权激励政策。探索高校、科研院所担任领导职务科技人才获得现金与股权激励管理办法。

三是鼓励和支持人才创新创业，高校、科研院所科研人员经所在单位同意，可在科技型企业兼职并按规定获得报酬。允许高校、科研院所设立一定比例的流动岗位，吸引具有创新实践经验的企业家、科技人才兼职，鼓励和引导优秀人才向企业集聚，打造一批低成本、便利化、开放式的众创空间。

（四）人才政策重点改革任务

人才发展体制机制改革系统性强、涉及面宽、政策性强，牵一发而动全身。作为我国第一个针对人才发展体制机制改革的综合性文件，《意见》坚持问题导向，重点针对当前人才发展体制机制存在的突出弊端提出改革举措，力求符合实际、务实管用。

在改革人才管理体制方面，《意见》把理顺政府、市场、社会、用人主体关系，明确各自功能定位作为改革重点，着力加以推进。一是建立政府人才管理服务权力清单和责任清单，推动人才管理部门简政放权，消除对用人主体的过度干预。二是对反映强烈的编制、岗位和薪酬管理等体制问题提出改革举措，保障和落实用人主体自主权。三是健全市场化、社会化的人才管理服务体系，积极培育各类专业社会组织和人才中介服务机构，有序承接政府转移的人才培养、评价、流动、激励等职能。四是加强人才管理法制建设，完善人才政策法规体系。

在改革人才评价、流动、激励等机制方面，《意见》有针对性地提出6项改革任务。一是在人才培养方面，重点聚焦专业人才，尤其是实施创新驱动发展战略急需的战略科学家、科技创新人才、企业家和技能人才等，改进培养支持方式，注重创新能力培养。二是在人才评价方面，根据人才不同类别，分别实行学术评价、市场评价和社会评价，提高人才评价的针对性、科学性。三是在人才流动方面，打破体制壁垒，扫除身份障碍，促进党政机关、企事业单位人才和社会各方面人才顺畅流动，提高人才横向和纵向流动性。四是在人才激励方面，完善市场评价要素贡献并按贡献分配的机制，促进科技成果资本化、产业化，实施股权期权激励，让人才合理合法享有创新收益。五是在人才引进方面，实行更积极、更开放、更有效的人才政策，不唯地域、不求所有、不拘一格，广开进贤之路，广纳天下英才。六是在投入保障方面，综合运用经济产业政策和财政税收杠杆，加大人才开发投入力度，促进人才与经济社会发展深度融合。

在完善党管人才领导体制方面，提出发挥党委（党组）统揽全局、协调各方的领导核心作用，进一步完善党管人才工作格局，建立人才工作目标责任制，加强政治引领和政治吸纳，做好人才团结教育引导服务工作。

（五）人才政策具体部署

《意见》是深化人才发展体制机制改革的重要指导性文件，对加快推进人才强国战略、把各方面优秀人才集聚到党和国家事业中来将产生深远影响，需要各级党委和政府抓好落实。各地各部门要结合实际研究制定贯彻《意见》的实施办法，梳理重点任务，明确责任分工，细化落实措施，及时协调解决贯彻落实中的具体问题。

现阶段主要做好三件事。一是落实任务分工方案。中央组织部会同有关方面研究制定了《意见》任务分工方案，方案印发后，各有关部门根据责任分工，细化改革举措，明确各项改革的进度安排。二是深入学习宣传。中央组织部专门发出通知、召开座谈会，对各地各部门学习贯彻《意见》作出部署、提出要求。通过媒体报道，加强对《意见》的宣传解读。三是开展集中培训。中央组织部举办培训班，对中央和国家机关各部门组织人事部门、省（区、市）党委组织部有关负责人进行培训。中央组织部跟踪了解各地各有关部门贯彻落实《意见》进展情况，并适时进行专项检查。

专栏 7-3

党的十八大以来全国人才发展体制机制改革综述

创新驱动实质是人才驱动，释放“人才红利”核心是释放制度改革红利。党的十八大以来，中央提出要加快确立人才优先发展战略布局、建立集聚人才体制机制，形成具有国际竞争力的人才制度优势，为新时期人才工作指明了方向。

几年来，各地各部门抓住全面深化改革契机，不断冲破思想观念障碍，突破利益固化藩篱，扫除束缚人才脱颖而出和充分发挥作用的体制机制障碍，人才发展体制机制“坚冰”不断融化，人才事业更加蓬勃发展，广大人才正迎来新的春天。

一、政策破障碍　壁垒渐疏通

大国角逐，比拼的是高端人才；地方发展，人才同样是制胜之棋。十八大以来，各地各部门不断完善制度创新，疏通政策壁垒，提速配套服务，推动各类人才合理流动。

从中央到地方，各地各部门勇于自我革命，加快转变政府职能，不断向用人主体和人才放权让利，使人才放开手脚，释放创新创业激情。国务院先后分五批取消了272项职业资格，占国务院部门设置职业资格总数的44%。广东、四川、安徽等省下放科技成果使用权、处置权、收益权，浙江、湖南、云南、宁夏等省区下放用人自主权、职称评审权。

国家“千人计划”在深入实施中突出“高精尖缺”导向，积极拓宽非华裔外国专家申报渠道，已累计引进6000多名专家。各地也结合产业发展需要，出台了一系列引才政策措施，如北京“海聚工程”、江苏“双创计划”、浙江“省级千人计划”等，引进了一大批海外高层次人才。“到中国去！”成为全球人才的一股新潮流。

海外人才引才配套政策也不断健全。2012年，《出境入境管理法》及配套法规中专设人才签证类别。2015年2月，“外国人永久居留证”让外国专家来华工作更便利。各地也推出新政，用贴心服务向海外人才敞开胸怀。北京对中关村市场化外籍人才申请永久居留实施积分评估制度，广州南沙—深圳前海—珠海横琴人才管理改革试验区实行跨境专业资格互认，契合了人才的现实需求。

与此同时，各地各部门积极引导人才向艰苦地区和边远一线流动，为西部和艰苦边远地区发展注入了强大动力。中组部等十部门制定实施“边远贫困地区、边疆民族地区和革命老区人才支持计划”，人社部推进万名专家服务基层行动，把高端智力送到艰苦边远第一线。浙江实施“院士智力集聚工程”，四川持续实施千名干部人才援藏行动等，都有效推动了人才资源均衡配置。

二、鼓励人才冒尖　厚植创新土壤

在大规模引进海外人才的同时，协同推进本土人才培养，为经济社会发展注入“源头活水”，成为十八大以来各地各部门的一项重要课题。

2015年年初出台的《关于深化体制机制改革加快实施创新驱动发展战略的若干意见》，就“创新培养、用好和吸引人才机制”作出专门部署。

为促进更多一流人才冒尖，各地各部门孜孜以求、砥砺前行。科技部持续实施创新人才推进计划；人社部深入推进知识更新工程，教育部积极建立产学研紧密结合的人才培养机制；中科院设置以重大产出为导向的资源配置体系，提高经费保障能力；四川全面启动高校创新创业教育改革，将创新实验、发表论文、获得专利和自主创业等情况折算为学分……

创新驱动发展，也离不开企业家人才队伍的强力驱动。国资委、工信部深入实施企业经营管理人才素质提升工程。各地大力加强企业家培养培训，引导企业转变发展理念，让创新投入成为企业的自觉行为。同时，完善区域公共创新服务体系，加强知识产权保护，消除“自主创新之痛”，打破行业垄断，放宽市场准入，让各种市场主体公平参与竞争。

放权，破障，松绑；集聚，创新，兴邦。当前，人才工作正进入竞进提质、提档升级的关键期，抓改革就是抓发展，谋改革就是谋未来。人才迎来春天之际，中国也必将迎来伟大复兴。

资料来源：罗旭《释放人才创新创业激情——十八大以来全国深化人才发展体制机制改革综述》. 光明日报，2016-03-30.

三、知识产权政策

“十二五”时期，各地区、各相关部门深入实施国家知识产权战略，促进知识产权工作融入经济社会发展大局，为创新驱动发展提供了有力支撑，进一步巩固了我国的知识产权大国地位。2015年，我国的发明专利申请量达到了110万件之多，已经实现了100万件的突破，连续5年居世界之首，也是世界上首个年度发明专利申请量突破100万件的国家。此外，2016年我国国内有效发明专利拥有量突破100万件，我国是继美国、日本之后世界上第三个国内发明专利拥有量超过百万件的国家。中国的专利制度正在发挥激励创新的基本保障作用，但是专利数量与质量不协调的问题依然存在，大概表现为两方面：一是我国核心专利的数量不多；二是专利的布局不合理。应该认识到，我国知识产权数量与质量不协调，区域发展不平衡，保护不够严格等问题仍然存在，与经济发展融合还不够紧密，管理体制机制还不够完善。

“十三五”时期是我国由知识产权大国向知识产权强国迈进的战略机遇期，为深入实施国家知识产权战略，打通知识产权创造、运用、保护、管理、服务全链条，突出知识产权保护和运用，按照国家“十三五”规划纲要、《国务院关于新形势下加快知识产权强国建设的若干意见》和《国家知识产权战略纲要》有关任务部署要求，国务院于2016年12月30日正式发布《“十三五”国家知识产权保护和运用规划》（国发〔2016〕86号，以下简称《规划》），对全国知识产权工作进行了全面部署。这是知识产权规划首次列入国家重点专项规划，将有助于更好地发挥知识产权制度对于激励创新的基本保障作用，加快建设知识产权强国。

（一）知识产权政策目标

《规划》的目标是，到2020年，知识产权重要领域和关键环节的改革取得决定性成果，保护和运用能力得到大幅提升，建成一批知识产权强省、强市，为促进大众创业、万众创新提供有力保障，为建设知识产权强国奠定坚实基础，具体目标为：知识产权保护环境显著改善、知识产权运用效益充分显现、知识产权综合能力大幅提升。主要任务为：深化知识产权领域改革，严格实行知识产权保护，促进知识产权高效运用。

（二）知识产权政策重点工作

为了完成好三大发展目标、三项主要任务，《规划》设定了四个重大专项和九项重大工程：重大专项一是加强知识产权交易运营体系建设，包括完善知识产权运营公共服务平台、创新知识产权金融服务、加强知识产权协同运用；重大专项二是加强知识产权公共服务体系建设，包括提高知识产权公共服务能力、建设知识产权信息公共服务平台、建设知识产权服务业集聚区、加强知识产权服务业监管；重大专项三是加强知识产权人才培养体系建设，包括加强知识产权人才培养、优化知识产权人才成长体系、建立人才发展和评价机制；重大专项四是加强知识产权文化建设，包括加大知识产权宣传普及力度、实施知识产权教育推广计划。《规划》还确定了知识产权法律完善、知识产权保护、专利质量提升、知识产权强企、知识产权评议、知识产权海外维权、知识产权投融资服务、知识产权信息公共服务平台建设、知识产权文化建设共九项重大工程。

此外，《规划》提出了七个方面的重点工作。一是完善知识产权法律制度。加快推动专利法、著作权法、反不正当竞争法等法律法规建设，健全完善商业模式和实用艺术品、“互联网+”、电子商务、大数据等相关法律制度和规则。二是提升知识产权保护水平。发挥知识产权司法保护作用，强化知识产权刑事保护，加强知识产权行政执法体系建设，强化进出口贸易知识产权保护，加强传统优势领域、新领域新业态和民生领域知识产权保护。三是提高知识产权质量效益。实施专利质量提升工程，实施商标战略，打造精品版权，加强地理标志、植物新品种等领域知识产权工作。四是加强知识产权强省、强市建设。促进区域知识产权协调发展，做好知识产权领域扶贫工作。五是加快知识产权强企建设。提升企业知识产权综合能力，培育知识产权优势企业，完善知识产权强企工作支撑体系。六是推动产业升级发展。推动专利导航产业发展，完善“中国制造”知识产权布局，促进知识产权密集型产业发展，支持产业知识产权联盟发展，深化知识产权评议工作，推动军民知识产权转移转化。七是促进知识产权开放合作。加强知识产权国际交流合作，积极支持创新企业“走出去”。

（三）推动知识产权政策落实的主要措施

为了谋划好“十三五”时期知识产权强国建设路径，把设计图变成施工图，国家制定了《规划》，并将其列入重点规划。国务院对于国家重点规划的落实提出了许多具体要求，对重点规划的实施情况将持续开展评估，进行督查。一是在《规划》发布之后，国务院知识产权战略实施工作部际联席会议办公室会同有关部门按照《规划》的部署和要求制定好规划的重点任务的分工方案，并且对目标任务进行分解，制定年度的推进计划。二是不断完善指标体系的统计、监测和考核办法。三是加强对重点工作、重大专项、重大工程的推进力度，保障各项任务落实。四是完善评估机制，高度重视规划实施情况的中期评估和总结评估工作，增强评估的严肃性、客观性、前瞻性。五是充分发挥市场主体、创新主体和社会公众的重要作用，积极搭建平台，拓宽沟通渠道，出台政策措施，使市场主体和企事业单位、社会公众参与到《规划》的落实当中。

《规划》提出了十个方面的指标，指标紧紧围绕着保护和运用两个方面来设置的，这些指标对于保障《规划》具体目标的落实具有重要意义。首先，这十个指标里面有一些关于反映知识产权创造的指标，像每万人口发明专利拥有量、全国作品登记数量等指标。这些指标一方面反映了市场主体创新的能力，另一方面也是知识产权保护的基础。第二类指标是关于知识产权运用方面的，像规模以上制造业每亿元主营业务收入有效发明专利数、年度知识产权质押融资金额，这反映知识产权的运用效益。最后还有一些关于知识产权保护的指标，像知识产权保护社会满意度，反映了社会公众对于国家知识产权制度建设、文化建设和打击侵犯知识产权行为方面所做出的评价。这些指标综合起来，能够反映整个“十三五”期间知识产权保护和运用方面取得的成绩及发生的变化。通过指标设置和加强考核评估，对于《规划》实施具有比较重要的意义。

表7-1　“十三五”知识产权保护和运用主要指标

指标	2015年	2020年	累计增加值
每万人口发明专利拥有量（件）	6.3	12	5.7
PCT专利申请量（万件）	3	6	3
植物新品种申请总量（万件）	1.7	2.5	0.8
全国作品登记数量（万件）	135	220	85
年度知识产权质押融资金额（亿元）	750	1800	1050
计算机软件著作权登记数量（万件）	29	44	15
规模以上制造业每亿元主营业务收入有效发明专利数（件）	0.56	0.7	0.14
知识产权使用费出口额（亿美元）	44.4	100	55.6
知识产权服务业营业收入年均增长（%）	20	20	—
知识产权保护社会满意度（分）	70	80	10

注：知识产权使用费出口额为五年累计值。

（四）知识产权政策的新特点

一是《规划》的主线。主线就是突出知识产权的保护和运用。知识产权的保护和运用应当说是整个知识产权工作的两个非常重要的方面。突出知识产权保护和运用，实行严格的知识产权保护，强化知识产权运用，适应了当前国际国内的形势对知识产权事业发展的需求，反映了创新主体的客观需要，也落实中央补短板的要求，提高了《规划》的针对性。

二是《规划》的主要指标紧扣知识产权保护和运用。选取10个预期性数量指标，在指标的选取中突出提高知识产权的质量和效益，突出提升知识产权保护的效果，改善知识产权的环境。

三是关于《规划》的设计。为了加快知识产权强国建设，主要任务围绕深化知识产权领域改革，严格知识产权保护，促进知识产权运用。这三个方面突出落实党中央、国务院对知识产权工作的重要部署，强化知识产权重点环节，提出了7项重点工作、4个重大专项和9项重大工程。

四是以供给侧结构性改革为主线，深入实施国家知识产权战略，部署一些新举措。比如在完善知识产权的法律法规方面要求研究“互联网+”、电子商务、大数据等新业态、新领域的知识产权保护规则，研究新媒体条件下的新闻作品版权保护。在提升知识产权保护水平方面，要求积极开展专项行动，重点查办跨区域、大规模、群众和社会反映强烈的侵权案例，加强新领域、新业态、民生领域的知识产权保护等。这些都会通过《规划》的实施，使知识产权工作、知识产权事业取得突破性发展，有力支撑创新驱动发展战略。

国务院2008年颁布了《国家知识产权战略纲要》。应当说2008年国家知识产权战略实施以来，我国知识产权事业发展取得了长足的进步，已经具备了相应的制度基础、数量基础、人才基础和文化基础。但是目前知识产权保护还不够严格，知识产权运用的平台和手段还不够完备，知识产权大而不强、多而不优的问题仍然存在，难以支撑产业的发展。市场主体运用知识产权的能力还不够强，知识产权领域的深化改革还有待推进，存在制约知识产权事业发展的障碍。相信通过“十三五”的实施，会使我国知识产权事业的发展更加顺畅，这些问题也会逐步得到解决。针对这些问题，国家知识产权局和国务院有关部委都做了大量的工作。国家知识产权局出台了《关于严格知识产权保护的若干意见》，积极构建知识产权大保护的工作格局，启动了知识产权保护中心的建设，出台了《专利质量提升工程实施方案》；修改《专利审查指南》，加强专利代理行业的事中、事后监管，初步形成了全国知识产权运营体系；国家知识产权运营公共服务平台完成了规划设计，正在启动信息化系统和硬件建设。中央财政安排了14亿元资金，引导地方开展重点产业专利运营的服务试点，同时积极培育知识产权优势企业，目前已经将近1700家。

四、高科技企业政策

为加大对科技型企业特别是中小企业的政策扶持，有力推动大众创业、万众创新，培育创造新技术、新业态和提供新供给的生力军，促进经济升级转型升级，2016年2月4日，科技部、财政部、国家税务总局联合下发了《关于修订印发〈高新技术企业认定管理办法〉的通知》（国科发火〔2016〕32号，以下简称《认定办法》）及配套文件《关于修订印发〈高新技术企业认定管理工作指引〉的通知》（国科发火〔2016〕195号，以下简称《工作指引》）和《国家重点支持的高新技术领域》。在2008年内外资统一企业所得税率后，作为我国目前行业性税收优惠政策中涉及面最广、受惠企业数量最大的优惠政策，《高新技术企业认定管理办法》（以下简称"新办法"）的新规定意义重大，是落实国家创新驱动战略的最新体现。

（一）高科技企业政策目标

1. 取消独占许可类型的知识产权

新办法强调对知识产权的所有权，即："企业通过自主研发、受让、受赠、并购等方式，获得对其主要产品（服务）在技术上发挥核心支持作用的知识产权的所有权。"与以上四种取得知识产权的方式相比，新办法不再认可原办法中以5年以上独占许可的方式获得的知识产权。"独占许可"取得知识产权是通过签署"独占许可协议"的方式获取，涉及境外知识产权在中国境内的独占许可协议，目前国家知识产权局尚不予受理备案登记，主管机关核查困难，在此背景下，新办法予以取消。

2. 放宽对科技人员和研发人员比例的要求

新办法由现行"科技人员占企业当年职工总数的30%以上"调整为"科技人员占企业当年职工总数的比例不低于10%"，同时取消了"大学专科以上学历"的限制，取消"研发人员占企业当年职工总数的10%以上"的规定。对于部分传统行业的大型企业而言，是一大利好。

3. 降低研发费用比例要求

研发费用比例是在高新企业认定中最为核心的指标之一，新办法将

“三档”降为“两档”，以2亿元作为分水岭，设置4%和3%两个比例。将2亿元以下统一设置为4%，取消6%的比例规定，意在鼓励中小企业的科技创新和发展，使得包括“新三板”在内的中小企业可以申请高新资格。

4. 增加企业所得税年度纳税申报材料

新办法规定，申请高新资格提交的材料中应包含“近三个会计年度企业所得税年度纳税申报表”，同时，对企业税务的规范性提出了更高的要求，企业历年的纳税申报记录与会计报表等提交其他资料应保证内在逻辑的一致性。2014版申报表由原来的17张增加到41张，为税务机关开展所得税后续管理和风险管理、纳税评估提供了基础信息。

5. 增加年度备案要求

原办法并没有明确要求高新企业年度进行备案，而是在《国家税务总局关于实施高新技术企业所得税优惠有关问题的通知》（国税函〔2009〕203号，以下简称“203号文件”）第五条就产品（服务）范围、研究开发费用、高新技术产品（服务）收入比重、科技人员比例，要求企业应向主管税务机关备案。新办法将高新企业年度备案列为法定义务，在具体备案的内容上基本与203号文件保持一致，特别需要强调的是，按照新办法第十九条的规定，累计两年未填报年度发展情况报表的，将被取消高新技术企业资格，同时依据本条的规定，被取消高新技术企业资格的企业要被追缴其发生上述行为所属年度起已享受的高新技术企业税收优惠。

6. 企业名称信息变更不及时进行报告将被取消高新企业资格

在新的规定出台之前，企业可以参考123号文件的要求，及时向主管部门报告。否则按照新办法的规定，将被取消高新技术企业资格，并要被追缴其发生上述行为所属年度起已享受的高新技术企业税收优惠。

7. 企业重大违规行为将被取消高新企业资格并补税

现实生活中存在由于高新技术企业的一个轻微违规行为，便被取消资格的现象，因此，新规定更加尊重实际工作中的千差万别，更公平合理。值得注意的是，主管机关将会有很大的自由裁量权，因此国家需要有进一步规定来防范权力滥用。原办法规定，法定情形下取消的高新技术企业未来5年不得申请高新资格，但新办法予以取消，并规定是按照征管法予以处理，体现了税收法定原则。

8. 优化和简化认定管理流程

在公示时间方面，由之前的15个工作日缩短为10个工作日，提高了工作效率。从2015年的申报来看，评审进度较以往年度有了大幅的提高，4月第一批认定的企业7月就公示，11月初就拿到证书，这是近几年来最快的一年。

9. 加强检查和监管

将原办法的第四章“罚则”改为“监督管理”，明确了采用备案与跟踪监管、随机抽查与重点检查相结合的方式加强检查，视不同情况对认定机构、申报企业、中介机构及评审专家提出了责任要求。

10. 增加异地搬迁企业资质互认内容

为促进区域间产业转移和协调发展，新办法增加了对异地搬迁企业资质互认的内容，明确跨认定机构所在区域整体迁移的企业，其原有的高新技术企业资格继续有效。

（二）高科技企业政策配套政策的跟进

《认定办法》和《工作指引》出台后，国家税务总局对作为与原《认定办法》和《工作指引》相配套的税收优惠管理性质的文件的《国家税务总局关于实施高新技术企业所得税优惠有关问题的通知》（国税函〔2009〕203号）适时进行了调整和完善，发布了《关于实施高新技术所得税优惠政策有关问题的公告》（国税总局〔2017〕24号，以下简称《公告》）以实现高新技术企业认定管理和税收优惠管理的有效衔接，保障和促进高新技术企业优惠政策的贯彻落实。

1. 明确高新技术企业享受优惠的期间

根据企业所得税法的规定，企业所得税按纳税年度计算，因此高新技术企业也是按年享受税收优惠。而高新技术企业证书上注明的发证时间是具体日期，不一定是一个完整纳税年度，且有效期为3年。这就导致了企业享受优惠期间和高新技术企业认定证书的有效期不完全一致。为此，《公告》明确，企业获得高新技术企业资格后，自其高新技术企业证书注明的发证时间所在年度起申报享受税收优惠，并按规定向主管税务机关办理备案手续。例如，A企业取得的高新技术企业证书上注明的发证时间为2016年11月25日，A企业可自2016年1月1日起连续3年享受高新技术企业税收优惠政策，即享受高新技术企业税收优惠政策的年度为2016年、2017年和2018年。

按照上述原则，高新技术企业认定证书发放当年已开始享受税收优惠，则在期满当年应停止享受税收优惠。但鉴于其高新技术企业证书仍有可能处于有效期内，且继续取得高新技术企业资格的可能性非常大，为保障高新技术企业的利益，实现优惠政策的无缝衔接，《公告》明确高新技术企业资格期满当年内，在通过重新认定前，其企业所得税可暂按15%的税率预缴，在年底前仍未取得高新技术企业资格的，则应按规定补缴税款。如，A企业的高新技术企业证书在2019年4月20日到期，在2019年季度预缴时企业仍可按高新技术企业15%税率预缴。如果该企业在2019年年底前重新获得高新技术企业证书，其2019年度可继续享受税收优惠。如未重新获得高新技术企业证书，则应按25%的税率补缴少缴的税款。

2. 明确税务机关日常管理的范围、程序和追缴期限

在《认定办法》第十六条基础上，《公告》进一步明确了税务机关的后续管理，主要有以下几点：

一是明确后续管理范围。《认定办法》出台以后，税务机关和纳税人对高新技术企业在享受优惠期间是否需要符合认定条件存在较大的争议。经与财政部、科技部沟通，《认定办法》第十六条中所称“认定条件”是较为宽泛的概念，既包括高新技术企业认定时的条件，也包括享受税收优惠期间的条件。因此，《公告》将税务机关后续管理的范围明确为高新技术企业认定过程中和享受优惠期间，统一了管理范围，明确了工作职责。

二是调整后续管理程序。此前，按照203号文件的规定，税务部门发现高新技术企业不符合优惠条件的，可以追缴高新技术企业已减免的企业所得税税款，但不取消其高新技术企业资格。按照《认定办法》第十六条的规定，《公告》对203号文件的后续管理程序进行了调整，即税务机关如发现高新技术企业不符合认定条件的，应提请认定机构复核。复核后确认不符合认定条件的，由认定机构取消其高新技术企业资格后，通知税务机关追缴税款。

三是明确追缴期限。为统一执行口径，《公告》将《认定办法》第十六条中的追缴期限“不符合认定条件年度起”明确为“证书有效期内自不符合认定条件年度起”，避免因为理解偏差导致扩大追缴期限，切实保障纳税人的合法权益。

3. 明确高新技术企业优惠备案要求

《认定办法》和《工作指引》出台后，认定条件、监督管理要求等均发生了变化，有必要对享受优惠的备案资料和留存备查资料进行适当调整。《公告》对此进行了明确。在留存备查资料中，涉及主要产品（服务）发挥核心支持作用的技术所属领域、高新技术产品（服务）及对应收入、职工和科技人员、研发费用比例等相关指标时，需留存享受优惠年度的资料备查。

第八章

中国的科技体制改革

科学技术作为推动生产力发展的重要引擎，对提升创新能力，催生新兴业态，正发挥着重要支撑和引领作用。各国在政治、经济、军事等国力上的竞争已转变为科学技术领域的竞争。各国都在寻找科技创新的突破口，抢占未来科技的先机。当前，我国科学技术正处于关键发展时期，要走中国特色自主创新道路，实现科学技术的跨越式发展，客观上需要有一套科学良好的体制做保障。

党的十八大明确指出，要实现科技强国，实现中华民族伟大复兴的中国梦，必须大力实施创新驱动发展战略，把科技创新置于国家全面发展的核心地位。最根本的是加强自主创新能力，最迫切的是打破科技体制和机制的障碍，最大限度地解放和激发科技作为第一生产力的巨大潜力。因此，我国要想在这场科技创新大赛中迎头赶上，成为世界科技强国，就要在加快原有职能转变的基础上，进一步推进政府科技管理体制改革与创新；就要坚决扫除阻碍科技创新能力发展的体制障碍，着力打通科技和经济转移转化的通道；就要进一步优化科技政策供给，完善科技评价体系，营造良好创新环境，从而推动科技与经济、社会的协调发展。

一、当前中国科技体制的现状

我国科技体制的建立始于中华人民共和国成立初期，从体制上看具有较浓厚的行政管理色彩，主要以计划调节和集中管理为主。可以说，科技体制改革是伴随着经济体制改革不断融合互动的过程，是计划经济向市场经济转变的耦合过程。

（一）科技体制改革的内涵

1. 科技体制的概念

概念的界定是科学研究的逻辑起点。关于科技体制的定义，中国学术界进行了许多深入而广泛的研究，取得了丰硕的成果。然而，到目前为止，学术界尚未对科技体制作出统一的定义。在外国学者的研究中，科技体制不是一个广泛的词。他们对科技体制的研究是少见的，只在公共管理和公共政策等政府研究领域中涉及。因此，科技体制是一个具有鲜明中国特色的概念。我们对受国内学者影响最多的科技体制文献进行了梳理。当前学术界对科技体制的界定可分为两类：一类是偏向实践，主要是在政府发布的政策文件中，存在统一性；另一类是偏向理论，大多数专家学者站在自己的角度，对概念的定义是不同的，由于领域、内容、时间、空间等因素的不同，得出的结论也是分歧较大。但我们更认可方新（2007）的定义，即：科技体制是组织和管理科学技术活动的制度框架，是国家如何组织和管理科技活动、配置科技资源以满足个人、集体和国家需求的一整套国家层面的结构系统和制度体系。

我国科技体制的内容随着改革进程的不断深入和推进而逐渐发生变化，具有较强的时效性。由上所述，科技体制是国家在一段特定时间内科技创新活动的组织体系、结构方式、管理制度和运行机制的总称，是表现科技创新系统中各组成部分间相互联系作用的动态模式。科技体制是衡量一个国家经济、军事、资源、社会发展等技术实力的重要标尺，它展现的是一个国家优化整合、集聚各类科技创新资源并转化为科技成果且产生一定经济效益的能力，它是推动我国科技创新事业发展和科技创新战略实现的重要力量（黄涛，胡雅洵，2014）。

2. 科技体制改革的主要内容

在国家创新体系中，科技体制本身并不是一个狭义的体制，它不仅是指政府科技行政部门、高校、科研机构和企业科学技术创新职能和职责分工的基本组织体系安排，而且涵盖了整个科技活动所涉及的组织体系、结构方式、管理体制和运行机制，主要包括科技体系、科技政策、科技法律制度、科技发展战略、科技规划与计划管理、科技成果管理、科技人才管理、科技合作与交流等内容。

①科技体系。科技体系是科学研究和管理的机构设置、职权范围、所有权关系和管理方式的结构体系。我国科技管理体制模式是高度集中型的，即政府将重点管理科技活动和资源配置的最终权力放在具体权力部门，按管理结构可分为三个层次：最高决策机关、执行层次和协调层次，以及具体科研机构的管理，每个层次都是纵向的行政隶属关系。

②科技政策。科技政策是国家为实现特定时期的科学技术发展任务而规定的指导方针和策略原则，是确定科技事业发展方向、引导科学技术事业全面发展的战略和战略方针（付景远，张廷新，2010）。在整个科技事

业发展中，科技政策既要处理好科技领域内部的各种关系，又要处理好科技与社会、经济的相互关系，它起着协调和控制的作用，并确保科学技术朝着一定的目标方向，沿着正确的路线有序发展。例如，1995年，中国以科技和教育作为振兴国家战略，即“科教兴国”战略，并制定了一个长期的科技政策。

③科技法律制度。科技法律制度是保障科学技术健康发展、促进科学技术依法进步、为科学技术发展创造良好法律环境的重要制度和措施。其内容主要包括科学技术进步基本法、科学技术研究与发展法、科学技术成果法、特定科学技术领域特别法、国际科学技术交流与合作法等。例如，1993年7 月 2 日《中华人民共和国科学技术进步法》由第八届人大常务委员会第二次会议通过，它是指导和促进我国科学技术事业发展的基本法，是推进科技进步的基本准则，也是制定科学技术发展方针、政策和法律法规的基本依据。

④科技发展战略。科技发展战略是从全局和长远的角度研究科学技术发展的战略方向、战略目标、战略重点和战略规划，是国家发展战略的组成部分。它服务于社会和经济发展战略，也受到社会和经济发展战略的制约。例如，2016年颁布的《国家创新驱动发展战略纲要》是中央根据政府在新的发展阶段制定的立足全局、面向全球、聚焦关键、带动整体的国家重大发展战略。

⑤科技规划与计划管理。科技规划是一项长期以来指导国内科学技术研究和发展的综合性规划，包括发展方向、规划目标、主要政策和重要措施，为制定科学技术计划提供依据。科技计划是科学技术规划的具体实施，是解决社会经济发展中涉及的重大科技问题，是实现合理配置科技资源一个重要的手段。

⑥科技成果管理。科技成果是人们在科学技术活动中通过复杂的智力劳动获得的具有一定学术价值或经济价值的知识产品。科技成果管理是对有学术价值或经济价值的知识产品进行的管理，主要包括科技成果的鉴

定、评价、推广和应用等。科技成果的水平和数量是衡量科学技术人才素质，以及评价单位科技工作成果的重要参考标准。

⑦科技人才管理。科技人才管理是为了在组织内部建立良好的人际关系，提高科研人员的积极性和创造性，从而有效地实现科研组织的目标和社会职能。其主要任务是选拔培养、运用、管理科技人才，充分调动科技人才的积极性、主动性和创造性，并健全有利于人才科技创新的评价、使用、激励措施，进一步解放和发展科技生产力（潘琦华，2012）。

⑧科技合作与交流。科技合作与交流是促进科学技术在不同行业和地区之间进行产出和投入，交流、转让、引进和推广科学知识、技术成果和科学技术能力的重要活动。在经济全球化背景下，随着改革开放步伐的加快，我国科技领域的合作与交流取得了长足的进步，特别是技术引进与自主开发、消化吸收与创新相结合，是加快我国科技创新水平和产业竞争力的重要途径。

（二）科技体制改革的动因

党的十九大报告明确提出，要深化科技体制改革，完善权责明确、评价科学、创新引导的科技管理制度，建立以企业为主体的技术创新体系，以市场为导向，深入整合生产、学习、研究，加强对中小企业创新的支持，促进科技成果的转化。因此，中国科技体制的改革是创新驱动发展和实现自身体制发展的客观要求。

1. 科技体制改革是创新驱动发展的要求

科技创新能力已成为衡量国际竞争力的重要参考标准。“十二五”以来，我国科技进步与创新事业加快发展，科技创新在党和国家全局中的地位日益重要。特别是十八大以来，以习近平为核心的党中央高度重视科技创新，在全国范围内实施创新驱动发展战略，深化科技管理体制改革，大力推进科技创新，科技进步和创新能力明显增强，整体水平由数量增长向质量提升迈进，科技支撑经济社会发展取得显著成绩。然而，地方竞争不规范、市场分割、科技成果转化率低、资源配置不均衡、制度不完善等因素的存在，制约了中国创新驱动型发展。为了解决创新带动发展的问题，在新一轮区域竞争中赢得主动权，就必须大力推进科技创新核心的全面创新。习近平指出，我国科技创新转化为现实生产力不顺畅的症结，主要在于各个链条、各个环节衔接不严密，存在诸多体制机制“关卡”。科技体制改革的目的，就是为了消除“关卡”。

2. 科技体制改革是自身体制发展的要求

科学技术和创新是生产力中最活跃的因素，也是社会变革的主要动力。科技体制和机制问题关系到全社会的科技活动，关系到现代化建设中科技与经济、科技与社会的协调发展。积极推进科技体制改革是我国科技发展的最重要因素和突破口。当前，我国的经济实力和科技竞争力在世界的坐标是“非对称性”的。科学技术的体制机制已不能满足日益发展的社会经济和国际竞争的需求，对科技投入产出效益影响很大。有学者认为，当今中国缺乏世界一流的科技创新人才，根本原因是科技体制问题所致，使得大批优秀创新人才无法得到有效培养，大批年轻科学家失去成长的良机，还有许多海外高端科技创新人才迟迟不愿踏入国门（曹聪等，2015）。经济学家吴敬琏指出，中国与发达国家的科技差距在于它没有建立起一整套有利于学术繁荣和技术创新的制度机制。显然，原有的科技体系仍然存在重大缺陷。科技体制改革任务还任重道远，科技与经济相互脱节的问题仍未从根本上得到解决，科技第一生产力的作用还未能在经济和社会发展中充分发挥出来，科研组织结构不尽合理，国家宏观管理体制不够顺畅，创新运行机制的法制化和规范化还有待完善等。因此，建立一个新的适应我国社会主义市场经济体制和科学技术自身发展的科技体制，已然是一个迫切而重要的任务。

（三）中国科技体制改革的历程

科技体制的制度变迁，带来了科技创新的制度基础、组织和运行机制的变化，进一步影响着科技创新的实现。新时期，为了实现全面建设小康社会的宏伟目标，我国政府正在着力实施创新驱动发展战略（贾学东，

2004）。回顾与总结我国科技管理体制改革的历程，以期明确我国下一阶段科技管理体制改革目标模式，确立我国中长期科技发展规划，确保为科技事业的顺利发展奠定相关制度基础。

中华人民共和国成立初期，我国学习和借鉴了苏联的科技发展体制，即对科研院所、国防、高校和企业采用了相互独立的研究结构，由政府实行单一集中计划管理。自1978年以来，中国开始实行科技管理体制改革，历经了40多年，可以将其分成五个阶段。

第一阶段（1978—1985年）：恢复阶段。

这一时期基本上是一项恢复"文革"期间受破坏的科技系统和秩序工作。虽然在大的科技方针政策方面取得一定的新的突破，但国家科技体制的演变主旨是计划经济体制下的科技体制的恢复与重建（黄涛，胡雅洵，2014）。

1978 年 3 月，中共中央在北京召开全国科学大会，明确了"科学技术是生产力""四个现代化建设的关键是科学技术的现代化""知识分子是工人阶级的一部分"的战略思想，为发展我国经济和科学技术奠定了思想理论基础。邓小平提出了"科学技术是生产力"的著名论断，驳斥了"科学技术是上层建筑"的谬论，从此解开了知识分子心中的枷锁，拥抱了科学之春。同年，党的十一届三中全会重新确立了解放思想、实事求是的思想路线，做出了将党和国家工作重心转移到社会主义现代化建设的战略抉择，并实施改革开放政策，决定国民经济调整，加快农业、科技、教育的发展。大会还从平反冤假错案入手，全面落实党的知识分子政策，大批知识分子得到平反昭雪，又一次重新回归到了教科研岗位，中国科协和各省级科协迅速恢复并开展工作。"知识就是力量"作为一种信仰，渗透到了社会的每一个角落。大批莘莘学子就像数以千计的士兵，拥挤在通往大学之门的独木桥上。

1978 年10月，中共中央将《1978—1985年全国科学技术发展规划纲要》（简称《八年规划纲要》）转发实施，提出了"全面安排，突出重点”的方针，确定了8个重点发展领域和108个重点研究项目（李俊江，李政，2009）。但这个改革开放以来首次颁布的第一个中长期科学规划，却大大超出了当时中国经济体制的潜能，后来不得不将原计划确定的108个重点项目缩减为38个，变成“六五”科技攻关计划。1982年年底，国家科技委为了适应新形势和新的需要，决定在1986—2000年间制定全国科技发展的长远规划。这项计划旨在进一步推进科技体制改革，是改革开放以来的第一个国家科技计划。在同一年，为了促进中国的科技体制改革，改变分配科研经费的方式，中国科学院设立自然科学基金，建立了多维度、相互支持、相互配合、相互衔接的系列资助项目，有面上项目、重点项目、人才项目、交流项目、联合资助项目及专项项目等。这一阶段，国务院相继颁布了《中华人民共和国发明奖励条例》，恢复了国家发明奖；颁布了《中华人民共和国自然科学奖励条例》，设立了国家自然科学奖；颁布了《中华人民共和国技术进步奖励条例》，设立了面向经济主战场的科学技术进步奖；颁布了《中华人民共和国专利法》等，有力推动了科学技术进步和经济社会发展。

在这个时期，我国的科研经费采用财政拨款制度，科研经费是根据预算资金分配的，研究经费是相对有保障的。科学研究任务是自由、宽松的，而国家级科研机构的任务在很大程度上是源于国防建设的需要，是以国家安全为需求导向的。在这种科研投资环境下，对科研人才队伍的扩充、提升、储备，对科研平台、实验仪器、图书资源等方面建设起着一定的积极作用（扈春香，2009）。但是，从国家层面来看，在当时国家经济实力不强，政府财政资金不富裕的状况下，投资科研是有过之而无不及的。从科技创新视角来说，当时的科研机构臃肿，科研效率低下。

第二阶段（1985—1992年）：调整阶段。

科学迎来春天后，我国的研究工作正在逐步恢复。然而，随着经济体制改革的不断深入，这种各自为政的科技体制缺陷也逐渐暴露出来。我国的科技体制是按照苏联模式建立起来的，自20世纪70年代后期以来，这种科技体制导致了研究机构之间互不交流、互不沟通，科研体系混乱，研发实力不强，研究多为重复的低级别项目，技术上难有积累和突破，造成研发与生产过程严重脱节，科技成果被束之高阁，无法转化为生产力等。

1984年10月在北京召开十二届三中全会，会议通过了《中共中央关于经济体制改革的决定》。这个决定标志着中国的经济体制改革进入了第二阶段，即改革的展开阶段。随着经济体制的改革，1985年3月国务院发布《关于科学技术体制改革的决定》（以下简称《决定》），提出了“经济建设必须依靠科学技术，科学技术工作必须面向经济建设”的科技方针（扈春香，2009）。《决定》提出改革科研拨款制度，要运用经济杠杆和市场调节，使科学技术机构具有自我发展的能力和自动为经济建设服务的活力。科研管理不再依靠单一的行政手段，把经济杠杆和市场机制引入科技管理，重大科技项目竞争立项，激发科研人员积极性，带动科研人才流动，促进科研能力提高，建立高新技术产业开发试验区，改变部门分割、行业分割等科研与生产脱节现象。

这个《决定》的颁布，意味着中国的科技体制改革进入有领导的全面开展阶段，从那时起，我国的科技政策已经从国防安全向经济方向转变，科技体制从计划体制向市场体制转变。在该《决定》颁布后不久，国家相应地出台和实施了一系列改革措施，并在全国范围内开展了科技体制改革工作。如：1987年，国务院正式颁布了《关于进一步推进科技体制改革的若干规定》，进一步贯彻落实党中央关于1985年年底科技体制改革的目标，即七项工作。1988年，国务院还颁布了《关于深化科技体制改革若干问题的决定》，进一步放活科研机构、放宽科技人员管理政策，从直接管理转变为间接管理，鼓励和支持科研机构直接介入经济领域，逐步实行政研职责分开、所有权和经营权分离（扈春香，2009）。1993年，人大颁布的《中华人民共和国科学技术进步法》确定了“面向和依靠”科学技术的法律定位。

在这一时期，随着科技体制改革进一步深入，就人才分流、机构调整等方面提出了若干意见，颁布了《1986—2000年科学技术发展规划》和《1991—2000年科学技术发展十年规划和“八五”规划纲要》，并相继出台相关的科学技术政策。如 1985年，国务院批准国家科委、教育部、中国科学院建立博士后科研流动站，设立博士后科学基金，用以鼓励和支持博士后年轻优秀人才；科技计划“星火计划”开始实施，加速了农村小康建设和农业现代化进程；1986年，国家实施了“863计划”，实施了首席科学家制度，并通过竞争获得了科研项目；1987年，全国人大常务委员审议通过《中华人民共和国技术合同法》，进一步开放技术市场；1988年，经国务院正式批准，成立第一个高新技术产业开发试验区——北京市新技术产业开发试验区，这是中国第一个以电子信息产业为主导，集科研、开发、生产、经营、培训和服务为一体的综合性基地；同年，中国科学院实施一院两制发展改革模式，鼓励一些有应用开发能力的研究所走向市场；1989年，累计有63个开放实验室、2个开放研究所和8个开放野外实验站，形成了定期检查评论的竞争淘汰机制等新的运行机制和管理制度；1990年，全国人大常委会审议通过《中华人民共和国著作权法》，建立了司法与行政并行的双轨制保护体系；1991年，国家科委颁布《国家高新技术产业开发区若干政策》和《国家高新技术产业开发区税收政策》，进一步促进我国高新技术产业的健康发展，推动高新技术产业开发区建设；1992年，先后启动30个攀登计划，通过该计划的实施，培养了一批年轻有为的科研骨干人才，加强科学研究力量。

这一阶段，我国科技体制在运行机制、组织结构、科技人员管理等会方面取得了重要成果。科技工作逐渐转变为国民经济建设服务，科技法律、法规体系逐步健全。以“863计划”“火炬计划”“科技成果重点推广计划”和建立国家高新技术产业开发区为起点，高新技术产业化战略已进入实践探索阶段。截至1990年，我国在空间技术、高能物理、生物科学等重要科技领域，取得了一系列具有世界先进水平的成果（扈春香，2009）。

在这一时期，绝大多数的国家科技计划都是围绕科研项目建立起来的。市场机制的引入意味着旧的计划经济体制被替代了。从总体上看，科技体制改革的实践是成功的，科技体制正在向适应社会主义市场经济体制和科技自身发展规律的新体制转变，比如，在科研项目申请和立项方面，消除了平均主义，搭建内部竞争机制平台。科研院所有所分化，一些优秀人才通过国家项目和地方科研项目在社会上的竞争，获得充裕的科研资金，取得了一些重要的科技成果。一些研究人员被转移到企业，市场制度使他们实现了自己的价值。另外，科技体制改革的代价也是巨大的。大多数研究人员整天都处于恐慌和不确定状态。科研人员的整体经济收入不高，社会地位一次又一次地下降。越来越多的高校优秀毕业生不是到科研机构做研究，也不是到研究生院学习，而是下海经商，科研队伍存在明显的断层，青黄不接。

总体而言，1985年《决定》为中国科技政策树立了一个新的起点，改革了科技运行机制、组织结构和人事制度，采取“面向和依靠”的科技方针，是中国科技政策的最顶层文件和最基础性文件。在这一改革下，中国的科技体制由高度计划性体制向引入更多的市场机制的方向转型，科技政策从国防科技政策转变为经济技术政策，科技体制从计划体制转变为双轨体制。

第三阶段（1992—1999年）：科教兴国阶段。

1992年，邓小平南方谈话和中国共产党第十四届全国代表大会召开，标志着中国的改革开放迈入了社会主义市场经济新时期。为加快改革开放和社会主义现代化建设步伐，中共十四届三中全会发布了《关于建立社会主义市场经济体制若干问题的决定》，明确了科技体制改革中政府和企业都要加大科技和教育投入，积极促进科技经济一体化，提高教学质量和办学效益，尊重知识，尊重人才，进一步创造人尽其才、人才辈出的环境和条件（刘立，2008）。

1992年，江泽民在中国共产党第十四届全国代表大会上指出：“必须把经济建设转移到依靠科技进步和提高劳动者素质的轨道上来。”同年，国家科委提出分流调整的基本方针是“稳住一头、放开一片”，开始了以结构调整、人才分流、机制转变为重点的系统改革试点工作。

1993年2月，国家科委、国家体改委发布了《适应社会主义市场经济发展，深化科技体制改革实施要点》，在总结科技体制改革经验的基础上，明确提出了新型科技体制的总体框架。同年，在高校开始支持实施科研和教育基地建设的“211工程”。211工程是中国政府实施“科教兴国”战略的重大举措，它意味着国家科技政策进入了第三阶段。

1994年，我国开始实施分税制财政管理体制，将税权分为中央税、地方税、中央与地方共享税。由于中央税收占了全部税收的绝大部分，国家财力日益雄厚，科研资金投入得到保证。

1995年，我国正式颁布《关于加速科学技术进步的决定》，指出“科学技术是第一生产力，科技进步是经济发展的决定因素，要从国家长远发展需要出发，制定中长期科学技术发展规划，加强基层性研究和高技术研究，加快实现高技术产业化”。在充分肯定科技体制改革实践的基础上，国务院在1995年的全国第三次科技大会上提出了“科教兴国”战略。

1996年，八届全国人大四次会议正式颁布的《关于国民经济和社会发展“九五”计划和2010年愿景目标纲要及关于（纲要）报告的决议》，“科教兴国”被正式定位为中国基本国策。

1997年，中共十五大系统地提出实施科教兴国和可持续发展战略，总结和规划了我国经济和社会发展的战略蓝图。尽管“科教兴国”战略在1995年就已提出，但是真正实施则是在1998年后，中国政府进行了大规模的科研机构转制，借此推进科技成果的转化。

1998年，国务院经贸办将其管理的10个国家局级单位所属的242个科研机构改制为高新技术企业和高科技服务型企业，并发表《关于加强技术创新，发展高科技，实现产业化的决定》和《关于中国科学院开展（知识创新工程）试点的汇报提纲》，再一次推进和加快了全国科研机构在体制和运行机制等方面的改革步伐，为科研院所的彻底改制提供了良机。

1999年，中共中央、国务院发布了《关于加强技术创新、发展高科技、实现产业化的决定》，该决定围绕使企业成为创新主体出台了一系列政策，要求通过深化科技体制改革，从根本上推进技术创新，促进高新技术研究成果商品化、产业化。

随着科技发展战略的深化，我国在坚持“依靠”“面向”的同时，加强了基础研究、高技术研发和主要社会公益性研究等。但是，科技与经济脱节的“两张皮”问题仍未能有效解决，在科研机构管理方面，依旧无法摆脱管理粗放、机构臃肿、人浮于事、效率低下、低级别重复研究、市场机制不到位等问题。因此，必须进一步深化科研机构管理体制改革，优化科技力量布局和资源配置。

第四阶段（2000—2011年）：自主创新阶段。

世纪之交，为加快科学技术发展，我国秉着“创新、产业化”的指导方针，在促进产业技术升级和提高科技持续创新能力两个层面进行战略部署。在这样的背景下，主要政策走向是加强国家创新体系建设、加速科技成果产业化。政策供给集中在促进科研机构转制、培育和用好人才、提高企业和产业创新能力等方面。

2000年5月，国务院部门所属科研机构加快分类改革步伐，出台《关于深化科研机构管理体制改革的实施意见》，意见明确指出要根据科研机构管理体制改革的新形势，改革政府科技经费投入方式，建立国家科技计划项目招投标制度，对国家科研计划项目的实施逐步实行课题制管理，使科研机构管理体制改革、调整后的科技实力和创新能力得到进一步加强。

2001年3月，九届全国人大四次会议通过《国民经济和社会发展第十个五年计划纲要》，该纲要强调：①深化科技体制改革，形成符合市场经济要求和科技发展规律的新机制；②优化科技资源配置，进一步解决科技与经济脱节问题，解决科研领域内的部门所有和单位分割等问题；③建立国家知识创新体系，推进知识创新工程，促进大学与科研机构联合，形成一批具有国际影响的科研机构。

随着我国加入WTO以及一系列国际知识产权公约，政府又陆续颁布了相关的法律、法规，如《关于国家科研计划项目研究成果知识产权管理的若干规定》《科技类民办非企业单位登记审查与管理暂行办法》《科技成果登记办法》等。

2002年出台了《关于重大科技专项启动实施若干问题的意见》，提出要通过“三项战略”（人才、专利、技术标准）的实施，集成多方优势，注重突出重点，有所为、有所不为，实现创新突破，通过专项实施，开发新产品、建立新产业、实现科技跨越式发展。

2006年，政府制定并颁发了《国家中长期科学和技术发展规划纲要（2006—2020年）》（以下简称《纲要》），同时，中共中央和国务院作出了《关于实施科技规划纲要、增强自主创新能力的决定》，明确提出未来15年以“自主创新，重点跨越，支撑发展，引领未来”为科技工作的指导方针。同时，为实施规划纲要，营造鼓励自主创新的环境，国务院制定了规划纲要的若干配套政策，一共60条，包括科技投入、税收激励、金融支持、政府采购、引进消化吸收再创新、创造和保护知识产权、人才队伍、教育和科普、科技创新基地与平台等方面（黄涛，胡雅洵，2014）。

2007年，全国人大修订并颁布了新的《中华人民共和国科学技术进步法》（以下简称《科学技术进步法》）和《中华人民共和国专利法》。修订后的《科学技术进步法》，坚持科学技术是第一生产力的战略思想，以增强自主创新能力、推动科学技术为经济社会发展服务为宗旨，按照科学发展观和建设创新型国家的新要求，对新时期科技发展作出全面规定，内容涉及国家创新体系建设、自主创新的政策保障、科技引领和支撑经济社会发展等各个方面，并重点突出了激励自主创新的政策措施、政府促进科技进步的职责、企业技术创新主体地位、科技资源的整合与共享、激励科技人员创新的积极性等内容（罗晖，陈磊，2008）。另外，为充分发挥企业在技术创新中的主体作用，新的《科学技术进步法》将“企业科技进步”单列一章。由此，我国进入中国特色国家创新体系建设的发展阶段。

第五阶段（2012年至今）：创新驱动阶段。

2012年中共中央、国务院印发《关于深化科技体制改革加快国家创新体系建设的意见》和2015年的《关于深化体制机制改革加快实施创新驱动发展战略的若干意见》。这一系列改革文件，构成了今后一个时期科技体制改革的整体安排。后来的中共十八大和十九大在报告也明确提出，要坚定实施创新驱动发展战略，加快建设创新型国家。

2015年中共中央、国务院印发深化科技体制改革实施方案，方案明确了深化科技体制改革的联络图、关系网、路线图和时间表，以台账形式，对每一项改革任务，明确标志性举措、具体成果形式、牵头部门和时间进度安排等要求，力争使改革可落地、可检验、可督查。方案以问题为导向，针对科技创新和驱动发展存在的体制机制和政策制度障碍，提出了10个方面32项改革举措143项政策点和具体成果（刘敏，蓝文永，2018）。

2016年中共中央、国务院印发《国家创新驱动发展战略纲要》（以下简称《纲要》），《纲要》是落实习近平总书记系列重要讲话精神和十八届五中全会提出的创新发展理念的具体行动，是对创新驱动发展战略进行的顶层设计和系统谋划。《纲要》明确了未来30年创新驱动发展的目标、方向和重点任务，是新时期推进创新工作的纲领性文件，是建设创新型国家的行动指南，具有非常重大的现实意义和深远历史意义。

数据显示，党的十八大以来，我国的科技事业得到了迅速的发展，科研投入逐年增加，科技人才总量大幅增长，高校服务企业不断加强，地方科技投入不断加大，创新发展成效显著。基础研究经费从2012年的499亿元增长到2016年的823亿元，增幅达65%。2016年研发人员全时当量达387.8万人，比2012年增长19.4%，居世界第一。“千人计划”“万人计划”“创新人才推进计划”等人才计划带动形成中华人民共和国成立以来最大规模的留学人才归国潮。截至2016年年底，留学回国人员总数达254.6万人，党的十八大以来的回国人数占到72%。2016年高校服务企业社会获得的科研经费达到1791亿元，科技成果直接交易额达到130.9亿元，比2015年增长20%（刘敏，蓝文永，2018）。地方科技投入持续增加，广东、江苏、上海、北京、浙江、安徽等地财政科技拨款超过200亿元，10多个省（市、区）科技支出占财政支出的比重超过20%。2017年，全社会R&D支出预计达到1.76万亿元，比2012年增长70.9%，全社会R&D支出占GDP比重为2.15%，超过欧盟15国2.1%的平均水平。全国高新技术企业总数超过13.6万家，研发投入占比超过全国的50%，发明专利授权量占全国的40%，上缴税费预计超过1.5万亿元，营业总收入预计超过30万亿元，增长均达到10%以上，提供就业岗位超过2500万个，科技进步贡献率从2012年52.2%升至57.5%，国家创新能力世界排名从2012年的第20位升至第17位（叶乐峰，2015）。

（四）当前我国科技体制存在的问题

改革开放40多年来，我国经济社会的发展取得了举世瞩目的成就，其中科技的作用功不可没。目前，我国发展已进入工业化中后期阶段，劳动、资本投入边际收益递减现象越来越明显，经济发展的主要动力转为以科技和制度创新为依托的发展方式。特别是在发达地区，土地、资源、环境制约更为严重，劳动力成本上升更为突出，加快转变经济发展方式、实现创新驱动发展的要求越来越紧迫。加快转变经济发展方式，实现创新驱动发展，最根本的是要靠科技的力量，最关键的是要大幅提高自主创新能力（马欣员，2014）。但是，从目前的情况来看，我国现阶段的科技体制还存在着一些不足之处。

1. 科研机构设置重叠，科技资源配置条块分割

自改革开放以来，我国的科技体制便随着市场体制基础的改变向着市场化的方向进行转变。相应地，科技成果的转化也在一定程度上促进了生产力的发展。但是，从我国目前的情况来看，现阶段的科技体制仍然存在着一定问题，科技事业方面的政策也并不是特别完善。另外，由于受到传统的计划管理模式的影响，其行政色彩比较严重，整体上来说，在我国的

科技管理部门当中，其仍然缺乏一套完整的从研发到评价监督的机制。

除此之外，多头交叉的管理体制，也在一定程度上影响了我国科技生产力的发展。这些问题可以概括为机构重叠、多头交叉封闭运转。机构重叠主要表现为宏观管理职能的被分解，科技部、发改委、国防部等多个政府部门在相互协作方面，不能做到高效率运转；多头交叉，主要是指政府的科研经费往往由多个部门同时发放，效率并不高。在进行验收的时候，获得基金的单位往往只通过一份专家的报告就简单完事，这也在一定程度上影响财政支持的效率。

2. 科研评价体制重数量轻质量，缺乏科研评价体系

量化评价的重要原因在于实证管理观，实行的是一种以成果和项目为中心或以成果和项目为本的科研管理，而不是以人为本的科研管理。从一定程度上来说，中国现阶段的科技体制仍然是政府主导的自上而下的模式，重视数量、轻视质量的现象比较严重，这有可能会导致权力寻租现象的发生，也是中国科技体制最大的一个缺陷，这种现象极大地扼杀了人才的创新性，也阻碍了创新成果的实现。

总的来说，我国的科技体制缺乏相应的评估机制。由于科技成果及自身属于无形资产，自身价格又很难在操作的过程中确定，缺乏对科技成果的评价，没有一套完善的标准和原则来对其进行评判和验收，而且在合作过程当中还牵涉相当一部分具体问题，例如技术转让范围、时间长短以及合作形式等。如果没有一套相应的标准和原则来对科技成果进行规范，就会出现虎头蛇尾的情况。很多项目在立项的初期往往受到人们的重视，但其完成的结果却没有给予相应的重视，最后科研投资收到的效果也是差强人意。

3. 研究目标分散，科研项目运转封闭循环

风险在科技成果转化过程中是不可避免的。在我国科技工作管理过程中，由于受到传统观念和旧制度残余影响，其管理模式仍然保留着计划经济时代的管理模式特点。而这些模式对于当前科学技术的发展显然已不

适用。在具体的项目及研究团队方面也出现了许多问题，例如封闭式的运行模式，管理的范围太过宽泛导致工作失败，这些问题直接影响到科研机构自主创新能力的提升。除此之外，在这些因素的共同影响下，还出现了一些科研组织机构和科技管理部门之间信息不对称的情况。一旦项目出现问题，政府官员无法针对实际情况来进行客观真实调查，而这种信息不对称也会被个别社会科研组织利用，在对外提供信息的时候，其往往有选择性地提供一些对自己有利的信息，对自己不利的信息直接屏蔽，或者视而不见，这样的信息往往是虚假的、不真实的。这些机构组织往往采用这种方式来争取国家经费支持和资金投入。因此，在经费的使用方面，科技管理部门还存在诸多漏洞，也具有一定的盲目性，这些问题必须尽快加以解决，否则研究经费就失去其应有的使用意义。此外，在科研项目当中，科研项目的封闭性，也存在较大问题，在一个项目当中往往担心信息泄露，科研团队一般仅在团队内部进行交流和讨论，对外界的信息没有给予充分的重视，于是很多疑难问题局限在团队内部导致其无法解决。项目组一定要根据自身的情况，在条件允许前提下，聚集更多的社会力量来推进整个项目的研究进程，关起门来埋头苦干，就效率而言并不会太高。

4. 科技投入及效益总体偏低

随着我国经济的发展和对科技经费投入的不断增加，相应地，我国的科技发展水平也得到了迅速地提升。但是，政府对科研经费的投入总体不高。

从图中我们可以看到中国近年来的科技研发投入的金额，2017年的总投入是17500亿元，但是美国早在2013年，其研发费用就达到了3225亿美元，可见差距之大。除此之外，在科研经费管控上不严而出现寻租的现象。近些年来，关于科研经费的使用状况已经成为相关部门关注的重点问题。根据现阶段的情况，其产生腐败的原因主要分为两个方面。第一，国家对科研经费的管控不是太严格，从项目的成立到后期的验收，都没有一个完整的标准来进行参考。第二，由于相关的工作人员和政府官员自身的觉悟和道德水平没有达到一定程度，这也给科研经费的腐败提供了可乘

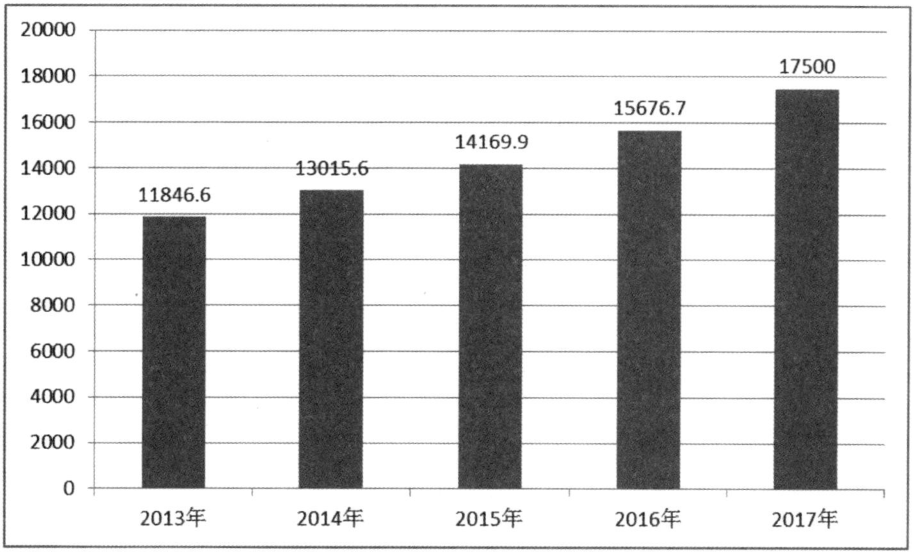

图8-1　中国科研投入经费（单位：亿元）

之机。

5. 存在研而优则仕现象，人才流动存在障碍

人才作为科技发展的基础，对于一个国家科技的发展具有重要的意义。但是从我国目前的情况来看，人才短缺仍然会是制约我国建设创新型国家的拦路虎。而这主要在表现在两个方面：第一，我国现在科研行业的人才还处于较空缺的阶段，同时对于科研行业的人才，我们还不能做到人尽其才，导致合适的人才并没有真正地被安排在合适的岗位上，人才的积极主动性并没有得到充分的发挥，其科研才能也没有真正起到促进我国科技事业发展的作用。第二，在人才的培养方面，我国的教育制度和人才培养体系与发达国家还有一定的差距。最显著的特点是对人才的科技创新能力培养力度还不是特别大。对人才的培养不仅体现在高校的培养方面，企业内部对人才的培养做得也不是特别到位，再加上培养科技人才需要的投入又比较大，科研成果产出得比较慢，在高校和企业当中，尤其是在企业当中，对于科技进步的人才激励机制比较少。这在一定程度上影响了科技人才的创新性和主观能动性的发挥。除此之外，我国高校学科的设计和教

学内容也存在着一定的问题，学科知识的滞后性，以及教学内容的落后性，已经在当今这个日益发展的社会当中显得格格不入，这也就导致了创新型人才短缺的现状。

此外，在科技成果的转化过程中，我们需要掌握市场的发展规律，以此来推进科技成果的推广以及转化。相对于普通商品来说，科技成果是一种特殊的商品，它不同于其他商品通过简单的买卖就可以实现转化的目的，科技成果的转化需要比较系统的工程来做支撑，也需要技术市场作为中介服务全过程，但是在我国技术市场管理当中，比较热衷于举办大型的技术展销会，而这取得的效果往往不尽人意。现在我国的技术经纪人队伍培育方面还处于起步阶段，中介人员素质也普遍较低，其中不乏一些唯利是图者把相关成果进行随意的汇编，不顾单位的利益，出于个人的利益，将其进行转化，欺骗社会。

6. 科技法律立法体系不完整，知识产权保护制度不完善

科技法律立法方面，其主要问题主要体现在以下几个层面：首先，从立法上来看，虽然我国现阶段的法律规章制度越来越完善，但是内容上的同一性却没有做到位。在立法上，科技部、教育部对当前科研行为在立场上都有自己的考虑，意见不是太统一。其次，各个规范性的文件覆盖的范围不是特别广泛，各个部门都主要是站在各自部门的立场上来对其进行规范，中间的协作性和协调性比较差，出台的相关的管理规范也只是对自己的管理领域进行规范，对其他方面并不能起到很好的规范和限制作用。最后，就是在规范性的文件当中没有对法律进行统一的规定，一旦当中出现了法律不端的行为，对这些不法行为的处罚规定不是特别明确，而且意见也不是特别统一。

知识产权方面，我国的知识产权制度建立得比较晚，到现在也只有不到30年的历史。在这几十年的发展过程当中，虽然我国已经具备了初步的专利法、商标法和著作权法等一系列法律，其也在一定程度上配套了与之相关的法律条例。但是从目前的情况来看，我们应该认识到我国的知识产

权工作的整体水平与发达国家还有较大的差距，而且与我国的经济、科技事业发展要求并不是特别适应，这主要表现在以下几个方面：首先，知识产权的意识比较薄弱。这在企业当中表现得尤为明显。其次，我国的知识产权的基本法律体系仍然不是特别完善，虽然有了相关的法律可以参考，但是其操作性并不强，需要进一步的完善和修改。再次，与知识产权有关的管理部门及管理体制也存在着一定的问题。这些部门处于条块分割的管理体制，部门之间缺少相应的沟通和协调机制，协调性比较差，而且管理缺位的现象也比较严重。最后，大部分知识产权的管理制度，还不是特别健全，灵活性也不是特别好，同时对于知识产权的保护力度也不是很大。

7. 经济发展对于科技的依靠还不够，科技与经济脱节

从一定程度上来讲，科技成果要想转化，市场上必须存在着相应的需求。但是，从我国目前的情况来看，各个科研院所和高校是我国科技成果输出的比较重要的场所，但是作为我国重要的科技成果输出场所，这些组织由于受到传统的思想观念的影响，其自身的行为与市场往往存在着一定的差距，这主要表现在这些组织的科研成果立项的项目与实际的市场存在着一定的差距，由于科研院校大多都是科研人员，其很少有人深入到实际的市场当中去进行调查，这就导致其立项的科研项目不一定是市场上所需要的。其研究的选题对技术和理论比较偏重，而且其目的也主要是为了评职称或者是出论文，这就导致科技成果的立项与实际的市场有了一定的差距。

科技成果转化的时效性也是一个需要我们重视的问题。这里所指的时效性主要是对于科技成果而言的，这里面有一个规律：科技成果的价值会随着时间的流逝而变小，直至最后消失。而这也就是科技成果的时效性，如果一项科技成果没有在合适的时间进行转化，其就有可能错失转化的最佳时期，正是由于这个原因，我国每年都有大量的科技成果变成了无价值的东西，最终沉寂。这在一定程度上也是很大的浪费。

二、当今世界主要发达国家的科技体制特点和改革经验

在世界技术进步飞速发展的时代，科技实力决定着世界力量的对比和各国各民族的前途命运。在此背景下，世界各国纷纷进行科技体制创新与改革，从科技体制结构、科技制度和科技环境等方面着手，大力推进科技现代化进程，为国家发展创造了科技新动力。美国、韩国、德国、日本等国均制定了符合本国国情的科技规划，大力开展科技体制改革，国家科技实力明显增强。国外对科技体制的创新已经让科技体制形成较为制度化、科学化的完整体系。以下对部分国外科技体制特点和改革经验进行总结，旨在为完善我国科技体制改革提供有益的参考和借鉴。

（一）美国科技体制的特点和改革经验

美国科技的发展主要集中在第二次世界大战之后的几年时间里，其科技的发展主要依赖于大科学时代和自身多元科技体制的形成以及国家强有力的支撑，再加上美国高等教育的发展，其逐渐成为科技大国。

1. 美国科技体制改革特点

首先，大科学的管理体制为美国科技制度的改革奠定了理论基础。“大科学”一词来源于美国著名的科学家德里克，其给出的定义是规模庞大，投入巨大，且结构复杂，需要动用国家层面来协调各种社会资源，才能实现运行的科学研究形态。在第二次世界大战以前，美国经济发展目标是工业技术、钢铁、木材防治和食品，而这是美国四大支柱产业，美国的科技研究的重点也在这些行业上面，但是当时的战略有一定缺点，其主要科学研究比较分散，赞助主要来自民间，社会影响力相对较小，只能算是小科学。直到第二次世界大战爆发，美国的科学家才改变了原有的认知，思想上认知的改变为美国科学技术的发展提供了前所未有的机遇。美国也由此进入了一个“大科学”的时代，而这个时代的来临，意味着美国科学院研究模式的全面改革，新联邦政府对权力结构和科学体制进行了重大的改革。20世纪40年代，一些知名科学家联名给当时的总统罗斯福写信，建

议美国开始进行核武器的研究，这也是一个标志性的事件。1940年法国向纳粹投降后，美国成立了国防研究委员会，动员了全国的科研力量和资源为即将到来的战争做准备。随着国际战争形式的推进，国防研究委员会暴露出研究与应用存在差距的缺陷，同时暴露出来的问题还有权限不足等问题，所以在当年，罗斯福总统决定放弃原来的模式，在原来的基础上成立了科学研究院，对全国的科技资源进行统一的调配和管理。

其次，美国多元科技体制的形成，再加上战争的促进使得科学研究院在较短的时间内迅速聚集了全国的科技精英，并且按照国家的战略部署展开一系列工作，取得了显著的效果，这不仅改变了战争的进程和局面，更改变了国家领导者对于权力与科技的看法。这时候他们认为，科学技术对于国家的安全有着重要意义，并确定了科技在国家发展中的主导性地位。而这个观点在当时的美国社会赢得了普遍认同。

事实上，美国的政治家和广大的社会精英们很早就意识到科学事业对于国家富强的重要性，也开始有意识地发展科学事业。

进入21世纪以来，美国为了提高自身的综合国力，联邦政府逐渐加大了对科技研发的财政支持投入。仅在2003年联邦政府对当时的科技研发投入就高达173亿美元，创下了历史新高。但是自从进入21世纪以来，美国的经济发展速度受到消费能力的影响，消费能力已没有之前那么强劲。受全球市场影响比较大，到2006年，美国白宫在办公室发布了相关的文件，提出生产并利用最新的科技开发成果来进行综合国力的提升，至此，美国政府又采取了一系列强有力的措施，开始注重发展教育以及人才的培养。但是到了这个时期，美国的国家创新系统变得更加的外向，而且逐渐融入全球各个领域的发展过程当中，这种被动扩张也提高了美国科技政策管理效率（孙晓，2013）。

2. 美国科技体制改革经验

首先，竞争机制保证了基础研究的效率。长期以来，美国的基础研究取得了举世瞩目的成就。其次，从诺贝尔科学奖的成果转换来看，美国长期位于世界第一位，而且从在世界顶级期刊发表的论文来看，其数量也是在世界排名第一。不仅如此，美国在科技领域的强劲发展也吸引了世界上众多的优秀人才来为其工作，如著名的加州硅谷。长期以来，在多元化的科技投资结构当中，美国政府非常重视经费的管控，而且自从第二次世界大战以后，美国联邦政府就意识到基础科学研究在科学领域的重要性，随之加大了对科学领域的财政投资。

其次，竞争市场的建立有效地激励了创业。这些年，美国科技资源的配置逐步完善，其与金融科技的结合也取得了明显的效果。这主要归功于美国联邦政府，其通过财政导向对科技金融体系的发展路线进行了明确，而且经费资助的重点也集中在具有创新性的研究上面。可以说，为了使研究课题更具有实用性和创新性，美国政府加大了完善科技成果的转化的激励机制的力度，鼓励大学和相关的研究院所实现产学研的合作。

最后，清洁能源取得了突破性的进展。美国完善的政策支撑体系保障了清洁能源产业的发展。作为世界上最大的石油进口国和消费国，自从20世纪70年代开始，美国就开始注重发展清洁能源。政府也出台了相关的政策来促进清洁能源的发展，而且这些法规的完整性和系统性都特别强。到目前为止，美国已经拥有了较为完善的发展清洁能源的政策体系，其不仅涵盖了清洁能源的研发和生产，更把应用领域扩展到多个板块，而且长期以来美国社会已经广泛地开始推广清洁能源，逐步提升了公众对于清洁能源的认识和了解，又鼓励国民去消费清洁能源，这样社会消费带动科学研究，取得了明显的成效。

（二）韩国科技体制的特点和改革经验

韩国一开始主要发展劳动密集型的产业，但是在经过一系列的发展瓶颈之后，逐渐找到了适合自身发展的道路，国家主导，再加上先进技术的引进和改良，韩国科技的发展也取得了很大的进步。

1. 韩国科技体制的特点

20世纪后期，韩国科技政策发生着演变。20世纪60年代的韩国面临着资源缺乏、工业技术落后的尴尬情况，通货膨胀带来的失业人员为韩国经济的发展带来了阻碍。这个时候，韩国政府提出了发展科学技术来促进本国经济发展的重要决策。从20世纪60年代开始，韩国就开始推行相关的计划，包括1961年实行的第一次经济开发五年计划以及1967年的《国家科技的促进法》。《国家科技的促进法》的颁布也明确了韩国以科技推动经济发展的基本思路，到了1971年韩国设立了高级科学研究所，这个研究所实际上就是专门培养高级人才的研究生院，这也是为了满足韩国工业发展，解决了其对人才的迫切需要。在之后的几十年当中，这个研究所为韩国社会提供了相当数量的科技型人才。

随着韩国科学技术的不断完善，激励出口导向型的经济的发展策略逐渐在经济发展中占据了重要地位。而且这个时候韩国的企业也开始进行工业转变，对外来引进技术进行积极的消化，密集型的工业也逐渐开始发展壮大。到了20世纪70年代，韩国的产业结构已经从开始的以劳动密集型工业为主转变为以重工业为主的新型结构。到了20世纪90年代初，由于国际贸易形式的变化，发达国家的贸易壁垒也越来越严重。在这样的背景之下，韩国的科学技术规划也随之进行了调整，其将竞争力和基础能力的提升作为长远的发展目标，而且科技发展战略很好地落实到位，韩国政府对科技计划进行了适当的改变，一改以往的自上而下的途径而采取了同行、便利的方式对科技进行审查，这样便利了相关的研究验收关系。到了21世纪韩国提出了2025年构想，构想明确规定了韩国未来的发展方向，更加强调了科技政策在国家发展中的地位。

2. 韩国科技体制改革经验

首先，坚持以政府为主导的发展模式。根据韩国宪法规定，其实行了三权分立的基础民主制度，国家权力由三个部分组成。可以说，韩国的科技基金是比较典型的集中式体系。韩国对于中央政府在科技政策制定执行过程中的角色特别重视，也正是基于这样的管理体系，韩国的科技竞争力和技术发展都得到了很大的发展空间，为韩国成为全世界一流科技强国奠定了基础（王镜超，2016）。另外，韩国政府制定和完善的法规政策对科技的发展起了积极推动作用。除此之外，韩国政府还把创新作为科技发展的重点来抓，取得了很好的成效。

其次，加强技术引进，鼓励创新。韩国的科技发展属于后来者居上。最开始，韩国科技的发展并不尽人意，自身的研发能力也比较差，但是韩国选择了一条捷径，即技术扩大再生产的发展模式，为当时韩国的发展提供了强有力的支持，再加上当时的社会环境和国际环境影响，到了20世纪80年代，韩国已经进入了经济高速增长的时期，依靠资金、技术和自身劳动力优势，逐渐形成了韩国企业特有的优势。如今，韩国已经掌握了相当一部分的核心技术，在一些领域足以与其他发达国家进行竞争，而且韩国的产品也在国际市场上得到了认可。20世纪70年代，以政府为主导的经济发展政策，主要是对外部的产品和技术进行模仿和引进。所以说，企业在这个时期的创新能力比较弱。但是到了20世纪90年代以后，随着韩国经济实力的增强和研发投入的经费逐渐增长，企业逐渐加大了对自主研发的支持力度，而这也与韩国科技发展有一定关系。这一时期企业纷纷提高了自身对于研发的投入力度，既提高了企业的创新能力，也促进了韩国经济的发展。

（三）德国科技体制的特点和改革经验

与其他国家相比，德国的科研环境更加人性化，研发体系更加完善，国家给予科技发展的支持力度更大。

1. 德国科技体制的特点

稳定持续的创新政策加上特有的教育模式，覆盖了社会上的350多种职业，拥有超过4000万人的高技能劳动大军，为德国获得科技创新能力奠定了基础，而且其在高水平的人才培养方面也给予了足够的重视。从2006年开始，德国在原有的基础上又进一步提升了大学创新人才的培养，并且获得了良好的效果。德国政府也注重科研平台建设，其2006年在海德堡建设了先进生命科学培训中心，在随后的几年内又重建了生命科学孵化器和生命科学成像质谱分析，且在这些项目上投入了大量的资金。此外在2012年的时候，德国成立了全国最大的医科大学，为生物科技人才的培养奠定了坚实的基础。

德国的研发制度环境良好。自20世纪90年代中期德国经济开始复苏以来，德国政府就将很大一部分精力放在了投入计划和行动措施当中，在1996年推出了科研质量保证的口号，并引进了先进的企业管理制度，为企业管理水平的提高立下了汗马功劳。尤其是在重点产业方面，德国将这部分群体进行集中，推动这部分产业的科技创新活动。此外，德国还注重科技投入的分类管理，根据创新主体采取了不同形式的经费管理方式。除此之外，其还设立了严格的项目评价制度，以此来检验科技投入的效果，事前评估可以充分地调查项目的可行性，事后评估可以保证科技转化的成果。这样，德国的科技发展速度远远地超出了世界上其他国家。除此之外，德国还采取了有效的知识产权保护制度，将其透明化，其稳定的法律环境对国内和国外的投资者进行了全面的法律保护，这也是德国经济发展迅速的主要原因之一。

2. 德国科技体制改革经验

首先，德国科技政策的不断调整，为德国的科技发展提供了制度保障。从19世纪30年代德国踏上工业革命道路到70年代德国工业革命宣告完成，德国用了40年的时间就完成了英国花了100多年才完成的工业革命。第二次世界大战之后，德国在较短的时间内摆脱了经济困难的困境，逐渐走在了科技发展的前端，而这一切都与德国的科技创新政策有着密切的联系。1870年到现在近150年间，德国经过了多次大的变化，科技发展也经历了很大的变化。德国政府一直以来懂得根据国内外的经济社会变化不断地对其科技政策进行调整，由此便有了德国在科技方面的不断发展。

其次，宽松的政策环境。德国是一个对科学相当重视的国家，相关的政策透明度也比较高，政府对于科研基本上采取了不干预的态度，鼓励科研人员进行创新，科研人员受到来自当局政府的束缚也比较少，所以德国的研究员在思想上还是比较开放的。可以说，正是这种自由自治的宽松政策环境，为德国科技的发展提供了良好的发展契机。

再次，完善的研发体系。在德国，不同的科研部门承担着不同的研发职责和功能。企业主要根据市场的需求进行应用技术和科技产品的开发和研究；高等院校处于基础的地位，负责为科学界不断地输送人才。而大学以外的研究所，其研究实力及研究经费更加雄厚。这三类部门之间相互依托，相互促进，而且都与经济领域有着密切的合作。正是由于这种分工明确、结构完整、相互促进的研究体系，使得德国的科技发展水平走在了世界的发展前列。

最后，稳定的研发投入，对科技研发的财政支持。德国对研发投入向来不吝啬，上自国家政府拨款、下到州政府拨款和各类基金会的款项，让技术研发人员拥有充足的经费，足以支付日常的开支，研究人员根本就不用为自己的经费而担忧。这为他们专心致志进行科研工作提供了有力的保障。

此外，德国政府不仅让企业扮演了研发投入主体的角色，也让企业积极地参与到各项技术研发当中，将科学界和企业双方的力量有效地组织并结合起来，而且这样做能够及时有效地将科技成果转化为生产力。除此之外，企业积极参加各项技术的研发和创新，为德国科技的发展开辟了更为广阔的途径。总的来说，企业的参与为德国的科技创新注入了很大的活力。

（四）日本科技体制的特点和改革经验

日本突破本土资源和国情的限制，坚持对先进技术进行引进和改良，而对本国科技体制的深化改革，更是为日本成为科技强国奠定了基础。

1. 日本科技体制的特点

20世纪40年代到50年代是日本社会经济起步的阶段。在这一时期日本政府为了推动当时科学技术的发展创新，逐步地开始着手建立起一套新的科技体制，包括对科技体制进行改革。这一时期最著名的举措就是在1947年成立了新学术体系改革委员会。第二次世界大战结束后，日本战后初期的生产发展非常落后，对于资金的迫切需求给日本造成了重大影响，为了赶上世界发达国家的水平，当时的日本花费了大量的资金从国外购买先进技术，并且在战后的几年内积极地开展项目生产。值得一提的是，这一时期的日本并不只是单纯地引入科技，更为重要的是在引进外国先进技术之后对这些技术进行改良创新，并且与国内的实际情况相结合，发明了多项专利技术。这一时期，日本通过对欧美等一些发达国家先进科学技术的引进和改良，再加上出台相关配套政策，使得本国落后的科学技术发展水平在很短的时间内达到了世界先进水平。从表8-1我们可以看出，日本在第二次世界大战后初期各产业的发展势头良好，其科技体制改革效果十分明显。

表8-1 第二次世界大战后初期日本各产业产量对比

年度	发电量（亿千瓦时）	煤炭（万吨）	粗钢（万吨）	收音机（万台）	大米（万吨）
1945	210	2988	196	8.8	587
1946	271	2038	56	67	721
1947	303	2723	95	77	880
1948	319	3373	172	81	997
1949	302	3797	311	61	938
1950	391	3846	484	29	965

高速发展时期的日本（第二次世界大战结束至20世纪70年代）。在1955年的时候，日本已经基本上完成了战后的恢复工作。次年，日本设立了科技创新的综合管理部门——科学技术厅。这一机构为日本科学技术的发展奠定了重要基础。此外，其还通过了培养人才的重大战略目标。为了赶超英美等发达国家，日本开始大力推进科技创新，这个时期的日本非常注重自身专利的申请和自主创新能力的提升，也开始鼓励民营企业进行科技创新，这也是日本最初的“官产学”模式，在从国外引进先进的科技以后，通过自身的改良将其转化为国内的生产力。再加上日本实施了重大的

人才工程，为科技的创新提供了强有力的人才支撑和保障。这一时期的日本科学技术发展迅速，并且培养了大批的行业顶尖人才，为自己成为科技创新国家奠定了坚实的人力资源基础。

经济稳步发展时期的日本（20世纪70年代至20世纪90年代）。这一时期，主要是指日本20世纪70年代以后，由于受到金融危机和能源价格上涨的影响，日本工业非常需要创新。日本的企业已经积累了丰富的科学技术，而且政府对实验室也给予了足够的财政支持。虽说当时日本的科研成果已经在世界上处于领先水平了，但是世界上其他国家对日本的科技引进进行了限制，所以日本在这个时候的发展受到了一定的限制。在这种国际环境下，日本政府又开始积极地推进企业规模的扩大发展，并且根据自身的情况对科技成果进行创新，持续地推动日本科技的发展。这一时期，为了面对激烈的国际竞争和贸易摩擦，日本政府对科技发展战略进行了彻底的调整。1978年的报告中，日本野村综合研究所提出了“科技立国”的设想，随后在1980年日本正式树立了“科技立国”的发展战略。“科技立国”的构想的立足点就是通过提升国内企业自身竞争力的方式来推动国际贸易的发展，所以这一时期日本的科学技术发展是比较显著的。

经济增长放缓时期的日本（20世纪90年代至21世纪初）。从1991年到2001年，日本的经济增长速度开始放缓。由于之前日本政府通过了《科学技术基本法》，该项法律明确地提出技术创新的基本国策，并且对竞争性的科研项目进行大规模的人力和物力投入，科研人员的研究热情也大大提高，政府也制定了相关的、系统性的政策和法规，试图以此来改善科学的研究环境。但是由于这个时期的日本政府受到国内经济萧条的影响，对当时的国际形势没有清醒的认识，将主要的精力集中在本国经济水平的提升方面，对国际上发展迅速的网络信息行业并没有进行充分的研究，尤其是在风险金融方面没有抓住良好的发展机遇，这也是日本暂时无法超越发达国家的根本原因。

进入21世纪以后，日本逐渐从互联网的阴影当中走出来，并且开始对这样局面进行扭转。但是2008年的美国金融危机爆发对日本的经济产生了严重的影响，之后两年，日本的经济一度出现负增长的现象。这个时期为了推动国内科技创新战略政策的实施，政府在2000年的时候提出了“帝国IT立国”的战略。这个战略提出后，日本开始注重互联网产业的发展，随着第二次科技基本计划和第三次科技基本计划的落实和实施，日本在科学技术开发的各个方面都进行了相应的创新，这也奠定了日本在国际上的领先地位。

2. 日本的科技体制改革经验

首先，日本科技体制改革得益于其自身完备的科学技术体系。完备的科学技术体系为日本科技政策的制定提供了很大的保障，通过对科技体制进行改革，日本的科技体制日趋完善。在明治维新时期，当时的日本并没有专门设立制定科技政策的特殊机构，但是在之后的一段时间，日本成立了东京学士会院，为日本实现科学技术的制度化奠定了良好的基础（沈赤，2012）。在第二次世界大战以后，日本又设置了一些具体的科技机构，其中包含了管理机构和一些辅助性的机构，而在这些机构当中，学术国际局是比较重要的部门，这对当时振兴日本的科技提供了良好的保障，同时也起到了促进学术交流的作用。

其次，日本科技的飞速发展得益于其对自身体制进行了持续的深化改革。第二次世界大战后初期，日本迅速制定了发展民营经济的科技政策，在民营企业当中逐渐掀起了发展科研的风气。而且随着时代的进步和社会的发展，日本当局已经看到传统的发展模式已经不适应日本的发展。为此，日本制定了相关的研发政策，通过这些政策的引导改变了企业和研发机构之间的关系，逐渐在社会上形成了以企业为主导、高校和研究院所协同发展的研究机制，实现了产学研的紧密结合，为日本科技创新提供了政策和科研保障。与此同时，日本当局还对研究所之间的人才交流进行鼓励，并实行了科研开发责任制，改变了之前科研人员终身制的政策。在人才管理制度上，日本当局决定选取科研能力比较强，且有一定管理经验的人来对项目进行管理，并担任对项目的评估工作。除此之外，日本还对自身的科技战略进行了不断的完善和改革。从总体上来说，日本的科技战略主要经历了“贸易立国”“技术立国”“科学技术创造立国”三个阶段，经过这三个阶段，日本的科技战略也随着科技水平的提高进行了相应的调整。到了20世纪70年代末，石油危机和环境问题逐渐影响到日本国内的发展，日本科学技术的发展速度也明显没有之前强劲。针对这个问题，日本当局开始注重利用新技术来解决环境和能源问题。在技术方面，日本对引进的新技术进行了改良，并且以“技术立国”为发展战略，经过这个阶段的发展，日本的工业水平逐渐达到了世界发达国家的水平。但是这个时候，日本引进国外技术的空间也相应地变小。20世纪90年代，日本又根据国际和国内的发展情况逐渐地从之前的对外引进技术转化为对内加强科研技术的研发政策，提出了“科学技术创造立国”的战略国策，并且对科学技术创造力这个策略进行了自上而下的实施，以明确具体的规划来推动日本科技的再次发展。

再次，日本在科技改革过程当中，充分重视企业自主创新的作用。从形式上来看，日本的研发主体基本上在民间进行，日本的研发也主要依托于民间企业力量的支持，然后再上升到国家体系的创新。事实也证明，这样的科技创新体系也是卓有成效的。除此之外，早在明治维新时期，日本就开始通过引进国外技术来发展国内的科研。第二次世界大战结束后，日本科技发展力量严重不足，但是自明治维新时期形成的科研工作体系及科研工作者培养体系并未中断，这为后期技术研发提供了良好的人才条件，随着日本市场经济的发展，这些人才在科研工作当中起到了很大的作用。20世纪80年代到90年代之间，日本国内经济出现了比较严重的动荡，科学研究技术依然没有形成一定的规模，这也是日本科技前景不乐观的原因之一。但是这并没有影响到日本的技术在国际上的影响，随着日本确立“科学技术创造立国”的思想，日本的民营机构在科研方面的投入越来越大，且呈逐年上升的趋势，其在企业当中的投入比例也不断上升。日本不断地加强对科研人员技术创新能力的培养，为日本的技术创新提供了坚强的后盾，并且促使日本的发展进入新的阶段。

三、进一步深化科技体制改革的建议

我国的科技管理体制历经数轮改革，取得了显著的成就和明显的突破，我们在看到改革带来举世瞩目成就的同时，也要看到改革过程中面临着一些突出矛盾和问题。因此，在新的历史条件下，科技体制改革将以服务国家目标和调动广大科技人员的积极性和创造性为出发点，以促进全社会科技资源高效配置为重点，以建立企业为主体、产学研结合的技术创新体系为突破口，全面推进创新型国家建设，不断提高国家的自主创新能力，为推动我国科技的快速发展提供坚实的保障。

（一）制定科学的科技发展战略

科技创新的发展有赖于有效的科技发展战略，而有效的科技发展战略需要从发展方向、发展目标、发展重点和发展规划等方面去进行把握和管控，其对于我国科技以及经济的发展有着至关重要的作用。因此，我国政府应该根据我国当前科技市场发展的实际需要，宏观把控，制定长远、科学、正确的发展战略，并加以实施。

首先是对科技需求进行深入调研，确定战略方向和目标。根据我国历史的发展经验并结合外国的成功战略经验，将具有一定科研能力的科研人员，甚至是管理人员组成专家团队，在整体上制定宏观的科研方案，并让专家团队在科技市场进行深入调研分析，并根据经济社会发展制定符合市场需求的科技政策。其次是理性思考科技发展现状，制定战略规划。我国的创新模式正逐渐地由模仿创新向与原始创新相结合的模式进行转变，我国政府应该直面问题，将现实情况纳入参考体系中，针对科技发展过程中不同的领域和阶段，结合相关的调查结果制定具体的战略规划。最后是建立科技创新成果转化服务平台。科技创新过程中，成果的转化对于市场经济的发展有着重要影响。要进行科技创新成果转化服务平台的建设，可以从以下几个方面进行努力：一是政府可以设立专门的专利局来对相关的创新成果进行整合、优化，然后再把科技成果进行市场推广；二是中央和地方可以联手，以此来保证科技成果在基层的转化和应用，对科技型的企业在宏观上促进其研发和科研成果的转化；三是发挥市场经济的导向作用，通过互惠互利和相关的政策来促进科技成果的转换，最后再把转化过程当中遇到的一些具体问题反映给相应的科研机构，以此来推动科技成果的顺利转化，实现科技事业的良性发展。

（二）构建有利于科技事业发展的法治环境

对创新主体进行法律层面的保护，是促进科技快速发展的有力保障。为此，我国应该深入落实科学技术进步法及相关法律法规，加大执法检查力度，建立立法后的评估机制。修订和落实促进科技成果转化法，研究制定促进科研机构和高等学校技术转移、技术类无形资产管理等配套制度。中华人民共和国成立后，虽然我国关于科技立法的工作一直没有停止，但是从目前来看，我国科技立法的工作还做得不是特别到位，相关的成果也没有得到更好的保护。首先，政府应该对现有的科技法规和相关条例进行健全和完善，重点对知识产权的归属和创新以及收益、科技人员的分配等方面进行把控；其次，还要建立统一的司法和执法体系，对科技转化过程当中遇到的一些违法问题进行严厉打击，对科技创新主体的切身利益进行保护；最后，还应该加强对科技立法工作的宣传教育，帮助企业、个人和相关的科研院所能够对法律进行重视，以此来规范自身的行为，强化相关人员的守法和自我权益保护意识。

（三）健全完善科研项目管理制度

在宏观把控层面，政府缺位和市场经济的不健全不仅会给我国的科研项目管理带来很多的隐患，也对科技的创新发展产生了很大的阻碍作用。因此，政府应该厘清与市场的界限，加强企业与政府的协作，共同努力来对科研项目进行促进和完善。首先，应该要对关于项目立项的工作给予充分的重视，从科研项目的征集到评估的结果进行全面把控，给予更多的学者施展才华的机会，然后建立更加便利的网络申报系统，增加项目申报过程的透明度和时效性；其次，还应该对项目的运行进行严格的保护。很多立项的项目，往往在申报的时候比较重视，但是在运行的过程当中，政府对于运行的一些细节问题并没有给予足够的重视，最终导致结果没有达到预想的目标。在这方面，企业和政府应该共同制定完善项目管理和科研的方法，避免在运行的过程当中出现跑偏和事与愿违的现象；再次，政府相关部门应该对科技立项的项目进行不定期的抽查，以此来督促科技项目的实施和运行，对于不能按照相关规定进行的现象要给予相应的惩罚。

（四）注重产学研之间的密切合作

由于特殊的历史原因，我国相当一部分企业发展都比较晚，而且起点相对比较低，相关的人才和技术发展水平还没有达到一定的高度，所以科技创新活动也就显得推动力不足。但是作为科技创新实力的直接体现，企业扮演着重要角色，高校和相关的科研机构由于缺乏科技创新成果向市场输送的合理渠道和平台，致使许多的科技成果没有真正地实现产业化，没有转变为生产力。因此，现阶段我国的科技创新政策体系，应该在原有的基础之上更加突出产学研结合的特点，搭建更加高效的产学研合作平台，为科技成果的转化提供强有力的保障，也只有这样，我们才可以去更好地利用企业的资金来维持好相关的科研机构的运行和发展。同时，加强与劳动力市场的联系，最终提升企业的发展竞争力，促进我国经济的发展。另外，应该充分发挥企业在创新中的主体作用，充分吸收企业参与科研项目的立项、研发及成果应用，建立由企业牵头、以应用为目标的科技项目协同攻关机制。进一步完善项目基金制、招标制和技术合同制，推动科研市场发展。在科技和经济政策上给科技型中小企业以更大支持，发挥它们在技术创新和成果转化中的独特作用。同时，重视创新型企业家队伍建设，着力完善企业家创业创新、培养和成长机制（蒋伏心，2017）。

（五）制定以人才为中心的激励机制

在科技创新过程当中，我们应该更加注重对科技人才的培养和使用。

相关的高校和科研机构，应该在科技政策体系原有的基础之上，加大力度对科技相关科研人员的科技创新意识和能力进行提升，深入贯彻科教兴国战略，加大教育对科技创新提高的作用。在人才使用方面，我们更应该保证科研人员的相关利益，制定相关合适的激励政策来激发其工作热情。具体到激励措施，应该根据实际情况有的放矢，尽量做到量化。总的来说，政府应该加大供给侧科技创新政策扶持力度，鼓励更多科技创新项目成立，并对新领域的范围不断地进行扩大，在创新人员的福利待遇方面进行相应的提升，以此来提升人才的素质，突破相关科研项目人才缺乏的瓶颈。

（六）加大对科技创新的税收和金融政策支持

在这方面，我国应该加大力度对企业、高校和相关科研机构的支持。尽管前期有些项目的支持效果不太明显，但其很大一部分原因是没有相关的监督评价体系来激励相关科研人员更好地完成项目，新时期政府应该在完善相关评价体系方面，通过加大对科技创新的金融和税收优惠的政策支持，分担高校尤其是企业科技创新资金和风险的压力。此外，政府还可以运用自身宏观调控的能力，在税收和金融政策方面缓解企业科技创新活动过程当中遇到的经济压力，以此来支持相关科研机构的转型，促进落后产能的淘汰，实现企业的健康可持续发展。

除此之外，新时期还应该对我国的科技创新政策体系进行积极的优化。作为对科技创新最有力的推动力之一，其在对科技资源的优化配置方面是有相当的价值意义的。科技企业往往比现有的企业更愿意去尝试新的物品，而且自身的创新意识更加强烈，能够按照科技创意的目标去搭建专门的队伍，以此来实现创新的目的。在我国现有的一些科研机构当中，有些部门和人员其实是闲置的，其为我国科技创新做出的贡献并不是很大，但是如果这些科研人员的科研成果能够在市场上得到应用，而且与相匹配的市场要素进行配合，就有可能产生新的技术和新的产品。因此，在我国经济转型的期间，为了鼓励更多的科技创新，就应该鼓励企业和相关组织进行科技创业活动的实施，降低商业风险和门槛，这样才能真正实现大众创业、万众创新的美好梦想。

四、结语

习近平总书记在党的十九大报告中指出："从现在到2020年，是全面建成小康社会决胜期。"这也是我国进入创新国家队伍的冲刺阶段，国家重大战略和经济社会发展对科技创新提出了更迫切的需求。习近平指出："我们比历史上任何时期都更接近中华民族伟大复兴的目标，我们比历史上任何时期都更需要建设世界科技强国！"新常态下的中国宏观经济正在"换挡减速"，需要依靠深化改革、制度创新，激发创业创新和人人创业的活力，以科技创新为动力，用网络科技来升级传统业态，只有用最新的科技来武装自己才能实现弯道超车，国民经济才能产生质的提升。

我国既面临赶超跨越的难得历史机遇，也面临差距拉大的严峻挑战。我国科技体制经过较长时间的探索，取得了举世瞩目的成绩，但是在科技体制改革过程中，忽略了科技发展本身的内在规律性，在一定程度上影响了科技领域资源的有效配置和管理效率的提高。另外，由于科学技术的迅猛发展，科技体制改革也滞后于科学技术的发展要求，宏观科技管理体制中还存在许多与科技发展不相适应的地方。因此，要推动国家创新驱动发展必须深化科技体制改革，突破旧的体制机制障碍，就必须着力解决制约体制创新的突出问题，以此来提升我国科技创新的能力，最终实现我国建设世界科技强国的"三步走"战略目标，为到2030年建成更加完备的国家创新体系、进入创新型国家前列奠定坚实基础。

参考文献

[1] Arrow Kenneth J. Economic Welfare and the Allocation of Resources for Invention [J]. Nber Chapters, 1962, 12: 609—626.

[2] Arrow Kenneth J. The Economic Implications of Learning by Doing [J]. Review of Economic Studies, 1971, 29 (3): 155—173.

[3] Lundavall Bengt-Ake. National System of Innovation [M]. London: Pinter Publishers, 1992.

[4] Boulding Kenneth E. Evolutionary economics [M]. London: Sage Publications, 1981: 135—138.

[5] Freeman C. Technology Policy, and Economic Performance: Lessons from Japan [M]. London: Pinter Publishers, 1987.

[6] Dowrick Steve. Economic Approaches To Innovation [M]. London: Edward Elgar Publishing, 1995.

[7] Kitch E. Patents [M]. Detroit: Macmillan Reference, 1998.

[8] Fine Charles H. Clockspeed: Winning Industry Control in the Age of Temporary Advantage [M]. Boston: Perseus Press, 1998.

[9] Fine Charles H, Whitney Daniel E. Is the Make-Buy Decision Process a Core Competence? [J]. Working Papers, 1996: 31—63.

[10] Foray Dominique. Economics of knowledge [M]. Cambridge: The MIT Press, 2004: 226—236.

[11] Hargadon Andrew, Sutton Robert I. Technology Brokering and Innovation in a Product Development Firm [J]. Administrative Science Quarterly, 1997, 42 (4): 716—749.

[12] Hausmann Ricardo, Hidalgo Cesar A. The Atlas of Economic Complexity: Mapping Paths to Prosperity [J]. Mathematics & Computer

Education, 2014, 46.

[13] Henderson Rebecca M, Clark Kim B. Architectural Innovation: The Reconfiguration of Existing Product Technologies and the Failure of Established Firms [J] . Administrative Science Quarterly, 1990, 35 (1) : 9—30.

[14] Kahin Brian, Foray Dominique. Advancing Knowledge and the Knowledge Economy [M] . Cambridge: The MIT Press, 2006: 331, 333.

[15] Lucas Robert E. On the mechanics of economic development [J] . Journal of Monetary Economics, 1988, 22 (1) : 3—42.

[16] Boldrin M, Levine D. Against Intellectual Monopoly [M] . Cambridge: Cambridge University Press, 2008.

[17] Masten Scott E. Authority and Commitment: Why Universities, Like Legislatures, Are Not Organized as Firms [J] . Journal of Economics & Management Strategy, 2006, 15 (3) : 649—684.

[18] Merton Robert K. Priorities in Scientific Discovery: A Chapter in the Sociology of Science [J] . American Sociological Review, 1957, 22 (6) : 635—659.

[19] Nelson Richard R. The Simple Economics of Basic Scientific Research [J] . Journal of Political Economy, 1959, 67 (3) : 297—306.

[20] Partha Dasgupta, David Paul A. Toward a new economics of science [J] . Research Policy, 1994, 23 (5) : 487—521.

[21] Romer Paul M. Increasing Returns and Long-Run Growth [J] . Journal of Political Economy, 1986, 94 (5) : 1002—1037.

[22] Seaton R A F, Cordey-Hayes M. The development and application of interactive models of industrial technology transfer [J] . Technovation, 1993, 13 (1) : 45—53.

[23] Sidney G. An evolutionary theory of economic change [M] .

Cambridge: Belknap Press of Harvard University Press, 1982.

[24] Tassey Gregory. Economics of R&D policy [M]. Santa Barbara: The Greenwood Publishing Group, 1997.

[25] Tassey Gregory. Underinvestment in Public Good Technologies [M]. New York: Springer US, 2005: 89—113.

[26] W. 布鲁斯，K. 拉斯基. 关于所有制问题 [J]. 经济社会体制比较，1993（4）：45—51.

[27] Woolthuis Rosalinde Klein, Lankhuizen Maureen, Gilsing Victor. A system failure framework for innovation policy design [J]. Technovation, 2005, 25 (6): 609—619.

[28] Yusuf Shahid. Intermediating knowledge exchange between universities and businesses [J]. Research Policy, 2008, 37 (8): 1167—1174.

[29] 白春礼. 准确把握深刻理解建设世界科技强国“三步走”战略的基本内涵 [J]. 中国科学院院刊，2018（5）：455—463.

[30] 中国经济导报记者. 科学的春天徐徐展开 [N]. 中国经济导报，2008-01-19.

[31] 蔡立安，柳夏. 从美国的素质教育看中国教育改革的艰巨性 [J]. 中国国情国力，2003（2）：28—29.

[32] 曹聪，李宁，李侠，等. 中国科技体制改革新论 [J]. 自然辩证法通讯，2015，37（1）.

[33] 陈广胜，许小忠，徐燕椿. 区域创新体系的内涵特征与主要类型:文献综述 [J]. 浙江社会科学，2006（3）：23—29.

[34] 陈克禄. 我国自主创新效率评价 [J]. 中国国情国力，2008（11）：35—38.

[35] 成思危. 论创新型国家的建设 [J]. 休闲农业与美丽乡村，2010（8）：1—14.

［36］初雪. 自主创新 迫在眉睫［J］. 四川党的建设：城市版，2006（3）：8—9.

［37］杜伟，高林远. 制度变迁与中国经济体制改革的实证分析［J］. 当代经济研究，2002（1）：53—55.

［38］范世涛. 技术创新的制度分析［D］. 南京：南京农业大学，2001.

［39］弗里曼. 工业创新经济学［M］. 北京：北京大学出版社，2004.

［40］付景远，张廷新. 科技投入政策中的科学随机决策［J］. 科学管理研究，2010，28（6）：104—108.

［41］韩振海，李国平. 国家创新系统理论的演变评述［J］. 科学管理研究，2004，22（2）：24—26.

［42］贺俊. 科学的生产与转化:制度分析［M］. 北京：经济管理出版社，2010.

［43］扈春香. 改革开放以来中国科技政策发展回顾［J］. 生产力研究，2009（12）：10—14.

［44］黄群慧. 坚持以人民为中心的创新发展理念［N］. 中国社会科学报，2017-12-12.

［45］黄群慧，黄阳华，贺俊，等. 面向中上等收入阶段的中国工业化战略研究［J］. 中国社会科学，2017（12）：94—116.

［46］黄群慧，李晓华. 创新发展理念：发展观的重大突破［J］. 经济管理，2016（11）：1—10.

［47］黄涛，胡雅洵. 我国科技体制改革向何处去——一个综述的视角［J］. 长沙理工大学学报：社会科学版，2014（6）：5—10.

［48］贾学东. 我国科技管理体制改革研究［D］. 郑州：郑州大学，2004.

［49］江飞涛，武鹏，李晓萍. 中国工业经济增长动力机制转换［J］. 中国工业经济，2014（5）：5—17.

［50］蒋伏心. 科技体制综合改革——南京实践与特色［M］. 北京：社会科学文献出版社，2017.

［51］经济合作与发展组织. 以知识为基础的经济［M］. 北京：机械工业出版社，1997.

［52］李风圣. 中国制度变迁的博弈分析（1956—1989）［D］. 北京：中国社会科学院研究生院，2000.

［53］李俊江，李政. 中国科技创新体系建设的历程与成就［J］. 新华文摘，2009，48（8）：120—123.

［54］刘红玉. 马克思的创新思想研究［D］. 长沙：湖南大学，2011.

［55］刘立. 改革开放以来中国科技政策的四个里程碑［J］. 中国科技论坛，2008（10）：3—5.

［56］刘敏，蓝文永. 基于公共治理视角的高校科研经费监管体系探讨［J］. 会计之友，2018（12）：128—130.

［57］罗晖，陈磊. 学习贯彻科技进步法要准确把握好五大重点［N］. 科技日报，2008-07-02.

［58］马克思. 机器。自然力和科学的应用［M］. 北京：人民出版社，1978.

［59］马克思，恩格斯. 马克思恩格斯全集：第23卷［M］. 北京：人民出版社，1972.

［60］马欣员. 美国科技政策发展模式及对我国创新型国家建设的启示［J］. 延边大学学报：社会科学版，2014，47（1）：106—112.

［61］潘琦华. 基于契合理论的科技人才敬业度研究［J］. 辽宁科技学院学报，2012，14（4）：102—104.

［62］庞元正. 从创新理论到创新实践唯物主义［J］. 中共中央党校学报，2006，10（6）：20—25.

［63］彭有轩. 利用外资："以市场换技术"的初衷与现实的背离［J］. 计划与市场，2002（9）：4—6.

［64］秋山裕. 发展经济学导论［M］. 北京：中国人民大学出版社，2014.

［65］沈赤. 深化科技体制改革 提高科技创新效能［N］. 人民日报，2012-07-30.

［66］舒远招. 马克思的创造概念［J］. 湖南师范大学社会科学学报，1998（5）：38—42.

［67］孙晓. 韩国科技发展及其对我国的启示［D］. 锦州：渤海大学，2013.

［68］王春法. 关于国家创新体系理论的思考［J］. 中国软科学，2003（5）：99—104.

［69］王镜超. 日本科技创新政策发展的历史演进与经验借鉴［D］. 北京：北京交通大学，2016.

［70］王伟宜. 新中国50年科技政策的发展［J］. 科学管理研究，2000（6）：49—53.

［71］王志刚. 加快建设创新型国家［N］. 人民日报，2017-11-20.

［72］武文风. 马克思技术进步理论研究［D］. 天津：南开大学，2013.

［73］薛培松. 四个现代化战略决策的形成［J］. 毛泽东思想研究，1994（4）：31—35.

［74］杨小凯，张永生. 新贸易理论、比较利益理论及其经验研究的新成果：文献综述［J］. 经济学（季刊），2001，1（1）：19—44.

［75］叶乐峰. 30年，科技体制改革再发轫——《深化科技体制改革实施方案》解读［J］. 创新时代，2015（10）：24—25.

［76］袁振东. 1978年全国科学大会:中国当代科技史上的里程碑［J］. 科学文化评论，2008，5（2）：37—57.

［77］詹正茂. 创新型国家建设报告（2013—2014）［M］. 北京：社会科学文献出版社，2014.

[78] 郑巧英. 1978年全国科学大会前后中国科技政策初探［J］. 自然辩证法通讯，2004，26（4）：56—62.

[79] 周叔莲. 周叔莲选集［M］. 太原：山西人民出版社，1987.